Entraînement Aux Techniques De Communication

&

Investissements Immobiliers À Distance en français

Comment Parler À N'importe Qui, À N'importe Quand, Et Lire Les Gens Comme Un Livre Ouvert

Christopher Rothchester

le lecteur en relation avec cet ouvrage. La maison d'édition reconnaît que le lecteur se conduit de son propre chef et se décharge, ainsi que l'auteur, de toute responsabilité quant à l'observation des astuces, conseils, avis, stratégies et techniques qui peuvent être proposés dans cet ouvrage.

Table des matières

Entraînement Aux Techniques De Communication en français/ Communication skills training in French

Comment Parler À N'importe Qui, À N'importe Quand, Et Lire Les Gens Comme Un Livre Ouvert

Christopher Rothchester

Introduction

Avez-vous déjà été dans un lieu public, et quand est venu le temps de prendre la parole pour s'adresser à quelqu'un, vous êtes devenu nerveux et n'avez pas pu trouver les bons mots ? Avez-vous déjà essayé de lire le langage corporel de quelqu'un, mais avez fini par vous retrouver confus face à des signaux contradictoires ? Et vous êtes-vous déjà demandé comment certaines personnes pouvaient s'approcher d'inconnus et entamer une conversation comme si c'était la chose la plus normale du monde ?

On a parfois l'impression que n'importe qui peut s'approcher de vous et entamer une conversation. C'est à vous d'apprendre à parler gentiment, ne laissez pas n'importe qui s'approcher de vous et se mettre à entamer une discussion avec vous comme si c'était normal. Ce livre vous donne des conseils pour bien communiquer avec les autres, qu'il s'agisse de vaincre votre timidité ou de lire le langage corporel comme un expert.

Si vous êtes timide, comme beaucoup d'autres, il vous faudra un peu plus que la simple lecture de ce livre. Il vous faudra adopter de nouvelles habitudes, afin de pouvoir aborder des inconnus et vous sentir à l'aise. Si vous n'aimez pas aborder les autres, envisagez de tenir un journal ou d'écrire dans un journal intime. Cela peut vous aider à améliorer vos compétences sociales et vos aptitudes à la conversation en même temps. Il est bon d'apprendre à avoir une conversation et à faire en sorte qu'elle soit plus qu'une simple discussion, alors continuez.

Toutefois, ne vous découragez pas si vous avez l'impression que ce livre ne marchera pas pour vous. Il vous faudra un peu de pratique avant de pouvoir observer d'autres personnes et de pouvoir lire correctement leur langage corporel. Cette compétence sociale demande du temps, mais il vous faudra aussi du temps pour appliquer les compétences que vous aurez apprises.

Beaucoup de gens se diront : "J'ai déjà fait ça" ou "Ça a l'air facile" pendant la lecture. La première chose qu'ils font est de sortir en public et de s'essayer à agir naturellement dans une conversation avec une autre personne. Ce n'est pas aussi facile qu'il n'y paraît. Tout d'abord, vous devez être capable de bien communiquer avec une autre personne. Mais il faut aussi prendre le temps d'écouter ce que l'autre personne dit. Chaque conversation est une expérience d'apprentissage, et vous ne voulez pas que cette expérience vous laisse un goût amer dans la bouche.

La communication peut considérablement améliorer votre vie et améliorer la situation de tous ceux qui vous entourent. Prenez le temps d'essayer d'améliorer vos compétences en communication et voyez comment vous vous sentez. Les gens autour de vous seront heureux de savoir que vous êtes une personne gentille et amicale à qui ils peuvent parler à tout moment.

Si vous voulez améliorer vos compétences sociales, de communication et de conversation, vous devez être attentif et utiliser vos compétences sociales autant que possible. Les personnes qui ne parlent pas aux autres n'ont pas souvent l'occasion de mettre en pratique leurs compétences sociales, il est donc bon pour elles d'apprendre ces choses.

La communication ne consiste pas seulement à avoir une conversation avec une autre personne. Il s'agit de s'assurer que vos mots atteignent la cible visée, que le sens est clair et ne prête pas à confusion. Il s'agit aussi d'être capable de lire le langage corporel. Quelqu'un peut vous parler sans avoir acquis cette compétence, mais vous risquez de ne pas comprendre ce qu'il dit.

Lorsque vous lisez le langage corporel, vous ne devez pas vous faire de préjugés à propos de la personne. Il est préférable pour elle que vous la laissiez vous dire ce qui se passe plutôt que de tirer des conclusions hâtives.

Une fois que vous êtes capable d'engager une conversation avec quelqu'un, et que l'initiative vient de vous, c'est encore mieux. Cette personne se sentira plus à l'aise pour vous parler, et vous aurez la confiance nécessaire pour aborder les sujets qui vous intéressent. Cela améliore vos compétences sociales, car vous avez déjà fait une première impression amicale.

Parler à quelqu'un, c'est comme tout le reste. Il faut de l'entraînement pour être bon dans ce domaine. Mais si vous consacrez du temps et des efforts à faire des recherches, vous serez en mesure de tout apprendre en un rien de temps. Vous avez peut-être l'impression qu'il vous est trop difficile de vous exprimer et de faire entendre votre voix, mais vous pouvez facilement surmonter cette difficulté en commençant par mettre vos idées noir sur blanc. Il est tellement plus facile de s'exprimer par écrit, et vous avez toujours la possibilité de revenir en arrière pour voir ce que vous avez écrit. Si vous pouvez donner un sens à ce que vous avez dit, il vous sera plus facile de dire la même chose à haute voix.

Il est plus facile pour les gens de parler avec les autres s'ils savent que la conversation portera sur eux. C'est l'un des éléments essentiels de toute conversation. Chacun souhaite que quelqu'un d'autre écoute ce qu'il a à dire. Souvent, nous ne pouvons pas obtenir cela des autres parce que nous ne leur donnons même pas une chance. Nous n'avons pas de temps à leur consacrer ou n'aimons peut-être même pas passer du temps avec les autres. Si vous pensez aux autres et souhaitez qu'ils vous écoutent, vous devez vous assurer qu'ils retirent également quelque chose de la conversation. Soyez attentif et cherchez à savoir ce qu'ils aiment. S'ils ont un appareil photo, demandez-leur s'ils veulent prendre des photos. Si la personne a un téléphone, essayez de savoir s'ils s'en servent pour appeler ou jouer à des jeux dessus. Vous pouvez apprendre beaucoup de choses sur les autres en étant simplement attentif.

Parfois, les gens font des choses pour attirer l'attention des autres. Par exemple, une personne qui fait une scène parce que quelqu'un ne lui parle pas ou ne prête pas attention à ce qui se passe autour d'elle. Un autre exemple, peut-être plus difficile à pardonner, est celui d'une personne qui fait semblant de ne pas trouver quelque chose de drôle ou de gênant. Beaucoup de gens ne réalisent pas que certaines personnes utilisent leur langage corporel pour signaler leur intérêt pour les autres. C'est pourquoi il est essentiel de prêter attention à la façon dont une autre personne communique avec vous.

Vous pouvez apprendre beaucoup en parlant avec des personnes différentes de vous. Vous pouvez le faire en leur posant de nombreuses questions sur la vie de tous les jours. Il est également essentiel de s'assurer que vous n'êtes pas une plaie quand vous essayez d'apprendre quelque chose de quelqu'un d'autre. Ce n'est pas parce qu'ils sont prêts à vous parler qu'ils veulent vous parler tout le temps.

N'oubliez pas cela lorsque vous abordez les autres pour leur poser des questions. Vous n'avez pas besoin d'être ami avec tout le monde, et vous n'avez pas envie de l'être. Vous pouvez dire à quelqu'un que vous ne voulez pas être ami avec lui ou que vous ne voulez pas lui parler parce que vous sentez que ce n'est pas le bon moment pour vous.

Il peut être difficile pour les personnes timides de parler avec les autres. Ce n'est pas quelque chose qui se règle du jour au lendemain, mais c'est possible si vous êtes prêt à investir le temps et les efforts nécessaires. Une fois que vous aurez réalisé à quel point l'apprentissage des compétences sociales peut être difficile, vous ne rechignerez pas à y consacrer le temps et les efforts nécessaires. Faites le premier pas en écoutant ce que les gens ont à dire au lieu de penser à ce que vous allez dire ensuite. Vous apprendrez beaucoup en écoutant ce que les gens disent.

La conversation peut aller du simple badinage à des discussions profondes et significatives. La manière de mener la conversation et les sujets abordés sont différents, selon vos compétences sociales, de communication et d'échange. Quel que soit le sujet que vous choisissez d'aborder, c'est à vous de mener la conversation. C'est une chose qui demande du temps et de la pratique. Une fois que vous aurez appris à tenir une conversation, n'ayez pas peur d'en tenir une avec les autres. Vous avez des compétences sociales si vous avez appris à communiquer avec les gens !

Dans une conversation, il est essentiel de parler et d'écouter. Il existe de nombreuses formes de communication, mais elles sont toutes importantes. Les personnes qui souhaitent devenir de meilleurs communicateurs doivent également travailler sur leur langage corporel. Si vous n'aimez pas la façon dont quelqu'un vous parle, vous pouvez toujours le rejeter et lui dire ce que vous ressentez. Vous ne voulez jamais être forcé à participer à une conversation qui vous met mal à l'aise. Il en va de même pour les autres. Si quelqu'un parle aux autres d'une manière qui les met mal à l'aise, il n'y a pas de problème à ce qu'ils rejettent la personne en lui disant qu'ils ne veulent pas parler avec elle. La communication est une question de compréhension mutuelle des sentiments et du langage corporel, il ne devrait donc pas y avoir

de rancune par la suite. De meilleures compétences en communication rendent la vie plus facile, et les gens vous apprécieront davantage.

Vous n'avez pas besoin de tout savoir sur tout. Vous pouvez apprendre beaucoup en posant de nombreuses questions et en prenant note des réponses. Le fait d'assimiler les choses lentement est bon pour votre cerveau et vos compétences sociales. Si vous n'êtes pas sûr de pouvoir répondre à certaines questions, il n'y a aucun problème à les poser. Vous réussirez toujours à avoir une conversation avec quelqu'un si vous apprenez à la lancer d'abord en écoutant ce dont il veut parler et ce dont il ne veut pas parler. Lorsque vous parlez avec d'autres personnes, vous devez parler directement ; quel que soit le sujet abordé entre vous deux. Il est également important de se rappeler qu'une conversation comporte deux aspects, il ne faut donc pas oublier d'écouter et de parler.

Chapitre 1 : Obstacles A La Communication Et Comment Les Eviter

La communication peut être la chose la plus frustrante et la plus difficile au monde. C'est l'une de ces choses qui, quelle que soit votre confiance en vous, peut vous faire sentir vulnérable. Nous savons que c'est parce que chacun a des attentes différentes sur la façon dont une conversation "devrait" se dérouler, mais si nous pouvions changer cela ? Comment ? En utilisant une technique simple qui est souvent négligée lorsqu'il s'agit de communication. Le ton juste, le langage corporel et la façon dont vous dites les choses sont des aspects cruciaux de la communication avec les autres.

De plus, vous pouvez le faire, que vous soyez timide ou extraverti ; cela n'a aucune importance. Cependant, si vous avez déjà vu une personne ayant des traits de personnalité extravertis (ceux qui sont naturellement extravertis), cette technique peut sembler être une seconde nature pour elle. Les grands leaders sont ceux qui ont maîtrisé cette compétence.

La plupart vous diront de "rester vous-même" ou de "vous détendre". C'est peut-être une chose simple à dire, mais réfléchissez-y. Combien de fois sortez-vous de votre zone de confort et essayez-vous quelque chose de différent ? C'est difficile, non ? Mais s'il y avait une technique qui pouvait vous aider à le faire ?

La clé du succès consiste à ne pas essayer d'être quelqu'un d'autre, mais à communiquer vos véritables pensées, sentiments et opinions. Cela peut être effrayant et difficile au début, mais plus vous vous exercerez, plus ce sera facile.

Examinons les erreurs les plus courantes commises lorsqu'on s'adresse à d'autres personnes. Pour la plupart des gens, parler en public est l'une des choses les plus effrayantes qu'ils aient à faire. Il n'y a rien de pire que de se tenir devant un groupe de personnes, de transpirer et de ne pas savoir quoi dire. C'est embarrassant et normal de se sentir ainsi si vous n'avez pas confiance en vous ou en vos capacités.

Cependant, c'est là qu'intervient la beauté de la formation aux techniques de communication. Vous pouvez apprendre à parler avec n'importe qui à tout moment et à lire les gens comme un livre. Ce n'est pas facile, loin de là, mais il existe quelques conseils et astuces pour vous aider à démarrer. Trouvez une occasion de vous exercer quotidiennement avec votre partenaire, un collègue de travail ou votre famille. Quelle que soit la situation dans laquelle vous vous trouvez, ces conseils vous aideront à éviter les pièges courants.

Le ton est très important pour établir un rapport avec les autres. Il est essentiel de savoir parler avec assurance pour apporter une valeur ajoutée aux autres et faire passer votre message de manière claire et concise. Commencez par utiliser un ton doux et détendu. Cela vous permettra de parler d'une manière que les personnes qui vous entourent pourront entendre et comprendre. Vous pouvez y parvenir en adoptant des respirations lentes et en vous tenant debout, les pieds fermement ancrés au sol. Il est plus facile pour les autres de vous comprendre lorsque vous parlez clairement, ce qui les incite à vous écouter et à prêter attention à ce que vous dites.

Essayez d'éviter tout mouvement brusque ou geste brusque de la main. Votre langage corporel peut refléter votre voix, donc si vous parlez sur un ton colérique, avec les bras croisés ou simplement la mâchoire sortie, ils en tireront les mêmes conclusions. Respirez profondément et réfléchissez avant d'agir. Il est difficile de le faire dans les cas où quelqu'un vous accuse de quelque chose de terrible, mais une réaction excessive peut aggraver la situation. Il est essentiel d'être authentique pour apprendre à connaître les autres. Ne soyez pas trop agressif ou distant lorsque vous rencontrez de nouvelles personnes pour la première fois. Un geste gentil par-ci par-là devrait suffire, plutôt que de dire quelque chose de grossier intentionnellement ou d'être trop réservé. Vous pensez peut-être qu'être méchant ou dur avec votre colocataire, vos amis ou votre famille vous évitera d'être blessé, mais c'est une façon de penser enfantine. Les gens se souviennent rarement de la première impression que l'on a de quelqu'un et du fait qu'elle vous plaise ou non ; les choses s'amélioreront avec le temps.

Cela montre que vous êtes tout aussi dévoué et déterminé qu'eux à parler aux autres.

Dans une conversation, vous devez essayer d'être celui qui fait savoir à l'autre personne que vous vous intéressez à elle. Cela signifie apprendre à parler positivement de ce qui se passe dans votre tête et dans votre vie. L'objectif est que les personnes qui vous entourent se sentent à l'aise avec vous - faites en sorte qu'elles se sentent bienvenues et aimées en faisant ressortir leurs meilleures qualités. Ne supposez jamais qu'ils sont carrément impolis avec vous.

Si vous êtes trop agressif ou si vous essayez de dominer les autres, ils se sentiront mal à l'aise en votre présence. En fin de compte, nous voulons tous être acceptés et aimés par les autres. Personne ne veut être détesté ou craint, c'est pourquoi l'affirmation de soi est essentielle pour établir la confiance dans les échanges avec les autres.

Si quelqu'un ne comprend pas ce que vous dites, il peut

abandonner complètement la conversation. Il vous incombe, en tant que leader et communicateur, d'essayer de comprendre son point de vue en l'acceptant, même s'il ne correspond pas au vôtre. Posez des questions au lieu d'essayer de les persuader ou de leur imposer votre point de vue.

Essayez d'avoir l'esprit ouvert et de vous mettre à leur place avant de parler. C'est peut-être l'une des choses les plus difficiles à faire, mais c'est aussi un excellent moyen de ne plus contrôler ses émotions. C'est peut-être difficile au début, mais plus vous vous exercerez, plus vous arriverez à vous exprimer d'une manière qui permette aux autres de comprendre ce que vous ressentez.

Une autre façon de prendre confiance dans votre capacité à parler avec n'importe qui est de vous entraîner à dire les choses. La façon dont vous dites quelque chose peut être tout aussi importante que ce que vous dites. Il se peut que vous disiez tout correctement mais que vous les prononciez mal. En disant quelque chose de la mauvaise façon, vous risquez d'être mal compris par quelqu'un ou même de le contrarier.
L'essentiel est de garder à l'esprit que personne ne peut vous juger parce que vous êtes un orateur confiant. Au contraire, les gens admireront et remarqueront votre authenticité et votre caractère.

Même si c'est un défi d'être soi-même, vous devez réaliser que vous êtes déjà très bien dans votre peau. La façon dont nous communiquons avec les autres est tout aussi importante que les mots qui sortent de nos bouches ; vous pouvez utiliser ces conseils la prochaine fois que vous vous trouverez dans une situation publique. Vous n'avez pas à vous sentir nerveux ou intimidé lorsque vous parlez aux gens. Vous apprécierez de plus en plus de passer du temps avec de nouvelles personnes.

Se consacrer à son développement personnel est un excellent moyen d'apprendre à parler avec n'importe qui. Au fil du temps, vous remarquerez une différence significative dans la façon dont vous vous sentez plus à l'aise lorsque vous rencontrez d'autres personnes. Cela vous permettra d'être plus sûr de vous tout au long de votre journée ; n'oubliez pas que c'est en forgeant qu'on devient forgeron.

Ces conseils devraient vous permettre d'être vous-même et d'utiliser vos compétences naturelles en matière de communication. Plus vous vous exercerez, plus vous vous améliorerez. Exercez-vous comme si votre vie en dépendait. Suivez ces simples conseils ; vous pourrez alors devenir l'une de ces personnes capables de parler avec n'importe qui. Vous ne serez peut-être pas capable de prononcer un discours éloquent, mais vous devriez être capable de parler de manière à ce que les autres vous comprennent et sachent ce que vous dites. Gardez toujours à l'esprit que chacun est un allié ou un ennemi potentiel. Ne laissez jamais vos émotions prendre le dessus ; vous pourriez faire plus de mal que de bien. Plus vous vous sentirez à l'aise en vous-même, plus les autres se sentiront à l'aise avec vous. Commencez par faire un excellent travail d'explication. Si vous le faites bien, cela vous sera bénéfique à long terme. Ne mentez jamais à quelqu'un ; dites-lui les faits et soyez honnête quant à vos sentiments.

Si vous faites des erreurs, excusez-vous et essayez de les réparer. Ne laissez jamais les autres savoir ce qui vous fait sentir mal : s'ils ne se soucient pas assez de vous pour vous le demander, ils ne méritent pas de le savoir.

Les autres autour de vous doivent voir qu'il existe des personnes qui ont confiance en elles-mêmes et en leur vision du monde. Faites de votre mieux pour ne pas juger les autres ; rappelez-vous que tout le monde a un bon et un mauvais côté, il est donc préférable de garder l'esprit ouvert lorsque vous parlez à quelqu'un. Avoir des compétences sociales signifie acquérir les connaissances et la confiance nécessaires pour parler avec n'importe qui. Être capable de communiquer avec les autres ne vous aidera pas seulement dans votre carrière, mais aussi à gagner le respect et à développer des amitiés durables. Vous devez convaincre les gens que vous êtes plus que ce qu'il n'y paraît - ils doivent voir qu'ils peuvent vous faire confiance. Parlez lentement et soigneusement - veillez à articuler vos mots aussi bien que possible. Vous apprécierez plus souvent de passer du temps avec de nouvelles personnes, alors mettez ces conseils en pratique dès que possible.

Voici d'autres conseils pour vous aider à vous améliorer :

1. Écoutez attentivement

Soyez attentif et attendez votre tour pour parler. Il est parfois frustrant que les gens n'écoutent pas ou qu'ils fassent dérailler une conversation en la faisant dévier du sujet. Si quelqu'un vous invite quelque part, répondez poliment par un oui ou un non, selon que votre emploi du temps vous le permet ou non. Ne donnez pas d'excuse ou de raison pour laquelle vous ne pouvez pas venir, car cette personne passera toute la soirée à essayer de vous convaincre du contraire.

2. Soyez clair, concis et précis.

Cela ne signifie pas que vous ne pouvez pas être élaboré ou impliqué dans la conversation ; il est essentiel d'éviter de prendre la tangente. Lorsque vous parlez de quelque chose qui vous tient à cœur, assurez-vous de savoir où vous allez.

Si votre message est essentiel, faites sentir aux autres qu'il l'est tout autant en vous exprimant clairement et avec assurance. Dans le cas contraire, vous donnerez l'impression que votre message ne vaut pas la peine qu'on y consacre du temps et de l'attention. Parlez avec un esprit ouvert, ce qui inclut l'ouverture aux idées et aux pensées des autres. Lorsque vous parlez, faites entendre votre voix.

Votre voix est un outil de communication essentiel. Votre ton et votre hauteur sont ce que tout le monde interprète. Si votre message n'est pas clair, il semblera très terne et non professionnel. Veillez donc à parler suffisamment fort pour que tout le monde vous entende sans vous mettre en sueur ni chuchoter, ce qui ne ferait que vous insulter.

3. Faites également attention à votre langage corporel.

Lorsque quelqu'un vous parle, il ne vous regarde pas, il vous observe. Vous pouvez parler, mais pouvez-vous agir en conséquence ? Si vous ne croyez pas ce que vous dites, comment les autres pourraient-ils le croire ?

Votre langage corporel et votre confiance en vous détermineront la qualité de votre communication. Tenez-vous debout avec assurance, les bras le long du corps. Votre posture corporelle doit refléter la confiance. Dites ce qui doit être dit sans remuer ni trop bouger.

4. Laissez leur moment de gloire aux autres aussi.

Certaines personnes sont tellement prises par leur voix qu'elles oublient de laisser les autres parler. Il est essentiel d'écouter attentivement, mais assurez-vous que vous écoutez et prêtez attention à la personne qui parle. Mais cela ne s'arrête pas là : si vous êtes réellement intéressé par ce qu'une autre personne a à dire, vos expressions et votre langage corporel le montrent. Les gens accorderont de la valeur à ce que vous dites lorsqu'ils verront la valeur que vous accordez à ce qu'ils disent. Plus vous pratiquerez cette technique, plus la communication sera accessible. Commencez par dire "Bonjour" ou "Comment allez-

vous ?". Retenez ces conseils et remarquez la différence dans la façon dont les gens réagissent à vos paroles et à vos actions. En devenant plus habile à communiquer, vous aurez davantage confiance en vous et en ce que vous avez à dire. Et n'oubliez pas que les gens n'oublieront pas ce que vous avez dit ou fait, surtout s'ils savent que cela compte beaucoup pour vous. N'oubliez jamais que les gens reconnaissent la façon dont vous interagissez avec eux. C'est un fait, mais c'est à vous de choisir comment vous gérez ces situations.

5. Communiquez vos pensées et vos sentiments.

C'est avec ce simple geste que vous devez vendre et impressionner les autres. Cependant, ce n'est pas toujours aussi facile. Certaines personnes ont du mal à dire ce qu'elles pensent sans se mettre en scène.

Si vous ne vous sentez pas à l'aise pour partager vos véritables pensées et émotions, il sera difficile pour eux de croire en vous ou de suivre vos conseils lorsqu'un problème surviendra. Ils peuvent penser que vous mentez ou que vous exagérez pour vous sortir du pétrin, mais les faits sont les faits ; ils doivent savoir comment réagir en conséquence. Ne vous comparez pas aux autres, car vous finirez toujours par être perdant. Partagez vos qualités actuelles en faisant preuve de confiance en vous grâce à cette technique.

6. Utilisez le pouvoir des repères visuels.

Pensez aux images dans votre esprit et utilisez-les pour guider vos paroles. Par exemple, si vous pensez à l'image d'une montagne, imaginez-vous comme une montagne entourée d'autres montagnes ou attendez le bon moment pour les mentionner avant d'en parler afin que les autres se sentent inclus et encouragés.

Même si la mise en pratique de cette technique n'est pas toujours facile, vous pouvez la faire aisément chaque fois que vous voulez faire preuve de confiance en vous et en votre entourage. Assurez-vous de ne pas négliger ce que disent les autres, car ils peuvent avoir de précieux conseils ou suggestions pour vous aider à renforcer votre confiance. Cela vous aidera également à vous rapprocher d'eux et à nouer des amitiés solides. Une bonne amorce de conversation peut faire la différence entrcfaire bonne impression et se contenter de faire semblant. D'un autre côté, si vous ne savez pas comment entamer une conversation, vous ne serez probablement pas en mesure de la mener à bien. Que ce soit au travail ou pendant votre temps libre, assurez-vous d'être prêt pour ces conversations en pratiquant ces compétences et conseils essentiels pour parler. Il n'est pas toujours facile de savoir s'il faut parler ou écouter, car être un bon orateur est difficile à apprendre et demande de la pratique. Si vous vous exprimez avec confiance et habileté, les autres verront vos capacités et vous confieront leurs sentiments.

7. Répétez à l'avance.

Pratiquez ces techniques la veille d'une grande réunion, et mémorisez tout ce que vous voulez dire. Si vous le faites à l'avance, vous aurez le temps de répéter quand il sera temps de parler.

Lorsque vous vous entraînez, il est préférable de vous visualiser en train de vous tenir debout avec confiance et de dire ce que vous pensez avec assurance. L'amertume peut s'insinuer si quelqu'un parle négativement de ce qu'il pense de vous, même si cette personne n'aurait rien dû dire parce qu'elle ne vous connaît pas encore.

8. Organisez les idées pour votre discours.

Évitez de regarder le sol ; regardez droit devant vous ou vers la personne à qui vous vous adressez. Assurez-vous que vous avez besoin de dire ce que vous avez à dire lorsque le moment est venu de prendre la parole. Dans le cas contraire, laissez la parole à quelqu'un d'autre et prenez du recul. Cela permettra à ceux qui ne parlent pas d'écouter attentivement vos paroles en leur accordant toute leur attention.

9. Prévoyez de parler en dernier.

Il est préférable de dire ce que vous avez à dire après que chacun a eu son tour. Si vous essayez d'apporter votre pierre à l'édifice avant que tout le monde ait parlé, vos idées peuvent être interprétées comme une tentative de prendre le contrôle de la conversation. Prenez plutôt du recul et laissez les autres s'exprimer en premier ; écoutez attentivement et gardez l'esprit ouvert pendant qu'ils parlent. Cela vous permettra de juger de ce dont ils parlent et de ce qu'ils ressentent d'après le ton de leur voix ou l'expression de leur visage. Lorsque vous êtes sûr que c'est votre tour de parler, tenez-vous avec confiance devant le groupe et délivrez votre message avec clarté et conviction.

La communication ne doit pas être un obstacle à l'établissement de rapports et au renforcement des relations. Ainsi, la prochaine fois que vous serez confronté à une situation qui vous obligera à parler avec d'autres personnes, souvenez-vous de ces conseils et utilisez-les à votre avantage. Il est essentiel non seulement d'écouter les autres mais aussi d'entendre ce qu'ils disent, alors assurez-vous de vous concentrer sur eux et essayez de ne pas vous laisser distraire par votre environnement. N'oubliez jamais que la communication est une voie à double sens. Si vous n'écoutez pas attentivement, vous ne serez jamais en mesure de comprendre ce que les autres vous disent.

Chapitre 2 : Exprimer Sa Colère Et GérerLes Conflits

Nous savons tous combien il est difficile de parler à quelqu'un qui vous met constamment en colère. Qu'elle soit arrogante ou simplement grossière, cette personne peut frustrer n'importe qui et lui rendre la monnaie de sa pièce. Mais au lieu de céder à leur mauvais comportement et de vous isoler, vous devriez apprendre à mieux communiquer avec les gens, surtout lorsqu'un conflit se prépare entre vous deux.

La communication est la clé de la résolution de tout conflit. Si vous parvenez à trouver un moyen de résoudre le problème avec quelqu'un sans craquer, sans blâmer l'autre ou sans perdre votre sang-froid, vous faciliterez la vie de tout le monde. En fin de compte, vous devrez parler de vos problèmes et essayer de tout régler en faisant des compromis.

La vérité est que parler à quelqu'un qui vous met en colère ou vous frustre n'est pas facile. Il est difficile de rester calme et posé, et vos émotions ont tendance à prendre le dessus. Le plus difficile est d'être capable de ne pas être d'accord avec cette personne de manière honnête et respectueuse. Vous ne pouvez pas crier ou devenir hostile envers quelqu'un si vous voulez qu'il écoute ce que vous avez à dire - surtout si ce que vous avez à dire est quelque chose qu'il ne veut pas entendre.

Il peut être plus difficile de parler à certaines personnes que d'autres (par exemple, celles qui sont constamment négatives ou impolies), mais il existe des moyens de parler à n'importe qui, quelle que soit sa personnalité. Cela peut prendre un certain temps, mais vous pouvez communiquer avec n'importe qui si vous savez comment.

L'essentiel de la communication repose sur des limites claires et définies. Fixez une limite personnelle ferme avant de parler à quelqu'un qui vous met en colère. Rappelez-vous la dernière fois que vous vous êtes disputé avec quelqu'un ; a-t-il essayé de vous pousser à bout ? Essayait-il de vous faire perdre votre sang-froid ? Ou attendait-elle que vous soyez sur le point de perdre votre sang-froid avant de dire quoi que ce soit ?

C'est important car refuser d'écouter ou réagir violemment lorsque quelqu'un vous pousse à bout est dangereux et inutile. Lorsque vous savez comment l'autre personne essaie de vous manipuler, vous pouvez alors choisir d'écouter ou de riposter.

Et même si l'autre personne n'essaie pas de vous manipuler, il est toujours bon d'avoir des limites fermes. Si quelqu'un continue à vous pousser à bout, il essaie probablement de vous mettre en colère - mais si ce qu'il dit n'affecte pas vos sentiments à son égard, pourquoi devriez-vous répondre par la colère ?

Une fois que vos limites sont claires et définies, il est beaucoup plus facile pour vous de parler clairement et respectueusement à la personne qui fait monter votre tension artérielle. Vous comprendrez également ce qu'ils essaient de dire lorsqu'ils sont impolis ou pathétiques.

Défendez toujours vos intérêts (ne vous laissez pas marcher sur les pieds). Beaucoup de gens aiment être impolis sans même s'en rendre compte. Que ce soit parce qu'ils pensent qu'être condescendant ou sarcastique leur donne un air spirituel ou attirant, ou parce qu'ils sont trop absorbés par leur propre vie pour se soucier de la vôtre, vous ne devriez pas laisser les autres vous traiter comme de la merde.

Vous savez ce qui est essentiel ? Être une bonne personne et bien

agir envers les autres. La façon dont vous interagissez avec eux et la façon dont ils vous traitent sont tout aussi importantes. Si quelqu'un vous rend la vie difficile par méchanceté ou par ignorance, il ne mérite pas votre pardon, surtout si le problème aurait pu être facilement résolu dès le départ.

Ne laissez pas les gens vous marcher sur les pieds. Si quelqu'un vous manque de respect ou vous fait du mal, défendez-vous dès que possible. Vous ne ferez pas que vous sentir mieux dans la situation (vous lui enlèverez aussi le contrôle sur le déroulement de votre journée). De plus, vous donnerez un excellent exemple à tous les autres et leur apprendrez l'importance de traiter tout le monde de la même manière.

Gardez l'esprit ouvert. Il est facile de se mettre en colère en écoutant quelqu'un qui n'arrête pas de parler de quelque chose qui n'a pas d'importance pour lui ou quelqu'un qui n'a que du mal à dire sur tout. Il est encore plus facile d'être grossier ou condescendant à leur égard.

Mais il est difficile de faire preuve d'ouverture d'esprit et d'amitié avec tout le monde, quelle que soit l'attitude positive de chacun. Il peut parfois être ennuyeux de parler à des personnes qui n'ont que de bonnes choses à dire. Il n'est pas possible d'avoir une attitude ouverte envers tout le monde et tout ce qui existe dans la vie, mais vous pouvez la garder envers les personnes non négatives. Tout ce qu'elles veulent, c'est profiter de leur vie et être heureuses sans avoir à supporter les attitudes terribles des autres (c'est-à-dire vous).

Gardez donc l'esprit ouvert pour une fois, même si l'autre personne est parfois ennuyeuse ou négative. On ne sait jamais quand quelque chose d'excitant ou de positif peut sortir de cette conversation après tout. S'il vous est difficile de parler à quelqu'un qui vous met en colère ou vous frustre, ne vous en voulez pas.

Plus vous essayez de contrôler votre colère et votre frustration, plus vous vous sentirez mal - et ce n'est pas sain. Si quelque chose fait monter votre tension artérielle, il vaut la peine d'essayer de comprendre quel est le problème - et si d'autres personnes sont grossières ou blessantes à votre égard, alors, bien sûr, il vaut la peine de vous défendre d'une manière qui n'implique pas de riposter.

Mais il est arrivé à tout le monde d'être frustré ou en colère contre quelqu'un et de ne rien dire. Peut-être avaient-ils peur de ce qui se passerait s'ils disaient quelque chose (par exemple, l'autre personne réagirait violemment), ou peut-être étaient-ils tellement en colère qu'ils ne pouvaient pas se faire confiance pour parler correctement.

Cela arrive à tout le monde ; même les meilleures personnes du monde ont parfois du mal à s'exprimer. Si vous avez l'impression que vous ne pouvez pas parler à quelqu'un parce que c'est trop difficile, c'est tout à fait normal - concentrez-vous simplement sur le fait de devenir une meilleure personne à l'avenir et évitez les disputes inutiles avec qui que ce soit.

Ne laissez pas la colère vous consumer. Que vous essayiez de communiquer avec quelqu'un qui n'écoute pas ou que vos problèmes deviennent incontrôlables, rappelez-vous que perdre le contrôle ne vaut pas la peine, surtout lorsqu'il s'agit d'autres personnes.

Voici quelques conseils pour mieux communiquer si vous vous sentez hostile :

1. RÉFLÉCHISSEZ AVANT DE PARLER

La plupart du temps, vous aurez envie de dire ce que vous pensez immédiatement. Mais si vous avez une discussion animée avec quelqu'un (qu'il s'agisse d'un collègue, d'un parent ou d'un

partenaire), vous devez vous assurer que ce que vous vous apprêtez à dire en vaut la peine. Si ce n'est pas le cas, ne dites rien du tout.

Il est toujours préférable de se taire que de parler quand on est en colère - car plus le temps passe, plus on se sent rationnel et calme. Ne parlez pas avant de connaître les faits et de pouvoir vous exprimer honnêtement. Il n'est pas nécessaire de s'en prendre à quelqu'un pour faire valoir un point de vue - vous pouvez expliquer calmement votre opinion et dire pourquoi vous vous sentez comme vous le pensez.

Pour vous obliger à vous arrêter et à écouter quelqu'un, essayez cette astuce : Comptez à rebours à partir de 10 dans votre tête avant de parler. Lorsque vous atteindrez le chiffre zéro, vous serez en mesure de vous exprimer sans confondre ou mettre en colère la personne à l'autre bout du fil.

2. PRENEZ L'AIR

Si le fait de parler de ce qui vous tracasse vous stresse ou vous angoisse, faites une pause au lieu de poursuivre la conversation. Faites autre chose pendant un moment, par exemple une promenade à l'extérieur ou un jeu sur votre téléphone, puis revenez l'un vers l'autre lorsque vous serez plus détendu.

En fin de compte, la communication repose sur la capacité de deux personnes à s'écouter et à prêter attention l'une à l'autre sans ressentir d'hostilité. C'est parfois difficile à faire, alors si vous vous sentez trop stressé, vous passerez un meilleur moment si vous restez seul(e) pour le moment.

3. METTEZ-VOUS DANS LE BON ÉTAT D'ESPRIT

Parfois, nous ne voulons pas entendre la vérité sur une situation parce qu'elle est trop difficile à gérer, ou nous savons que ce que

nous nous apprêtons à dire va blesser quelqu'un. Si vous faites partie de ces personnes, vous devez vous assurer que vous êtes dans le bon état d'esprit avant de parler à quelqu'un.

Ce n'est pas toujours facile à faire. Vous devrez peut-être méditer un peu et faire le vide dans votre tête avant de vous centrer. Vous devez également vous assurer que vous êtes dans un endroit confortable, comme éteindre votre téléphone pour ne pas être distrait par d'autres messages ou appels. Et si la personne qui vous met en colère est physiquement présente, essayez de vous éloigner d'elle et de faire une pause pendant un petit moment avant d'essayer de discuter.

4. ÉCOUTEZ PLUS QUE VOUS NE PARLEZ

Vous savez ce qu'il faut faire. Vous êtes sur le point de dire ce que vous pensez, mais au lieu de montrer à l'autre personne que vous êtes contrarié ou en colère, essayez de faire valoir votre point de vue.

N'oubliez pas : écouter est le meilleur moyen de faire passer votre message. Lorsque vous dites quelque chose à quelqu'un et qu'il vous interrompt ou critique ce que vous avez dit, il se sentira plus ennuyé que jamais à votre égard. Si vous pouvez vous imprégner de tout ce que l'autre personne a à dire, il y a plus de chances qu'elle vous respecte davantage pour avoir été respectueux.

5. SOYEZ PATIENT

Vous ne devez pas vous exprimer comme un vieil homme coléreux - cela ne fera qu'énerver l'autre personne. Si vous voulez exprimer vos sentiments, il est préférable d'essayer d'être aussi patient que possible. Au lieu de dire ce que vous pensez, essayez d'aider l'autre personne à comprendre où elle s'est trompée.

Par exemple : si quelqu'un dit qu'il n'aime pas la façon dont vous avez fait quelque chose, vous pouvez lui dire à la place : "Je comprends. Je suis allé plus vite dans le virage et j'ai perdu le contrôle du véhicule."

6. DITES LA VÉRITÉ

Oui, même s'il vous est difficile de parler de la situation. Même si cela vous fait mal de le dire - surtout s'il s'agit d'une personne que vous aimez ou à laquelle vous tenez profondément - vous devez assumer la responsabilité de vos actes. Si vous n'êtes pas honnête avec vous-même ou avec l'autre personne, il n'y a aucun moyen pour qu'elle puisse vous faire confiance ou vous respecter.

Il y a un temps et un lieu pour tout, mais parfois la vie craint, et les choses vont mal. Nous avons tendance à dire les mauvaises choses et à prendre de mauvaises décisions. Mais il ne s'agit pas d'être la mauvaise personne - il s'agit de survivre dans un monde où les gens ne sont pas toujours amicaux les uns envers les autres. Et ce n'est pas grave, tant que vous savez comment vous comporter et comment agir lorsque les esprits s'échauffent.

7. AYEZ TOUJOURS UNE STRATÉGIE DE RETRAIT

Si les choses commencent à devenir très intenses, il est impératif que vous puissiez demander un temps mort - que ce soit en quittant la pièce ou en demandant à l'ami qui vous accompagne de distraire la personne à l'autre bout du fil afin que vous puissiez prendre du temps pour vous.

Il est toujours préférable que vous puissiez gérer vos sentiments sans que l'autre personne ait à savoir qu'ils vous affectent négativement. Ce n'est pas facile, surtout si vous voulez dire quelque chose à quelqu'un et que, quels que soient vos efforts, vous ne le dites pas du tout. Mais la seule façon d'y arriver est d'avoir une stratégie de sortie. Il ne sert à rien de rester dans une pièce si les choses sont terribles. Et même si la politique n'est qu'un jeu pour vous, cela ne signifie pas que vous n'avez pas de sentiments comme tout le monde - et ils devraient être entendus aussi.

8. SOYEZ LE PREMIER À VOUS EXCUSER

Parfois, la vie est simplement désordonnée et compliquée lorsqu'il s'agit de communiquer. Parfois, les gens n'aiment pas entendre ce que vous avez à dire parce que cela les blesse de savoir que vous êtes contrarié ou en colère contre eux. Et parfois, les gens prennent mal ce que vous dites sans même que vous le sachiez. Si c'est le cas, il est toujours préférable que vous soyez le premier à vous excuser, surtout si vous ne vouliez pas que quelque chose de mal se produise. S'il y a eu un malentendu, clarifiez-le dès quepossible en vous excusant.

S'il n'y a pas eu de malentendu, vous devez tout de même assumer la responsabilité de vos actes et dire que vous n'avez jamais voulu que la situation se produise. Un moyen rapide de transformer l'hostilité en coopération consiste à assumer la responsabilité de vos actes. Si vous ne l'avez pas dit, l'autre personne vous en veut, alors dites-le. Si vous voulez vous excuser pour quelque chose, faites-le. Si vous ne pensiez pas que la situation tournerait mal, dites-le. Parfois, la vie est désordonnée et chaotique - et il arrive que nous disions des choses que nous ne pensons pas ou que l'on nous dise des choses de ce genre.

Si vous pouvez vous excuser de vos actes de manière calme et honnête, il est probable que l'autre personne vous pardonnera. Et si elle ne veut plus vous parler, vous pourrez au moins vous retirer de la situation en sachant que vous avez fait tout ce que vous pouviez pour résoudre le conflit de manière pacifique. Le pouvoir de l'empathie et du pardon

Lorsque vous savez comment vous exprimer et mettre l'autre personne à l'aise, il peut être facile de trouver un terrain d'entente et de se respecter davantage. Nous voulons tous que les gens nous écoutent lorsque nous parlons, mais beaucoup d'entre nous ne savent pas comment s'y prendre. Nous avons peur de blesser les sentiments de quelqu'un, et nous avons trop peur de dire des choses qui pourraient blesser quelqu'un parce que nous ne voulons pas qu'il pense du mal de nous.

Mais ça ne doit pas forcément se passer comme ça. Si vous apprenez à bien vous exprimer, vous pouvez réfléchir à ce que vous dites, même si cela met l'autre personne en colère. Et cela vous permettra à tous les deux d'avoir plus d'opportunités à l'avenir.

On ne sait jamais à quel point quelque chose qui semble petit peut signifier quelque chose de grand - surtout en ce qui concerne la communication et les relations. Les gens pensent souvent qu'il est plus facile d'être empathique que logique. Mais utiliser l'empathie pour résoudre les conflits vous donne le pouvoir de transformer une situation négative en une situation positive. Lorsque vous apprendrez à mieux communiquer avec votre entourage, vous gagnerez en confiance et aurez plus de pouvoir sur votre vie.

Même si vous n'obtenez pas toujours ce que vous voulez, vous pouvez au moins apprendre à vous retirer sans être pris en otage par vos propres émotions. Les personnes qui restent en colère contre les autres sont celles qui ne savent pas comment s'excuser et accepter les sentiments des autres. Et si vous êtes capable d'utiliser l'empathie comme uncadeau plutôt que comme une arme, alors les deux parties peuvent essayer de faire la paix, même si elles n'en ont pas envieà la fin.

En réalité, la plupart des conflits prennent de l'ampleur parce que les gens ne savent pas les gérer. Même si vous n'aimez pas la situation, vous pouvez au moins apprendre à communiquer avec les autres de manière à éviter de nombreuses difficultés.

Supposons que vous puissiez apprendre à avoir des conversations rationnelles qui mènent à des conversations amicales. Dans ce cas, vous serez en mesure de résoudre rapidement les conflits avec d'autres personnes. Pour mieux communiquer, il faut lâcher ses émotions - mais vous n'êtes pas obligé de le faire seul. Vous pouvez alors apprendre à partager sans bouleverser l'autre personne et sans laisser la colère s'accumuler en vous jusqu'à exploser.

De nombreuses personnes n'aiment pas les conflits, surtout si elles pensent qu'ils les laisseront en colère et stressés pendant longtemps. Mais une chose est sûre : si vous voulez apprendre à vous entendre à quelque niveau que ce soit, il faut que les deux parties concernées y trouvent leur compte.

En apprenant à mieux communiquer et à faire preuve d'empathie plutôt que de colère, vous pouvez trouver le moyen de transformer une situation négative en une situation positive. Une fois que vous y parvenez, vous pouvez trouver des solutions avec lesquelles vous et l'autre personne pourrez vivre.

Ce n'est pas facile - mais il est possible d'avoir de bonnes relations avec les gens. Tout ce qu'il faut, c'est de la patience, un cœur ouvert et la capacité de communiquer ses sentiments sans les laisser s'interposer. Plus vite vous apprendrez à le faire, plus vite votre vie deviendra accessible et moins stressante - car au lieu de vous concentrer sur les choses négatives qui vous entourent, vous apprendrez à trouver des solutions pour ce qui ne va pas.

Chapitre 3 : Lire Les Visages Et Prédire Le Comportement

Votre visage et votre corps envoient des milliers de signaux chaque jour. Ces signaux indiquent ce que vous pensez, ce que vous ressentez, ce que vous attendez des autres et ce que vous envisagez de faire. Ces signaux ont une influence considérable pour établir des liens, influencer le comportement et atteindre des objectifs. Vous envoyez ces signaux sans même en être conscient. Vous lisez et réagissez constamment aux visages et au langage corporel des autres, en portant des jugements qui affectent vos sentiments, vos pensées et vos actions.

Dès que vous vous réveillez le matin, vous vous regardez dans le miroir et vous réagissez à vos expressions faciales. En plus d'avoir un impact sur ce que vous ressentez, vos expressions faciales influencent l'opinion que les autres ont de vous. Si vous êtes fatigué, en colère ou triste, vous ferez un visage négatif qui vous fera vous sentir encore plus mal. À l'inverse, si vous vous souriez avant de partir au travail ou à l'école, vous aurez probablement le sourire aux lèvres tout au long de la journée.

Des recherches ont prouvé que la façon dont vous vous asseyez, vous tenez debout, tenez votre tête, bougez vos mains et marchez peut suggérer votre fiabilité ou votre compétence. Votre corps envoie également des signaux faciaux que les autres perçoivent sans que vous en soyez conscient. Un langage corporel ouvert, bras non croisés, paumes de mains visibles, dit "Je suis honnête et accessible". La plupart des gens, même ceux qui ont de grandes capacités de communication, ne sont pas conscients des signaux qu'ils envoient à l'autre. Vous pouvez sur-réagir ou sous-réagir aux expressions faciales de quelqu'un. Votre langage corporel peut envoyer des messages contradictoires et vous faire paraître nerveux ou agressif, même si vous ne vous sentez pas comme ça. Vous ne vous rendez peut-être pas compte à quel point vous exaspérez les autres en étant trop direct. Comment savoir ce que pense une autre personne ?

Votre visage et votre corps sont comme une fenêtre sur l'esprit, chacun émettant des messages difficiles à déchiffrer par lui-même. Plus vous comprendrez comment lire les gens et prévoir leur comportement, plus votre communication sera efficace.

Lire le langage corporel

Vous devez être conscient du langage corporel des gens afin de mieux comprendre leurs pensées et leurs sentiments. Connaître le langage corporel des autres améliorera votre capacité à les comprendre, à prévoir leurs actions et leur comportement, et à établir des relations solides. Vous pouvez également utiliser ces connaissances pour vous rendre plus attrayant en tant que partenaire de conversation.

Les gens envoient constamment des signaux, des expressions faciales à la posture en passant par les gestes. La personne peut se renfrogner, tenir la tête haute, serrer les mains l'une contre l'autre, regarder le sol ou le plafond, et tordre son corps. De nombreuses alertes sont envoyées en permanence, qui peuvent encore être difficiles à lire et à comprendre pour vous.

Il n'est pas nécessaire d'être un psychologue social ou un expert en comportement humain pour lire correctement le langage corporel des autres. Voici quelques conseils simples pour vous aider à l'interpréter et à y répondre efficacement. Les gens se sentent souvent anxieux ou mal à l'aise lorsqu'ils doivent interagir avec d'autres personnes. Ils prennent généralement plusieurs respirations profondes et purificatrices et tendent leur corps. Observez comment les gens croisent leurs bras, leurs jambes et leurs pieds. Ils peuvent mettre leurs mains sous   leurs aisselles ou croiser leurs jambes devant eux. Soyez attentif à ce que les gens font avec leurs mains car elles envoient des signaux nécessaires lorsqu'ils les mettent dans certaines positions.

Faire les cent pas est un signe de nervosité ou d'anticipation. Lorsque vous voyez quelqu'un faire les cent pas dans une pièce, vous pouvez supposer qu'il appréhende un événement à venir. Si vous vous levez pour aller aux toilettes pendant un entretien d'embauche, remarquez comment le langage corporel et le comportement de votre interlocuteur changent dès que vous quittez la pièce.

Ne négligez pas l'importance de la posture et de l'expression faciale pour indiquer ce que pense une personne. Les gens ont tendance à suivre inconsciemment l'exemple des autres. Ainsi, si votre patron s'assoit derrière son bureau et croise les jambes, vous suivrez son exemple et ferez la même chose. Vous savez que l'heure n'est plus à la conversation informelle mais aux affaires. La prochaine fois que vous vous trouverez dans un lieu public comme un restaurant ou un théâtre, observez comment les gens réagissent lorsqu'ils entrent dans un groupe. Ils trouveront généralement une place pour s'asseoir à mi-chemin entre la personne la plus dominante et la personne la plus faible. Si vous êtes dans une réunion, essayez d'observer la disposition des sièges. Les gens s'assoient généralement à côté de personnes qu'ils apprécient ou avec lesquelles ils sont à l'aise. La prochaine fois que vous serez à une fête, écoutez attentivement ce que les gens disent lorsqu'ils se présentent à une nouvelle personne. Très peu de personnes diront quelque chose de négatif sur elles-mêmes, même si elles peuvent parler négativement des autres. Observez la désinvolture avec laquelle les gens se serrent la main. Plus la prise est forte, plus ils se sentent dominants et sûrs d'eux lorsqu'ils vous serrent la main - ce qui peut indiquer à quel point ils sont durs.

Vous pouvez utiliser la même technique pour une autre raison : pour voir dans quelle mesure les gens sont confiants par relation à un sujet ou un thème spécifique. Si vous savez dans quel état d'esprit se trouve une personne, vous aurez plus de facilité à deviner de quoi elle pourrait parler au moment des présentations.

Avant de sortir avec des amis la prochaine fois, observez le poids qu'une personne répartit uniformément sur ses pieds et ses mains lorsqu'elle marche, de manière à ce que son centre de gravité soit agréable et régulier. Il marchera comme s'il n'avait rien à prouver. Si vous vous disputez avec quelqu'un et qu'il essaie de prendre l'une de vos mains au niveau du poignet, cela vous indique qu'il se sent vulnérable et peu sûr de lui.

Lorsque vous saluez quelqu'un, regardez ses pieds et remarquez comment ils sont pointés. S'ils sont dirigés vers vous, c'est un signe d'ouverture et de confiance ; s'ils sont dirigés vers l'extérieur, c'est un signe de rejet ou de défensive. Observez comment une personne se tient droite lorsqu'elle parle à une personne qui l'attire. Il se tiendra beaucoup plus droit que d'habitude parce qu'il essaiera de paraître aussi attirant que possible. Lorsque les gens se tiennent les bras croisés devant eux, c'est un signe qu'ils se coupent du monde. Elles se sentent rebutées par ce qui se passe autour d'elles et ne souhaitent pas s'impliquer dans ce qui pourrait se passer. Les personnes qui croisent les bras devant elles le font souvent parce qu'elles se sentent vulnérables, peu sûres d'elles ou peu sûres de quelque chose. Une personne qui se penche vers vous pour parler peut essayer de se rapprocher physiquement de vous ou peut simplement souligner ce qu'elle dit en s'étendant vers l'extérieur. Le contraire est vrai lorsqu'une personne s'éloigne de vous et croise les bras en serrant les mains dans les poings. Ce sont des signes que cette personne n'est pas réceptive à vos idées à ce moment-là.

Voici cinq conseils sur le langage corporel :

1) Soyez solides sur vos appuis quand vous parlez à quelqu'un d'autre, sauf si vous devez marcher. Plus vous serez à l'aise et confiant, plus les autres seront attirés par vous.

2) Souriez et riez souvent, même si vous n'en avez pas envie. Même si vous ne passez pas une bonne journée, faites un effort conscient pour vous forcer à sourire davantage. Un sourire est l'un des meilleurs moyens de faire en sorte que les autres se sentent bien dans leur peau et que vous passiez pour une personne chaleureuse et attentionnée.

3) Veillez à ce que vos yeux soient fixés sur votre interlocuteur et que votre tête soit inclinée (et non pas droite vers le haut ou vers le bas). Ces deux éléments vous aideront à montrer votre intérêt pour ce que votre interlocuteur dit et à faire avancer la conversation plus facilement.

4) Si vous vous trouvez dans des situations où le langage corporel de quelqu'un d'autre envoie des signaux négatifs, ne le reproduisez pas. Si vous ripostez en croisant les bras, en vous détournant de quelqu'un, en baissant votre cou et votre expression faciale, vous ne ferez que donner l'impression d'être une personne moins confiante. Il sera alors plus difficile pour l'autre personne d'être attirée vers vous et de se sentir à l'aise.

5) Faites attention à la façon dont les gens parlent sur un ton léger et amical (n'utilisez jamais les mot "genre" ou "en mode"). N'oubliez pas que personne ne remarquera les petits changements que vous faites de votre côté. Le plus important est d'écouter attentivement, et pas seulement ce que les autres disent.

Le langage corporel peut être divisé en trois catégories générales

: comportemental, rituel et émotionnel. Voici un exemple de lecture de chaque catégorie :

Comportement - Une personne de cette catégorie s'approche de vous avec un sourire amical, une posture ouverte, les mains sur les hanches, légèrement penchée en avant, et secoue ou tape du pied en rythme.

Rituel - Cette personne peut se promener pour se rapprocher de votre conversation avec des gestes exagérés de la main ou du vernis à ongles. Elle peut se frotter le menton pendant toute la durée de votre conversation et tourner lentement la tête d'un côté à l'autre comme un oiseau à la recherche de vers.

Emotionnel - La personne de cette catégorie peut se rapprocher de vous, pencher son visage vers le vôtre ou ouvrir ses mains et les poser sur votre bras lorsqu'elle vous parle. Elle peut avoir peur de quelque chose ou ne pas être sûre de ce qu'elle dit.

La clé de la lecture du langage corporel est de s'adapter aux trois catégories en recherchant des signes de chaque type. Bien entendu, il faut s'assurer de capter les indices non verbaux, et non ce que la personne a dit. En comprenant ces concepts, vous serez un meilleur juge de ce qui se passe autour de vous et vous saurez mieux comment évaluer l'humeur et les réactions des gens. Lorsque quelqu'un parle, étudiez la façon dont sa bouche bouge. Bouge-t-elle trop vite ou trop lentement ? S'ouvre-t-elle largement à certains intervalles ? Que font ses mains pendant la conversation ? Les bras de la personne bougent-ils de façon coordonnée avec son discours, ou se balancent-ils de façon désordonnée d'avant en arrière pendant qu'elle parle ?

Vous devez également faire attention à ce que les expressions de son visage correspondent aux mots qu'il prononce. Leur bouche semble-t-elle grimacer, froncer les sourcils ou sourire ? Quels motifs de sourcils utilisent-ils ? Change-t-il soudainement d'expression ?

Une personne qui exprime beaucoup d'émotions pendant que quelqu'un d'autre lui parle se penchera souvent en avant ou se détournera de vous et fera des bruits soudains et forts. Si le visage de la personne devient rouge ou d'une autre couleur, c'est un signe clair qu'elle veut être laissée seule.

Ce signe peut être facilement observé par les scientifiques et les chercheurs qui étudient les stéréotypes. Ils ont remarqué une corrélation entre la durée pendant laquelle une personne a fait quelque chose avant de l'exécuter parfaitement et le temps qu'il lui faut pour y parvenir. Si une personne fait quelque chose depuis dix ans et qu'elle n'est toujours pas très douée, c'est le signe qu'elle ne s'y est pas appliquée.

Voici les éléments essentiels à retenir pour lire le langage corporel :

1. Soyez sceptique face à tout ce que vous lisez. Votre première réaction en entendant un conseil sur le langage corporel sera d'y souscrire entièrement. Mais si vous vous mettez à l'écart et que vous essayez d'appliquer ces mêmes informations à une autre personne, vous serez en mesure de dire si elles sont utiles.

2. Ne vous concentrez pas sur une seule personne et n'attendez pas d'elle qu'elle émette des signaux de langage corporel spécifiques toute la journée. Soyez plutôt sensible et ressentez ce qui se passe autour de vous tout en vous efforçant de contrôler votre langage corporel.

3. Ne vous engagez pas dans des stéréotypes. Il s'agit d'un grand non-non dans la lecture du langage corporel car les stéréotypes sont dangereux. Si quelqu'un vous dit que

4. quelque chose est vrai en raison de sa couleur, de son sexe, de son orientation sexuelle ou de tout autre type de préjugé, vous ne devez pas le croire.

5. Prêtez attention aux indices non verbaux aussi bien qu'aux indices verbaux. Tout peut être dit dans le langage non verbal, et si vous êtes capable de repérer ces indices, il vous sera d'autant plus facile de comprendre comment fonctionne le langage corporel d'une personne.

6. Laissez les gens parler quand ils le souhaitent et écoutez plus que vous ne parlez. Lorsque quelqu'un vous parle, ne l'interrompez pas, sauf si vous avez quelque chose d'important à ajouter. Lorsque quelqu'un parle, bougez votre corps et les muscles de votre visage pour montrer que vous écoutez.

7. N'oubliez jamais que chacun a une histoire à raconter. Vous pouvez avoir une opinion sur ce qui se passe avec une autre personne, mais si elle ne veut pas vous parler ou établir un contact visuel avec vous, ne vous obstinez pas à lui demander des informations. Cela ne fera que l'empêcher de raconter son histoire à son rythme et la gâchera probablement.

8. N'observez les attouchements que si vous vous sentez à l'aise avec eux. Lorsque vous voyez quelqu'un toucher une autre personne, c'est un signe clair qu'elle est satisfaite d'elle et qu'elle se sent en sécurité à ses côtés. Ce n'est pas quelque chose que tout le monde veut faire, et ce n'est pas quelque chose que tout le monde devrait faire, alors ne vous forcez pas à avoir un contact physique avec quelqu'un qui ne vous semble pas disposé à vous le donner.

9. Ne jugez pas les gens avant de connaître leurs antécédents et de savoir pourquoi ils agissent comme ils le font. N'oubliez pas que chacun a une histoire à raconter, mais qu'il est le seul à savoir comment elle se terminera pour lui dans le futur.

10. Oubliez tout les à priori que vous puissiez avoir. Si vous avez un passif avec quelqu'un, laissez-lui l'opportunité de vous montrer sa nouvelle facette, même s'il ne semble pas être la même personne qu'avant ou même la même personne que vous avez connue.

11. Si vous voyez quelque chose de mal, n'ayez pas peur de le dire. Ayez une opinion sur ce qui se passe autour de vous ou avec une personne et dites quelque chose plutôt que de porter un jugement tout seul. N'oubliez pas que tout le monde est imparfait.

À notre époque, il est essentiel de comprendre le comportement non verbal des gens. Lire les visages et prédire le comportement en fonction des indices non verbaux peut être difficile, mais cela en vaut la peine si vous voulez améliorer vos interactions interpersonnelles. Sinon, vous risquez de commettre de nombreuses erreurs qui auraient pu être évitées. La clé d'une lecture réussie du langage corporel est de se rappeler ce que vous voyez et ce que les autres voient, et que des personnes différentes réagiront différemment à la même situation. Chaque personne a sa propre version de la vérité, et vous devez apprendre à vous adapter pour lire efficacement leur langage corporel.

Les signaux non verbaux sont importants car ils constituent l'un des principaux moyens de communication entre les personnes. En lisant leurs signaux non verbaux, vous serez en mesure de comprendre la situation et de savoir comment y répondre. Vous pourrez également savoir ce que ressent cette personne et ce qu'elle va dire ensuite. Bien que cela puisse sembler décourageant au début, la capacité à lire le langage corporel n'est pas aussi difficile qu'il n'y paraît. Une fois que vous aurez progressé, vous constaterez que la compréhension du langage corporel des autres est beaucoup plus naturelle. Vous serez en mesure de voir les indices cachés et de comprendre leurs réponses instantanément sans aucune difficulté ni malentendu. Vous aurez confiance en votre capacité à lire le langage corporel et saurez exactement comment agir en fonction des indices non verbaux.

Chapitre 4 : Faire Et Recevoir Des Commentaires

Les commentaires sont un élément essentiel d'une communication efficace. Il est essentiel pour comprendre ce qui se passe dans la conversation et s'assurer que les deux parties sont représentées. Lorsque les commentaires devient difficile, cela est dû à un manque de confiance et de pratique. Les commentaire sont une composante essentielle de toute négociation ou relation ; votre capacité à faire et à recevoir un commentaire fait la différence dans la négociation de meilleures affaires, la réalisation d'un travail ou la conclusion d'une vente. C'est la compétence qui vous aide à améliorer vos compétences et à faire de vous un meilleur vendeur.

Les commentaires sont essentiels pour communiquer efficacement avec les autres, car il vous permet de réagir de manière appropriée. Un retour, c'est la différence entre "Je pense que tu as tort" et "Tu as tort". Utiliser le commentaire que quelqu'un vous a fait vous permet d'apprendre comment les autres perçoivent les situations différemment de vous. Les commentaires vous permet également de vous souvenir de ce que quelqu'un a dit plutôt que de supposer qu'il dit la vérité telle qu'il la voit, ce qui peut nuire aux négociations.

Être capable de faire un commentaire est une compétence qui ne peut être perfectionnée du jour au lendemain, mais avec de la pratique, il fera partie intégrante de votre style de communication.

Étape 1 : Critiquez les performances des autres.

Tirez les leçons de vos commentaires et n'oubliez pas de les

utiliser lors de votre prochaine évaluation. Il peut être difficile de faire des critiques sur soi-même, mais lorsque vous commencez à critiquer les autres, évitez d'y mettre vos sentiments personnels et concentrez-vous sur les faits de leur performance lorsque vous faites vos évaluations. Évaluez-les en
leur performance, pas leur personnalité.

Étape 2 : Apprenez à écouter efficacement les autres.

Apprenez à écouter pour obtenir plus d'informations et une communication claire nécessaires pour réussir dans toute interaction. L'écoute est une compétence essentielle à acquérir lorsque vous travaillez avec d'autres personnes, car elle vous permet de comprendre ce que l'autre personne dit. Lorsque vous écoutez, vous devez 1) écouter les interruptions, 2) ne pas porter de jugements fondés sur votre point de vue et 3) prendre le temps de comprendre ce qui est dit. Par exemple, si quelqu'un dit : "La réunion était terrible. La salle était trop froide". Vous risquez de réagir de manière émotionnelle à ce commentaire et de demander : "Quelle salle ?" ou "Qu'est-ce qui n'allait pas dans cette réunion ?". La personne peut dire que le client voulait un environnement plus chaud, et que vous ne l'avez pas fourni. Cette déclaration peut être une demande de retour de votre part que vous pourrez utiliser pour améliorer votre prochaine interaction.

Étape 3 : Pratiquez l'écoute active.

L'écoute active est une autre compétence essentielle qui vous aide à obtenir des informations sur ce qui se passe dans l'interaction. L'écoute active vous permet de comprendre si ce que dit quelqu'un est vrai. Par exemple, lorsque quelqu'un parle, vous devez 1) être pleinement engagé dans la conversation, 2)
établir un contact visuel avec l'interlocuteur, 3) comprendre ses sentiments et ses opinions en les lui reflétant, et 4) prendre des notes sur ce qui est dit. Pour communiquer efficacement vos

idées, il est important de bien écouter.

Étape 4 : Participez pleinement à la conversation.

Le fait d'être pleinement engagé permet à l'autre personne de sentir qu'elle est entendue et que vous lui accordez toute votre attention. Cela peut également faire croire aux gens que vous ne voulez pas...

être là et l'interaction ne sera pas productive. Fixer son téléphone ou consulter sa montre sans faire l'effort de participer à la discussion peut être interprété comme un désintérêt et une déconnexion.

Étape 5 : Comprenez leurs sentiments et leurs opinions en y réfléchissant.

Une écoute empathique permet à l'autre personne de sentir qu'elle a été entendue. En mettant ses sentiments en mots, la personne ne peut s'empêcher de voir ces mots se refléter sur elle. Vous devez refléter ce que votre interlocuteur dit ou faire preuve d'empathie en utilisant "Je vois" ou "Je comprends". Cela donnera à l'interlocuteur le sentiment d'être compris et effacera les chances qu'il ait pu mal comprendre ou mal interpréter.

Étape 6 : Prenez des notes sur ce qui est dit.

Prendre des notes pendant une interaction pour résumer ce qui est dit vous aidera à vous souvenir de la discussion et à rester concentré sur ce qui est discuté. La prise de notes vous aidera à vous concentrer davantage sur la conversation et à améliorer vos capacités d'écoute active. Cela vous permettra également de revoir ce qui a été convenu, ce qui peut être utile pour le suivi ou les communications futures avec la personne.

Quand avoir recours aux commentaires

"Quand dire à quelqu'un qu'il a tort ? Il est important de toujours reconnaître que les gens font des erreurs. Vous devez toujours faire un commentaire quand quelqu'un fait quelque chose de mal. La pire chose que vous puissiez faire est de ne pas identifier quand quelqu'un fait une erreur ou de ne pas avoir accès à un commentaire lorsque vous essayez de vous améliorer. Le bon moment varie en fonction de la situation, mais il devrait se situer dans vos premières interactions avec quelqu'un."

Recevoir un commentaire est essentiel pour devenir un meilleur communicateur. Recevoir un commentaire vous permet de comprendre comment les autres voient les situations différemment et vous aide à mieux définir ce qui fonctionne et ce qui ne fonctionne pas pour eux. Recevoir un commentaire peut également vous aider à améliorer vos compétences et faire de vous un meilleur communicateur.

Réfléchissez aux commentaires lorsque quelqu'un vous en donne et demandez-lui des précisions. Cela vous permettra de comprendre ce qu'il veut dire. Prendre le temps de réfléchir au commentaire vous aidera à améliorer vos compétences en communication.

Voici quelques éléments à prendre en compte pour recevoir un commentaire :

1) Ayez un objectif pour la réunion avant et pendant. Sachez pourquoi vous allez parler avec cette personne. Par exemple, si vous rencontrez un représentant du service clientèle et que vous êtes mécontent de ses performances, comprendre pourquoi il est essentiel que cette personne soit là améliorera votre interaction.

2) Lorsque vous faites des demandes aux autres, assurez-vous que votre demande porte sur une action spécifique afin d'obtenir une réponse précise de leur part. Il peut être utile de définir l'incident ou la situation pour clarifier ce

3) que vous voulez que l'autre personne fasse et éviter une mauvaise interprétation de votre demande. Par exemple, "J'aimerais que ma commande soit expédiée avant midi. C'est le soir, et je n'ai pas reçu de confirmation d'expédition ni de numéro de suivi."

4) Écoutez ce que l'autre personne a à dire. Ses suggestions et commentaires peuvent vous fournir des informations que vous ne connaissiez pas sur la situation.

5) Résumez ce que vous avez entendu de votre interlocuteur pour clarifier le message qu'il vous a transmis. Après avoir écouté, réfléchissez à leurs réactions en résumant ce que vous avez entendu de leur part afin qu'ils puissent confirmer ou infirmer votre résumé. Cela permettra de bien comprendre leurs pensées et leurs opinions.

6) Répétez toute information essentielle afin qu'il puisse vérifier si vous avez compris ou non ce qu'il essayait de dire. Le fait de répéter à votre interlocuteur vous évitera d'oublier des messages importants.

7) Vérifiez qu'ils sont d'accord sur le fait que le problème a été résolu en leur demandant : "Ai-je fait du bon travail avec ce retour ?" ou "Est-ce quelque chose sur lequel nous pouvons nous mettre d'accord comme étant résolu ?". Cela permettra à l'autre personne de vérifier si vous avez vraiment compris et "résolu" son problème.

8) Remerciez l'autre personne pour son temps et ses commentaires afin de montrer votre gratitude pour son interaction. Montrer votre gratitude vous aidera à maintenir une relation positive avec cette personne, et elle sera peut-être plus encline à retravailler avec vous.

Comment et où faire un commentaire

"Il est important de savoir comment faire un commentaire lorsque l'on travaille avec d'autres personnes. Savoir comment faire un commentaire vous aidera à vous assurer que vous faites passer votre message et que l'autre personne sait que vous essayez d'améliorer l'entreprise ou toute autre situation dans laquelle vous vous trouvez. Les commentaires ne sont pas toujours positifs, mais il est essentiel pour évoluer en tant que professionnel et s'assurer que votre travail atteint son objectif."

Nous donnons et recevons du retour à de nombreux endroits dans notre vie quotidienne. Les commentaires peuvent se faire n'importe où, que ce soit dans le cadre d'une salle de classe aux interactions en ligne sur les réseaux sociaux. Nous communiquons souvent par des moyens écrits et oraux dans notre vie de tous les jours. Par exemple, la communication orale et écrite permet de donner du retour au travail.

L'organisation d'une réunion informelle ou formelle déterminera la manière dont vous donnerez votre retour. Une réunion formelle peut nécessiter plus de questions que l'atmosphère détendue et amicale des employés. Si vous prenez des notes pour un forum au cours duquel le retour sera donné, veillez à tenir compte de la situation de l'autre personne et du ton de la discussion. Lorsque vous recevez un commentaire, vous pouvez être enthousiasmé par vos progrès et penser que vous avez fait un excellent travail, mais il est essentiel de se rappeler que recevoir un commentaire n'est pas toujours l'objectif. Vous pouvez toujours être reconnaissant pour les commentaires et ne pas les laisser vous distraire de ce qui se passe dans votre vie.

Voici quelques conseils sur la manière de fournir commentaire :

1.) Cherchez la meilleure façon de faire un retour afin qu'il soit reçu correctement par l'autre personne. Voici quelques façons de donner du retour :
a.) Mettez directement vos pensées dans le monde afin qu'elles soient entendues et comprises par l'autre personne.
b.). Illustrez vos réflexions et vos préoccupations par des

exemples tirés d'une situation sur laquelle vous travaillez.

c.) Le partage de notes écrites sur des choses que vous avez observées ou faites vous aidera à exprimer votre compréhension de la situation. Vous pouvez lire ces tweets ou ces e-mails à l'autre personne et lui faire part, par le biais de ces notes, de vos observations sur son travail ou de vos commentaires sur le travail que vous jugez important.

2.) Lisez la réaction de chaque personne - pour voir si elle a compris ou non ce qui a été dit. Si ce n'est pas le cas, reformulez ce qui a été dit de manière à ce que l'autre personne comprenne clairement et facilement.

3.) Demandez si l'autre personne ressent la même chose. C'est essentiel pour vous assurer que vous êtes sur la même longueur d'onde et que vous comprenez vraiment ce qu'elle essaie de dire et de vouloir.

4.) Remerciez-les pour leur temps et leur opinion. Vous montrerez ainsi votre gratitude pour ce qu'ils ont dit et fait.

5.) Veillez à penser à ce qui vous a été dit et à y réfléchir. Servez-vous-en pour vous améliorer en tant que communicateur à l'avenir, en voyant vos propres erreurs et en observant comment les autres communiquent avec vous.

6.) Rappelez-vous que le retour n'est pas seulement quelque chose qui se passe au travail, mais que vous donnez et recevez du retour dans votre vie quotidienne. Critiquez votre communication avec les autres pour devenir un meilleur auditeur et communicateur.

7.) Comment donnez-vous du retour ? Quels conseils aimeriez-vous partager avec d'autres personnes ?

Le commentaire est souvent considéré comme un mal nécessaire dans la plupart des situations, bien qu'il puisse être un outil précieux. Le commentaire peut être efficace de plusieurs façons, tant positives que négatives. Nous allons voir ci-dessous comment utiliser le commentaire de manière efficace dans diverses situations.

Réactions positives

Le retour positif est un excellent moyen de complimenter quelqu'un qui fait bien son travail et fournit un bon service à la clientèle. Les commentaires positifs encouragent également l'autre personne à faire de son mieux en raison de votre attitude positive à son égard. Avoir ce type de relation avec vos collègues peut vous aider à devenir un joueur d'équipe et un leader plus fort au sein d'une organisation. Utilisez cette situation pour partager une note positive avec vos collègues en utilisant simultanément le retour positif et négatif. Il est important de noter que les deux types de commentaires doivent être donnés avec une attitude amicale et en comprenant la situation.

Lorsque vous donnez un retour positif, il est bon de donner des exemples de ce que vous avez vu cette personne faire de bien pour les autres membres de votre organisation et pour les clients. Cela montrera à vos employés et aux membres de votre équipe que vous êtes attentif à leur travail tout en leur montrant que vous appréciez leurs efforts au quotidien.

En donnant un avis négatif, vous montrez que vous n'avez pas peur de parler et d'exprimer honnêtement vos préoccupations concernant le produit, le processus ou l'employé. Les commentaires négatifs doivent être formulés de manière amicale et professionnelle. Les commentaires négatifs sont souvent utilisés pour s'assurer que les employés effectuent leur travail correctement et font ce qu'on leur dit de faire. Par conséquent, les commentaires négatifs doivent toujours être donnés en tenant compte du fait que certains produits ou services peuvent finir par poser problème aux clients à long terme.

Par conséquent, les réactions négatives peuvent être cruciales pour une organisation afin de comprendre pourquoi certains produits ne fonctionnent pas pour leurs clients. Il devient également plus facile de résoudre le problème et de les améliorer pour qu'ils fonctionnent correctement à l'avenir. Les commentaires négatifs peuvent prendre plusieurs formes : commentaires verbaux, notes écrites et commentaires sur les réseaux sociaux. Cela peut aider à montrer que vous prenez le temps de donner du retour à vos employés lors d'une réunion, mais aussi par d'autres méthodes de communication.

Veuillez noter que les commentaires négatifs peuvent parfois être difficiles pour les employés. Essayez de ne pas donner de commentaires négatifs par e-mail ou par téléphone, car ces moyens peuvent donner l'impression que vous ne vous intéressez pas à eux ou à leur travail. De plus, la plupart des employés se mettront sur la défensive lorsqu'ils seront critiqués, car ils se considèrent généralement comme supérieurs à leurs collègues. Il peut être judicieux d'éviter de donner des commentaires négatifs en personne.

L'une des meilleures façons de comprendre comment vous devez faire un retour négatif est de demander à vos amis ou collègues ce qu'ils ont vu de vous ou d'autres personnes de votre entreprise. Demandez-leur de partager avec vous les aspects positifs et négatifs de leur travail afin que vous puissiez voir quels types de choses sont acceptables et non acceptables pour l'organisation. Cela peut vous aider à être plus efficace lorsque vous donnez un retour critique, car vous n'aurez pas l'impression de parler uniquement de manière négative de la performance de quelqu'un alors qu'en réalité, il existe de nombreuses façons différentes pour les gens d'améliorer leur produit de travail.

Lorsque vous discutez d'un commentaire négatif avec vos employés, essayez de ne pas utiliser trop d'émotions dans votre communication verbale. Cela peut aider vos employés à ne pas se sentir sur la défensive par relation à ce que vous dites et vous aidera à mieux écouter. Ouvrez la conversation entre vous et votre employé sur les commentaires négatifs en lui demandant ce qu'il pense de son travail, des produits ou des services qu'il fournit aux clients. De cette façon, vous pouvez entamer un dialogue avec lui avant de lui donner votre retour, afin qu'il ne se sente pas pris au dépourvu. Cela leur permettra également de mieux vous comprendre en tant que leader et aidera l'employé à comprendre où sa performance est mauvaise dans certaines situations.

Chapitre 5 : Établir Des Relations, CréerUn Réseau Et Une Personnalité Unique

La relation est une compétence de communication essentielle. Elle exige que vous accordiez à l'autre personne toute votre attention et que vous vous intéressiez à elle. En outre, il faut s'adapter à son langage corporel, à son attitude et au ton de sa voix. La relation met l'autre personne à l'aise et l'aide à parler librement. Vous apprenez à mieux la connaître, elle vous apprécie davantage et elle est plus encline à partager ses véritables pensées et sentiments. Les personnes qui ont une bonne relation se sentent souvent à l'aise pour se faire un retour honnête et sont des leaders plus efficaces. Une bonne relation peut également vous aider à obtenir de nouveaux clients, des amis ou un entretien d'embauche, à créer un environnement de travail détendu et même à vous rendre plus séduisant.

Apprendre à établir une relation est une compétence qui s'apprend. Vous pouvez écouter activement, poser des questions et vous intéresser à l'autre personne en faisant des déclarations basées sur ce qu'elle vous dit. Le relation demande de la pratique, mais cela en vaut la peine.

La relation se construit sur le niveau de confiance entre deux personnes. Plus vous avez de relations, plus la confiance est profonde. Comprenez que la confiance peut être mal placée et s'estomper rapidement lorsque quelqu'un se rend compte qu'il a été trompé. La relation se construit en donnant des réponses directes, en étant honnête et en ne promettant rien que vous ne puissiez tenir. En conséquence, les gens se sentiront en sécurité avec vous, ce qui contribuera à les mettre à l'aise en votre présence et à leur permettre de donner librement leur avis.

Pour tirer le meilleur parti de la relation, vous devez connaître votre public et les types de personnes que vous êtes susceptible de rencontrer. Pensez à utiliser les informations que vous avez obtenues pour faire une excellente première impression. Adaptez votre langage corporel et le ton de votre voix au comportement de votre interlocuteur. Utilisez ses mots lorsque vous posez des questions et reproduisez ses gestes, ses expressions faciales et sa gestuelle pour créer un lien avec elle.

Profitez de la conversation pour évaluer votre interlocuteur. S'il semble distrait ou évite le contact visuel, c'est peut-être parce qu'il n'aime pas ce qu'il entend de vous, ou qu'il ne voit que peu ou pas de valeur dans ce que vous avez à lui offrir. Dans ce cas, vous devez écouter ce qu'il dit et adapter votre comportement en conséquence. N'ayez pas peur de répondre brièvement puis de passer à autre chose, à moins qu'ils ne posent une question qui vous oblige à développer.

La meilleure façon de savoir comment une personne va réagir est de l'observer sans paraître trop intéressé - ne soyez pas trop pressant ou trop exigeant. La meilleure façon de découvrir les gens est de leur poser des questions et d'écouter attentivement les réponses. Cela vous aidera à trouver des informations essentielles sur eux, mais seulement après que la personne a parlé.

Si vous avez besoin de plus d'informations, reposez la question plus tard, lorsque la personne est plus détendue ou plus ouverte. Vos questions n'ont pas besoin d'être compliquées. Un simple "Comment allez-vous ?" permettra à l'autre personne de vous parler librement. Vous pouvez poser des questions de suivi telles que "Qu'est-ce que vous aimez le plus dans votre travail ?". Puis écoutez attentivement leurs réponses.

La meilleure façon d'établir une relation est de s'exercer avec votre famille, vos amis ou toute personne qui vous est chère. La prochaine fois que quelqu'un amène une nouvelle personne dans le groupe - quelqu'un qui semble timide ou maladroit - demandez-lui de se présenter et faites-la participer immédiatement à la conversation. Plus vous aurez d'expérience, plus il vous sera facile d'établir des relations avec les gens au travail ou dans votre vie personnelle.

La relation est une compétence de communication essentielle qui peut être utilisée non seulement pour mettre les autres à l'aise, mais aussi pour vous-même. À mesure que vous apprenez à mieux connaître votre interlocuteur et que vous parvenez à établir une relation solide avec lui, il s'ouvre et vous fait part de ses sentiments et de ses pensées. Cela vous aidera à voir les choses de son point de vue, à juger ses sentiments ou ses idées et à prendre de meilleures décisions. Grâce à votre nouvelle vision des choses, vous serez alors en mesure de vous rapprocher de vos clients à un niveau beaucoup plus profond qu'auparavant.

La relation est simple mais complexe. Il faut de la pratique et de la patience pour le construire. Il serait préférable que vous y travailliez et que vous vous entraîniez souvent. Plus vous l'utiliserez, plus il deviendra facile. Il est difficile de comprendre ce qui se passe dans l'esprit d'une personne car beaucoup de gens sont fermés d'esprit et ne partagent pas librement leurs sentiments. Cela peut être dû au fait qu'elles se sentent menacées par quelqu'un qui veut quelque chose d'elles ou qu'elles veulent garder leur vie privée.

La meilleure façon d'établir une relation avec les gens est d'écouter activement, d'être attentif, de garder des gestes et unton de voix adaptés à chaque personne, puis de refléter ces gesteset ce langage corporel lorsque vous parlez avec eux.

Les avantages d'établir d'une relation.

- Augmente vos chances d'obtenir ce que vous voulez.
- Vous aide à mieux vous entendre et à être plus productif au travail.
- Améliore votre niveau de stress en vous faisant sentir bien.
- Rend les nouvelles relations plus faciles à gérer et à développer.
- Peut vous aider à réaliser plus de choses en moins de temps, car les gens vous feront davantage confiance et seront disposés à vous écouter lorsque vous parlez.

Il est donc essentiel d'établir une relation pour réussir dans toute relation professionnelle ou personnelle.

La première étape de l'établissement d'une relation consiste à adapter notre langage corporel, nos expressions faciales et notre posture au comportement de l'autre personne. Nous devons nous assurer que nous contrôlons notre voix afin de ne pas perdre le contrôle de nos émotions, car c'est un outil puissant à avoir dans notre arsenal.

La deuxième partie de l'établissement d'une relation avec les gens consiste à faire en sorte qu'ils se sentent suffisamment à l'aise pour s'ouvrir et nous dire comment ils pensent, ce qu'ils aiment et ce qu'ils n'aiment pas, leurs espoirs et leurs rêves, et même les choses qu'ils n'aiment pas, afin que nous puissions aller au cœur de ce qu'ils sont. Depuis les temps anciens, les gens utilisent le langage corporel pour établir une relation avec les autres. Lorsque vous établissez cette relation, vous avez plus de chances d'obtenir ce que vous voulez d'eux et votre communication devient plus efficace. Par conséquent, en adaptant votre voix, votre langage corporel et votre posture à l'autre personne, il lui est plus facile de s'ouvrir et de s'exprimer. Votre langage corporel est un outil puissant pour établir cette relation.

La partie suivante consiste à écouter activement. Commencez par vous tenir debout et gardez vos mains libres sur les côtés. Vous devez faire face à la conversation et établir un bon contact visuel avec votre interlocuteur, sans le fixer, mais en le regardant dans les yeux, puis en détournant la tête pour augmenter la durée de ce contact.

Mise en réseau

Le réseautage est le processus qui consiste à se présenter ou à établir des liens avec des personnes afin d'explorer les possibilités de faire progresser vos connaissances, vos compétences professionnelles et votre carrière.

Le principal avantage du réseautage est la possibilité d'élargir votre réseau de contacts. Dans ce cas, vous obtenez des informations, des conseils ou des recommandations qui, autrement, seraient probablement en dehors du cercle de vos contacts. L'élargissement de votre réseau augmente également la probabilité de trouver des mentors et des opportunités d'emploi.

En élargissant votre cercle social, vous étendez également votre champ d'action dans de nombreux aspects de la vie et des relations personnelles.

Il existe de nombreuses méthodes de réseautage. L'une des plus courantes consiste à combiner le réseautage en personne, par téléphone et en ligne. Le réseautage en ligne et le réseautage par téléphone sont souvent utilisés conjointement, tandis que les réunions en personne sont utilisées avec les réunions par téléphone et en ligne si nécessaire. Les gens peuvent choisir d'utiliser l'une ou l'autre des trois méthodes pour répondre au mieux à leurs besoins et à leur emploi du temps, mais il n'y a pas une méthode qui soit plus efficace ou productive qu'une autre. Voici quelques avantages d'étendre votre réseau :

- Vous permet de travailler à votre propre rythme.
- Promeut le temps passé en face à face plutôt qu'au téléphone.
- Élargit votre cercle social.
- Établit de nouvelles relations professionnelles (ou entretenir les anciennes).
- Augmente votre visibilité et vos opportunités.
- Vous permet de rencontrer de nouvelles personnes impliquées dans la même activité ou le même domaine que vous.
- Vous permet de receuillir des informations et des conseils.
- Vous rend capable d'établir des relations qui ont influencé les personnes qui comptent le plus pour vos objectifs professionnels (les personnes qui ont de l'influence peuvent être des personnes qui peuvent vous aider à obtenir un emploi, à progresser dans votre carrière ou à avoir plus de succès).

En élargissant votre réseau de contacts, vous pouvez découvrir une mine d'informations et de relations qui pourraient vous être utiles dans tous les domaines de la vie. L'élargissemôt de votre cercle social, par exemple, facilite l'établissement de nouvelles relations professionnelles ou le maintien de celles que vous avez déjà, si nécessaire.

Le réseautage est pratiqué par de nombreuses personnes de tous âges, notamment les entrepreneurs, les professionnels, les demandeurs d'emploi et les étudiants. Que vous cherchiez à progresser dans votre carrière ou à vous constituer un réseau professionnel pour d'autres raisons, le réseautage est un excellent moyen d'élargir vos cercles et de nouer de nouvelles relations.

Lors du réseautage, il est essentiel de se concentrer sur l'établissement de relations plutôt que sur les seules transactions commerciales. Les personnes qui se concentrent uniquement sur les transactions commerciales ont tendance à donner l'impression de manquer de sincérité et de ne pas s'intéresser à la relation elle-même, ce qui peut finir par fermer des portes au lieu de les ouvrir.

Cela ne signifie pas que vous devez toujours être celui qui donne les conseils au lieu d'accepter ceux des autres, mais que vous devez donner sans rien attendre en retour. Il serait préférable de vous concentrer sur la relation plutôt que sur vous-même uniquement. Vos actions, telles que donner des conseils aux autres, aider à des projets et offrir vos compétences, peuvent vous aider à gagner leur confiance. Il est également essentiel que vous mainteniez un contact constant avec les autres membres de la communauté de réseautage.

Il serait préférable que vous ne fassiez pas trop de réseautage pour conserver une bonne image et des contacts professionnels. Pour établir votre crédibilité et construire un réseau professionnel solide, vous devez faire beaucoup de choses qui ne peuvent pas être faites par téléphone ou par e-mail.

Il est possible d'établir un réseau avec succès de différentes manières :

- Veillez à maintenir le contact avec les personnes de votre réseau en gardant régulièrement le contact par téléphone ou par courrier électronique.
- Dressez une liste de vos contacts et des coordonnées de ces derniers.
- Veillez à ce que votre liste et vos coordonnées soient à jour afin que les gens puissent vous contacter facilement.
- Veillez à informer votre entourage de votre réseau en leur présentant les personnes que vous avez pu rencontrer et qui pourraient les aider.

- Utilisez des sites de réseaux sociaux tels que Facebook ou Linkedin pour vous connecter aux autres.
- Lancez un appel de groupe à de nouveaux contacts sur un ou plusieurs sites de réseautage professionnel, tels que LinkedIn.
- Utilisez les groupes de réseautage pour vous présenter et établir des contacts dans le milieu des affaires, social ou professionnel.

Le réseautage est un excellent moyen d'obtenir le soutien dont vous avez besoin pour faire avancer votre carrière. Il peut s'agir de l'une des choses les plus gratifiantes que vous ferez dans votre vie personnelle et professionnelle. Lorsque vous vous lancez dans le réseautage, il est essentiel de vous rappeler qu'il s'agit de nouer des relations avec les autres. Lorsque vous établissez ces relations, vous devez prendre soin de vous et ne pas brûler les ponts en étant trop pressant ou odieux envers les autres.

Personnalités et prévision du comportement
La communication est l'un des aspects les plus critiques de la réussite professionnelle. Une communication efficace est également un facteur important dans les relations professionnelles. La communication peut souvent aider à établir de meilleures relations sur le lieu de travail, mais elle peut aussi détruire ces relations quotidiennement. En tant qu'êtres humains, nous ne sommes pas entièrement semblables et nous avons tous des personnalités uniques. De nombreux facteurs, tels que l'éducation familiale et les expériences de l'enfance, façonnent notre personnalité depuis la naissance. La personnalité joue un rôle important dans la façon dont les gens se perçoivent et perçoivent les autres. Votre personnalité affecte également votre style de communication, ce qui peut avoir un impact significatif sur la façon dont les autres vous perçoivent au travail et en dehors.

La personnalité des personnes avec lesquelles vous travaillez peut jouer un rôle important dans la façon dont vous vivez vos relations sur le lieu de travail. Au fil des ans, quatre traits de personnalité ont été identifiés : la conscience, l'ouverture à l'expérience, l'extraversion et l'agréabilité. L'ouverture à l'expérience est un facteur qui est associé à la curiosité, à l'esprit artistique et à la tolérance. Ce trait est également lié à la pensée abstraite, à l'intellect et au fait de savoir ce qui vous rend heureux. L'extraversion est marquée par les aptitudes sociales et le fait d'être extraverti dans des situations publiques ou avec d'autres personnes.

Les extravertis sont souvent sûrs d'eux et enthousiastes à propos de leur personnalité et de ceux qui les entourent. D'autres traits liés à l'extraversion comprennent un comportement bavard, assertif et énergique. Il y a ensuite l'agréabilité, qui se caractérise par un sentiment de coopération, de gentillesse et d'aide envers les autres. Les personnes agréables auront tendance à être polies et coopératives envers les autres, mais elles ne seront peut-être pas aussi assertives ou confiantes que les personnes extraverties.

Ces traits de personnalité peuvent affecter profondément vos relations au travail, surtout s'ils ne correspondent pas à la personnalité de vos collègues. Certains traits de personnalité, comme le fait d'être très consciencieux, ouvert aux nouvelles expériences et d'avoir de faibles compétences sociales, auront un impact négatif sur votre performance au travail. Tous ces traits peuvent vous exposer à un risque de stress au travail.

Les personnes très consciencieuses et consciencieuses ont généralement un bon caractère et n'ont pas besoin de beaucoup de soutien ou d'aide pour apprendre de nouvelles choses. Elles apprennent souvent rapidement et préfèrent travailler seules plutôt qu'avec d'autres personnes sur le lieu de travail. Elles ont également une forte éthique du travail, ce qui se traduit souvent par un grand respect de l'importance du travail qu'elles accomplissent sur le lieu de travail. Par conséquent, la création d'une personnalité unique sur le lieu de travail est l'un des facteurs les plus importants à prendre en compte.

Être très consciencieux ne signifie pas être un bourreau de travail, mais simplement être responsable et rendre des comptes sur la façon dont vous gérez votre temps. Les personnes qui choisissent d'être très morales peuvent rapidement devenir stressées au travail si aucun plan stratégique n'est mis en œuvre pour elles. Ces personnes sont travailleuses et ont des aptitudes exceptionnelles à travailler pour atteindre des objectifs personnels.

Les personnes très consciencieuses peuvent facilement s'ennuyer si elles n'ont pas de plan d'action à mettre en œuvre. L'une des meilleures façons de rester motivé est de vous fixer des objectifs qui vous aideront à les atteindre. Incluez toujours vos collègues dans vos objectifs, car leurs idées et leur aide peuvent vous aider à vous motiver pour accomplir ces tâches avec moins d'efforts ou de stress.

Si vous travaillez avec une personne consciencieuse sur votre lieu de travail, essayez de lui déléguer des missions et des tâches qui l'aideront à s'épanouir dans le travail qui lui a été confié. Si les travailleurs ont des questions sur leurs fonctions ou la tâche sur laquelle ils travaillent, ils doivent continuer à poser des questions jusqu'à ce que tous les détails soient réglés.

Lorsque vous avez affaire à des personnes très consciencieuses, vous devez faire en sorte que les réunions soient courtes. Elles peuvent sembler hésiter lorsqu'il s'agit de réunions car elles préfèrent travailler indépendamment des autres plutôt qu'en groupe ou en équipe. Cela peut être problématique car elles ne seront pas en mesure de partager leurs idées et leurs opinions avec les autres, ce qui entraînera une relation de travail inefficace entre vous.

Chapitre 6 : Les Fondements De La Communication, Les Formes Qu'elle Prend Et Les Eléments Qui La Composent

La communication est difficile. Il existe de nombreuses façons de communiquer, mais nous savons tous que ce n'est pas aussi simple que d'apprendre une langue particulière et de la pratiquer. La communication est complexe et vaste. Elle exige beaucoup de travail, d'efforts et de planification pour devenir efficace.

Quels sont les fondements de la communication ?

Les fondements de la communication sont les techniques, les compétences et les comportements utilisés pour transmettre ses pensées, ses idées ou ses émotions à une autre personne. Ce sont les choses que nous apprenons et pratiquons au jour le jour pour être en mesure de communiquer efficacement.

Les fondements de la communication sont, premièrement, la façon d'écouter ; deuxièmement, la façon de lire les expressions faciales de quelqu'un ; et troisièmement, la façon de parler ou d'écrire ce quel'on pense.

Écouter

La première étape de la communication est l'écoute. Vous ne pouvez pas communiquer si vous ne savez pas d'où vous parlez. L'une des compétences essentielles requises pour communiquer efficacement est la capacité d'écoute. Écouter n'est pas facile, mais ce n'est pas non plus impossible. Le mieux est d'être attentif et vigilant à ce que les gens autour de vous disent ou font. Être prudent et conservateur vous aidera à écouter, mais être présent est la clé de la communication. Vous devez également être capable de vous rendre disponible, ce qui signifie que vous devez être disponible lorsqu'ils ont besoin de vous. Être connu est une compétence essentielle pour communiquer efficacement à tout moment.

Vous devez comprendre et vous mettre à la place de l'autre personne avant de pouvoir vraiment comprendre ce qu'elle essaie de vous dire. En outre, vous devez être capable de transposer dans vos propres mots ce que l'autre personne dit. Enfin, vous devez vous rappeler vos bonnes manières lorsque vous écoutez. Cela implique de rester silencieux pendant qu'ils parlent, de hocher la tête lorsqu'ils ont fini de parler, d'être respectueux, etc.

Communiquer efficacement, c'est aussi parfois contrôler son débit de paroles. Il ne devrait pas s'agir uniquement de nous, mais plutôt d'un échange mutuel d'idées et de compréhension entre deux personnes. Nous devrions écouter deux fois plus que nous parlons pour que notre communication avec l'autre satisfasse les deux parties concernées.

Lire les expressions du visage

La deuxième étape de la communication permet de savoir ce qu'une personne pense ou ressent en lisant ses expressions faciales. Le visage est un outil que nous utilisons tous pour communiquer avec les autres. C'est un outil puissant, mais il est aussi très mal compris. Les expressions faciales sont composées de muscles qui entourent la bouche, les yeux et le nez. Ces muscles nous jouent parfois des tours et déforment les sentiments et les pensées auxquels ils sont associés. Par exemple, lorsqu'on parle à quelqu'un et que son visage rougit, beaucoup pensent que l'autre personne est en colère ou en colère contre lui. Cependant, il existe de nombreuses raisons pour lesquelles un visage rougit, notamment la température (il peut faire chaud dans un bureau ou un autre endroit), l'alcool (si la personne est ivre), la gêne (si la personne a honte de quelque chose), etc. Si nous attendons de lire le visage et de laisser agir notre intuition, nous risquons de passer à côté de choses importantes que la personne essaie de nous dire.

Lire les expressions faciales d'une personne est une compétence essentielle à posséder pour communiquer efficacement avec différentes personnes. Pour y parvenir, nous devons être capables de regarder le visage d'une personne et de déterminer ce qu'il signifie. Vous devez vous mettre à leur place et réfléchir à leur point de vue avant de comprendre ce qu'ils essaient de vous dire. Encore une fois, cela exige d'être attentif et alerte à tout moment, ainsi que de garder l'esprit ouvert et de comprendre les éventuelles émotions d'une autre personne.

Parler ou écrire sur ce qui vous préoccupe.

La troisième étape de la communication consiste à communiquer avec les autres. Les personnes qui nous entourent ne peuvent pas lire les expressions du visage, mais elles peuvent lire nos pensées. Si nous pouvions partager nos pensées et nos idées par le biais de mots, ce serait aux autres personnes de décider comment nous nous exprimons. Encore une fois, cela exige d'être toujours attentif et alerte, mais cela exige aussi que nous soyons capables de nous exprimer. La capacité à s'exprimer est une compétence importante pour communiquer efficacement. Vous devez être capable de parler et d'écrire de manière claire et cohérente si vous voulez que les personnes qui vous entourent comprennent ce que vous essayez de dire. Pour ce faire, nous devons être patients avec nous-mêmes et accepter nos erreurs de temps en temps. Nous devrions toujours nous efforcer d'améliorer nos compétences en matière d'écriture et d'expression orale, mais si nous essayons trop fort ou si nous sommes frustrés, cela peut donner le résultat inverse de celui que nous recherchons.

Communiquer efficacement avec les autres est essentiel pour faire de notre monde un endroit meilleur. La communication est vitale dans notre vie quotidienne, mais ce n'est pas facile. Il faut beaucoup de travail et d'efforts pour qu'elle fonctionne, mais il peut être très gratifiant de savoir communiquer.

Les formes que prend la communication
La communication peut être formelle ou informelle. Une conversation formelle nécessite une structure lorsque deux personnes ou plus parlent ensemble. Une conversation informelle est utilisée entre deux parties lorsqu'elles se connaissent suffisamment bien pour comprendre comment elles vont communiquer.

Υ   Formalité : La formalité désigne le niveau de formalité d'une situation de communication. Elle influence la manière dont le résultat de la communication sera perçu par les personnes présentes et celles qui la regardent à la télévision.

Υ   Informalité : L'informalité désigne le niveau d'informalité ou de non-formalité dans lequel se déroule la communication. Il peut être influencé par la situation, le public, le caractère formel de la situation et les parties en communication.

Υ   Formel vs. informel : Le formel est la façon dont le langage est structuré ; c'est le langage standard utilisé dans toute situation de communication impliquant deux personnes ou plus. La nature informelle de la communication peut être un facteur important influençant le résultat de la communication. Une conversation informelle se déroule entre des personnes qui se connaissent très bien et qui sont à l'aise pour partager leurs pensées, leurs idées et leurs sentiments.

Les éléments qui composent la communication
Voici des éléments de communication et la manière dont ils peuvent être appliqués dans diverses situations.
Les Cinq Eléments De La Communication :

1) La communication verbale et non verbale : La communication verbale/non verbale se produit lorsqu'un individu parle et écoute une autre personne de manière verbale (mots). La communication non verbale se produit lorsqu'une personne ne parle pas ou n'écoute pas, mais peut néanmoins communiquer par le toucher, les gestes et le langage corporel. Cela signifie que la communication non verbale ne se limite pas à la voix. Elle nécessite également une attitude, une posture et des mouvements.

2) Échange d'informations : L'échange d'informations fait référence au type d'informations communiquées, à leur provenance et à ce qu'elles impliquent. Les informations échangées ou transmises peuvent être verbales (mots), écrites (lettres, e-mails, textes, etc.) ou non verbales. L'échange d'informations peut également être formel, informel, ou formel et informel, selon la situation. Le type d'informations reçues des autres est appelé "retour".

3) Message : Un message est toute forme de communication que vous avez donnée à quelqu'un d'autre, que ce soit verbalement (en personne), par écrit (sur papier, par courriel ou par texto) ou de manière non verbale (langage corporel). L'expéditeur envoie le message, qui est ensuite

reçu par le destinataire. Le destinataire ne voit pas quel message a été envoyé avant de l'ouvrir et de le lire lui-même. Il va alors interpréter et comprendre le message, ce qui lui permet de répondre. La réponse qu'il donne peut être verbale ou non verbale. Elle dépend de la façon dont ils interprètent et comprennent ce qu'ils lisent ou entendent. La réponse peut être un accord, un soutien, un désaccord ou même une confusion.

4) Commentaire : Le commentaire est la réponse à l'expéditeur ou à la personne qui a initié le message. C'est ce qui détermine votre efficacité en tant que communicateur. Vous devez toujours écouter commentaire et le prendre au pied de la lettre, car il s'agit d'un élément essentiel du processus de communication. Le commentaire doit toujours être utilisé pour améliorer vos compétences en communication.

5) Formel ou informel : L'élément de communication formel ou informel fait référence au niveau de formalité auquel un message est envoyé et reçu. Le degré de formalité peut être influencé par la situation, le public et le type d'informations échangées entre les personnes. La communication formelle apparaît lorsque vous communiquez avec une personne que vous ne connaissez pas bien ou que vous n'avez jamais rencontrée auparavant. Elle apparaît également lorsque vous communiquez avec quelqu'un qui a du pouvoir sur vous (par exemple, un directeur, un enseignant, un médecin, etc.) La communication informelle a lieu entre des personnes qui se connaissent très bien et peuvent parler librement de tout ce dont elles ont envie à ce moment-là. La nature informelle de la communication peut être un facteur important influençant le résultat de la communication.

La communication est essentielle dans notre vie quotidienne.

C'est à nous de prendre le temps et de faire l'effort de nous assurer que nous savons communiquer les uns avec les autres. Cela demande de la patience, du tact et beaucoup de pratique, mais être un bon communicateur vous sera très utile à l'avenir. Soyez discret et poli lorsque vous communiquez avec les autres. La pire chose que vous puissiez faire est d'insulter quelqu'un ou de le mettre mal à l'aise en parlant. Soyez toujours patient et écoutez attentivement car la communication est différente pour chacun, il est donc essentiel de ne pas prendre les choses personnellement lorsque vous communiquez avec d'autres personnes. Entraînez-vous à faire la conversation chaque fois que vous le pouvez. Chaque fois que vous vous rendez à un événement social ou professionnel, saisissez l'occasion de rencontrer de nouvelles personnes.

Chapitre 7 : Les Plus Grosses ErreursQue Font Les Gens Lorsqu'ils Communiquent

Lorsque nous communiquons avec les gens, nous faisons souvent des choses qui sabotent nos efforts de communication. Lorsque vous faites les choses suivantes, les gens se mettent sur la défensive et commencent à se fermer et à vous ignorer, ce qui va à l'encontre de l'objectif de la communication. Mais lorsque vous maîtrisez vos propres émotions et que vous comprenez clairement les besoins des autres, vous pouvez devenir meilleur pour parler à n'importe qui, avec n'importe quoi. Vous commettez des erreurs de communication verbale. Les erreurs courantes de communication verbale que la plupart d'entre nous commettent sont les suivantes :

Erreur n° 1. Vous n'écoutez pas ce qu'ils disent - lorsque vous parlez avec quelqu'un, vous avez tendance à prendre vos pensées et vos sentiments en otage dans la conversation au lieu de les laisser parler. En conséquence, votre esprit commence à s'égarer dans des plans pour l'avenir ou d'autres idées.

Erreur n°2. Vous ne captez pas leur langage corporel. Ils pensent que vous ne les écoutez pas lorsque vous ne captez pas leur langage corporel. Il est essentiel de lire la communication verbale et non verbale des gens. Erreur n°3. Vous ne clarifiez pas vos pensées. Lorsque vous parlez à quelqu'un, il est important de vous assurer que vous savez exactement quelles sont vos intentions - et vous devez être très clair sur vos pensées. Sinon, la personne ne saura pas où elle en est dans ses pensées, ce qui l'amènera à penser à d'autres choses.

Erreur n°4. Vous ne faites pas preuve d'empathie à leur égard.

Lorsque vous n'êtes pas compatissant à leur égard, ils sentent qu'ils ne peuvent pas être ouverts avec vous et partager leurs pensées et leurs sentiments honnêtes. Par conséquent, ils se renferment et ont tendance à ériger des murs entre eux et les autres, où ils ferment leurs véritables intentions.

Erreur n°5. Vous n'avez pas une solide connaissance de ses besoins. Lorsque vous n'avez pas une solide connaissance des besoins de la personne, vous ne savez pas quoi dire ou comment agir lorsque vous parlez avec elle. Vous pouvez finir par dire quelque chose qui l'offense complètement sans vous en rendre compte.

Lorsque nous communiquons avec les gens, nous faisons souvent des choses qui sabotent nos efforts de communication. Mais lorsque vous maîtrisez vos propres émotions et que vous comprenez clairement les besoins des autres, vous pouvez devenir meilleur pour parler à n'importe qui, avec n'importe quoi.

Erreur n°6. Vous n'avez pas une bonne compréhension de vos propres besoins. Lorsque vous ne comprenez pas vos besoins, vous pouvez développer des sentiments qui provoquent beaucoup de tension dans votre corps. Par conséquent, lorsque vous parlez avec quelqu'un et que les choses commencent à devenir émotionnelles, vous pouvez perdre le contrôle de vos émotions et dire quelque chose qui pourrait l'offenser ou le blesser.

Erreur n°7. Vous n'êtes pas conscient des émotions de l'autre personne. Lorsque vous n'êtes pas conscient des émotions de l'autre personne, il lui est difficile de vous expliquer ce qu'elle ressent, car elle ne peut jamais développer la même conscience de ses sentiments chez les autres personnes de   son entourage.

Dans un tel cas, les gens ont tendance à se mettre sur la défensive par relation à leurs sentiments parce qu'ils ne les comprennent pas complètement.

Erreur n° 8. Vous ne comprenez pas clairement ce que vous voulez obtenir avec lui. Lorsqu'il s'agit de parler avec quelqu'un, il y a deux objectifs principaux que nous devons garder à l'esprit :

a. Amenez-les à s'ouvrir et à prendre conscience de leurs sentiments et de leurs pensées.
b. Pour qu'ils puissent vous voir tels que nous sommes.
c. Pour ce faire, nous devons avoir une solide compréhension de nos objectifs avec les autres et savoir comment parler de manière à les persuader d'atteindre ces objectifs.

Nous devons nous assurer que nous faisons des progrès dans notre communication. Nous devons chercher à obtenir l'aide de l'autre personne et le meilleur résultat possible, et non pas simplement demander quelque chose.

Erreur n° 9. C'est l'une des plus grandes erreurs que nous commettons lorsque nous communiquons avec les autres. Vous ne comprenez pas clairement le résultat que vous essayez d'atteindre. Le produit doit être bénéfique pour les deux parties. Sinon, il n'y a pas vraiment de raison d'en parler avec elles.

Erreur n° 10. Vous ne comprenez pas clairement comment communiquer avec les personnes qui sont différentes de vous. Lorsque vous communiquez avec des personnes différentes de vous, vous devez être conscient que ces personnes ont une autre façon de penser et de ressentir les choses que vous, et qu'elles peuvent avoir besoin de plus de temps pour réfléchir à leurs décisions que celles qui sont plus en phase avec votre façon de penser.

Comment éviter au mieux ces erreurs ?
Lorsque vous communiquez avec quelqu'un, vous devez avoir une compréhension claire des points suivants :

Vous devez être conscient de leurs besoins pour comprendre comment et où communiquer avec eux. Vous devez savoir comment et d'où ils viennent afin de pouvoir partager avec eux d'une manière qui les motive.

Lorsque votre esprit et votre corps sont détendus, il n'y a aucune résistance entre vous et les autres personnes - elles peuvent savoir ce que vous voulez et comment vous le voulez dès le départ. Lorsque votre esprit est détendu et que vous contrôlez vos émotions, rien ne retient ce qui veut sortir.

Vous devez vous connaître parfaitement afin de pouvoir comprendre ce que vous attendez des gens et comment communiquer avec eux pour qu'ils sachent ce que vous attendez d'eux, car il n'y a alors aucune confusion entre vous deux. Vous devez être conscient de vos propres émotions pour comprendre ce que ressentent les autres et ce qu'ils communiquent - et c'est là que nous devons faire preuve d'empathie envers tout le monde. Vous devez avoir une bonne compréhension de vos propres besoins pour savoir quels sont vos besoins - et c'est là que nous devons nous assurer que nos besoins ne servent que les autres. Nous devons être conscients du résultat que nous essayons d'atteindre pour savoir ce que nous attendons des gens. Le produit doit profiter à tous. Sinon, il ne sert à rien d'en parler avec eux. Vous devez savoir comment communiquer avec des personnes différentes de vous, car les autres ont des façons de penser et de ressentir les choses différentes des vôtres. Vous devez être conscient de cette différence lorsque vous parlez avec eux pour qu'ils se sentent libres et ouverts avec vous.

Maintenant que nous avons dressé la liste des erreurs que les gens commettent lorsqu'ils parlent avec d'autres personnes, passons en revue quelques points clés sur ce qu'il faut faire à la place.

Voici deux conseils de base pour communiquer avec les autres :

a) Les gens ont des besoins différents des vôtres. Lorsque nous communiquons avec eux, nous devons être attentifs à ce qu'ils ressentent et réfléchir pour comprendre comment ils se situent dans leur propre monde, afin de pouvoir être là où ils ont besoin que nous soyons.

b) Si vous devez parler avec quelqu'un, vous devez savoir clairement ce que vous attendez de lui. Il serait préférable que vous ayez un objectif clairement défini à atteindre et que vous communiquiez avec lui de manière à l'inciter à agir pour atteindre cet objectif.

Les erreurs que les gens commettent lorsqu'ils communiquent avec les autres résultent du fait qu'ils ne savent pas comment les gens pensent et ressentent, qu'ils ne connaissent pas leurs besoins, qu'ils ne comprennent pas le résultat que vous attendez d'eux et qu'ils ne sont pas capables de communiquer avec les autres d'une manière qui les motive.

Pour communiquer efficacement avec les autres, vous devez savoir ce qu'ils attendent de vous et comprendre comment ils communiquent avec vous afin de pouvoir y répondre de manière appropriée. Pour éviter ces erreurs, nous devons être constamment conscients de chacun de ces éléments. Si nous n'avons jamais l'occasion de pratiquer et de développer nos compétences en communication, il nous sera très difficile de communiquer avec d'autres personnes de manière à obtenir des résultats.

Chapitre 8 : Comment Lire Les Gens EtEntrer En Connexion Avec Différents Types De Personnalité

Que vous essayiez de vous faire des amis, d'améliorer vos relations ou d'amener les gens à faire ce que vous voulez, savoir comment fonctionnent les différents types de personnalité et comment parler avec eux vous sera d'une grande aide. Connaître le fonctionnement des différents types de personnalité n'est qu'une partie de l'histoire. Comme la météo, il n'existe pas d'approche unique de la conversation. Chaque conversation est un peu différente. Chaque personne à qui vous parlez sera différente et aura ses préférences. Cela signifie que vous devez être capable de lire les gens et de vous connecter avec eux individuellement.

La première chose à comprendre lorsqu'on parle aux gens, c'est qu'on ne se contente pas de leur parler, mais qu'on communique avec eux. Chaque personne est différente, et chaque conversation se déroulera donc différemment. La plupart des gens ne s'en rendent pas compte, mais vous pouvez presque tout savoir sur une personne simplement en y prêtant attention.

Rappelez-vous que chaque mot que vous prononcez a un but précis (faire avancer la conversation) et que chaque émotion, réaction ou mouvement d'une personne contribuera au déroulement de la conversation. Si vous pouvez apprendre à lire les gens et leurs schémas, vous pourrez mieux prédire ce qu'ils feront ensuite et comment ils réagiront.
Les gens sont câblés pour penser selon des modèles. Une fois que vous comprenez les schémas des gens, vous pouvez prédire

comment ils réagiront dans une situation donnée. Savoir comment les gens fonctionnent est utile dans de nombreuses situations de la vie, car cela nous aide à comprendre ce qui les motive et pourquoi nous devrions faire les choses d'une certaine manière. Si quelqu'un veut quelque chose de vous et qu'il n'est pas avantageux pour vous de le lui donner, un schéma de pensée spécifique va se produire dans sa tête. La connaissance de ces schémas peut vous aider à éviter des situations qui ne sont pas bénéfiques pour vous ou pour les autres.

Apprendre à lire les gens et à entrer en contact avec eux vous permettra de mieux réussir dans la vie, dans les affaires, dans vos relations et même dans des environnements sociaux tels que les fêtes ou les événements de réseautage. Cela portera vos capacités de communication à un niveau supérieur et vous permettra d'être beaucoup plus confiant dans n'importe quelle situation. Vous pouvez surmonter des situations en utilisant votre personnalité et vos capacités si vous savez comment les gens pensent. Il existe de nombreux types de personnalité différents, mais ils suivent tous les mêmes modèles. Les gens utilisent sans cesse les mêmes schémas de pensée et sont persuadés d'avoir raison. Mais le fait est qu'ils ne le sont souvent pas. Ils suivent des pratiques qui ont fonctionné dans des situations similaires et ne voient souvent pas d'autres options qui pourraient mieux fonctionner.

Par exemple, si vous voulez être plus charmant, vous découvrirez rapidement qu'être trop sérieux ne vous aidera pas du tout. Vous devez établir un lien avec les gens, vous détendre avec eux et les mettre suffisamment à l'aise pour qu'ils s'ouvrent à vous sans se sentir menacés par vous (ce à quoi échouent de nombreuses personnes plus sérieuses). Si vous êtes sérieux et que vous essayez de vous présenter comme une sorte de figure d'autorité, ou comme une personne meilleure que les autres, vous verrez que les gens ne vous aimeront pas beaucoup. En revanche, si vous voulez être plus charmant et sympathique, vous devez vous montrer amical, ouvert d'esprit et compréhensif. Il faut que les gens se sentent à l'aise avec vous, voire même un peu vulnérables, car cela les incitera à s'ouvrir à vous.

Ces "mouvements" fonctionnent dans presque toutes les situations où les gens ont besoin de se connecter. Les personnes plus sévères et formelles trouvent souvent difficile de se lier d'amitié avec ceux qui ne sont pas comme elles. Elles essaieront d'être amies dans la relation et s'attendront à ce que l'autre personne se rallie à leur façon de penser. Le problème, c'est que les gens ont du mal à faire cela, si bien qu'ils se retrouvent seuls la plupart du temps. Si vous pouvez apprendre comment fonctionnent les types de personnalité, vous trouverez de nombreuses façons de communiquer avec les autres et de créer des liens qui profiteront à toutes les personnes concernées.

Problèmes de Personnalités

Les types de personnalité ont tendance à entrer en conflit parce que nous voulons tous des choses différentes dans chaque situation. Beaucoup de gens veulent s'intégrer et être populaires. Pourtant, ils ont tendance à mieux s'entendre avec les personnes qui leur ressemblent plutôt qu'avec celles qui sont différentes. Cela peut causer beaucoup de problèmes à ceux qui font partie de leur groupe, surtout lorsque la personne finit par recevoir une attention négative de la part de ceux qui ne font pas partie de son groupe.

Si votre objectif est de nouer des relations avec des groupes d'adultes et de jeunes, il est bon de savoir dans quelle mesure vous entrerez en conflit avec différents types de personnalité. Par exemple, ceux qui ont une personnalité plus sévère se disputeront souvent avec ceux dont le caractère est plus décontracté et amusant. Ces différences provoqueront des conflits car aucune des deux personnes n'est prête à changer sa version des faits. Par exemple, si vous êtes une personne plus sérieuse qui essaie de nouer des amitiés avec des personnes amusantes et extraverties, vous vous sentirez souvent aliéné. Ces personnes aiment faire la fête, sortir et s'amuser. D'un autre côté, vous recherchez peut-être quelque chose de plus sérieux et de plus significatif. Vous voulez trouver quelqu'un avec qui parler de choses profondes et avec qui communiquer à un niveau plus profond.

L'autre personne peut suivre le mouvement mais être intérieurement contrariée parce qu'elle n'a pas vu les choses de la même façon que vous. La meilleure chose à faire est d'essayer de comprendre qu'elle voit les choses différemment de vous et qu'elle réagira donc différemment. Cela signifie que vous devez agir d'une manière qui corresponde à sa vision des choses afin qu'elle soit aussi à l'aise que possible avec vous.

Les personnes plus sérieuses réagissent négativement lorsque les autres n'agissent pas comme prévu. Cela peut se produire lorsqu'il y a un désaccord entre deux groupes de personnes, ou entre deux individus seulement. Par exemple, si vous êtes une personne plus sérieuse et que vous commencez à parler à quelqu'un qui aime s'amuser, il se peut que cette personne ne vous prenne pas aussi au sérieux que vous le souhaiteriez. Vous pouvez alors vous sentir isolé ou avoir l'impression que vos préoccupations ne comptent pas pour l'autre personne. Cela peut également se manifester par une humeur changeante et imprévisible.

Il serait préférable que vous établissiez une connexion avec l'autre personne en vous mettant à son niveau - ce qui est souvent difficile pour les personnes plus sérieuses car elles ne veulent pas lâcher le besoin que tout ait un sens. Dans ce cas, vous devez cesser de vous comporter de manière sévère en leur présence et commencer à agir comme ils l'attendent de quelqu'un qui ne prend pas les choses trop au sérieux. Cependant, si vous pouvez apprendre à reconnaître les différences dans la façon dont les gens pensent, vous serez en mesure d'entrer en contact avec eux à un niveau plus profond, de créer une connexion et d'avoir beaucoup plus de plaisir dans vos conversations.

C'est un exemple de la façon dont les gens peuvent agir différemment selon la personne avec laquelle ils sont. Il est toujours essentiel de comprendre que les autres voient les choses de leur point de vue, même si nous ne sommes pas d'accord avec eux. En comprenant ce fait fondamental sur la nature humaine et le fonctionnement des personnalités, vous serez en mesure d'établir de meilleures relations avec les autres afin que chacun se sente à l'aise.

Il existe des moyens d'améliorer vos compétences en matière de conversation et de mettre votre interlocuteur à l'aise :

1) Soyez toujours positif, même si vous critiquez.

Lorsque vous critiquez quelqu'un, il se sent souvent sur la défensive. Elle ne voudra pas écouter ce que vous dites et ne sera pas heureuse. Au lieu d'attaquer directement, essayez d'être positif et d'éviter les critiques. Si vous voulez que quelqu'un fasse quelque chose et qu'il ne le fait pas correctement ou de la bonne façon, expliquez-lui comment vous voudriez qu'il le fasse ou suggérez-lui comment vous pensez qu'il devrait le faire. En agissant ainsi, votre interlocuteur aura beaucoup moins de chances de se sentir sur la défensive et sera plus enclin à modifier son comportement pour se rapprocher de ce que vous souhaitez.

2) Établissez la confiance avec tous vos interlocuteurs

La confiance est un élément important de la communication. Les gens sont différents, et la façon dont vous établissez la confiance avec quelqu'un sera différente de celle de la personne à côté de vous. Lorsque vous parlez à quelqu'un, essayez de trouver un terrain d'entente ou quelque chose que vous avez en commun. Par exemple : Si vous essayez de convaincre votre partenaire d'emménager dans un autre appartement, demandez-lui quand il a dû déménager et ce qui lui a posé problème (terrain d'entente). Les gens se sentent plus à l'aise lorsqu'ils peuvent faire le lien entre des choses de leur passé et des événements actuels. En établissant une relation de confiance avec les gens, vous pouvez obtenir simultanément ce que vous voulez et ce qu'ils veulent.

3) Prenez le temps d'écouter les gens

Celle-ci est un peu plus difficile. Si vous essayez de parler avec quelqu'un, mais qu'il ne vous répond pas, ou qu'il parle de quelque chose qui n'a rien à voir avec vous, demandez-lui ce qu'il a en tête. Écoutez et prêtez attention ! Cela peut être difficile car, souvent, les gens ne veulent pas être interrompus lorsqu'ils parlent. Mais en leur demandant ce qui leur passe par la tête, vous en apprendrez beaucoup sur eux et pourrez mieux communiquer avec eux.

4) Utilisez les valeurs fondamentales/intérêts comme guide

Lorsque vous savez qui est une personne et quels sont ses centres d'intérêt, il vous est plus facile de comprendre son type de personnalité et sa façon de penser. Lorsque vous savez cela, vous pouvez l'utiliser pour vous expliquer et mieux vous connecter avec eux. Par exemple, si vous êtes un artiste et que quelqu'un d'autre le sait, il sera plus enclin à écouter vos conseils et à partager son point de vue. Si vous discutez avec quelqu'un qui partage les mêmes intérêts, il est bon d'essayer de relier ses intérêts à quelque chose d'important dans votre vie actuelle. Lorsque vous reliez les valeurs fondamentales des gens à ce qui est essentiel dans votre vie, cela leur donne l'impression d'être plus impliqués et intéressés par ce qui se passe autour d'eux.

5) Utilisez le langage corporel à votre avantage

Gardez une trace de tout ce que vous faites avec vos amis, votre famille et vos proches. Faites attention à la façon dont ils s'assoient, se tiennent debout ou se déplacent et utilisez ces informations. Souvent, les gens ne remarqueront pas que vous faites quelque chose de légèrement différent (par exemple, ne pas s'appuyer autant sur leur bureau), mais avec le temps, cette petite chose deviendra plus évidente. Les gens se sont entraînés à s'asseoir et à se tenir debout d'une certaine manière pendant des années pour arriver aux situations spécifiques dans lesquelles ils se trouvent actuellement. Mais ce qui est essentiel pour eux n'est peut-être pas très important pour vous et vice versa.

6) Comprendre le besoin de statut

Les gens veulent se sentir importants. En comprenant cela, il est plus facile de se connecter et de s'impliquer avec les autres. Par exemple, les membres d'un groupe (comme les membres d'une équipe, d'un club ou d'une famille) voudront se sentir essentiels. Ils voudront que les gens pensent qu'ils sont "au courant" et savent ce qui se passe dans le groupe. Les personnes qui ont des difficultés sociales et dans la vie compensent souvent en essayant d'impressionner les autres ou de créer un statut en donnant l'illusion qu'elles en savent plus qu'elles ne le font. En comprenant comment les groupes (qu'il s'agisse de membres de la famille ou d'amis) fonctionnent, vous pouvez mieux distinguer si quelqu'un est vraiment important ou non.

7) Ne prenez pas les choses personnellement

La plupart des gens prennent les choses personnellement. Ils verront ce que vous dites (même si vous vous rendez compte qu'il ne s'agit pas d'une attaque personnelle), et ils commenceront instantanément à penser à eux-mêmes, à savoir si la chose...dont vous parlez est bonne ou mauvaise pour eux. Cela peut être très frustrant pour les personnes qui souhaitent entrer en contact avec d'autres personnes mais qui ne le peuvent pas pour cette raison. Si les gens commentent négativement quelque chose qui ne les affecte pas, essayez de comprendre pourquoi ils le disent. Vous devez être capable de trouver la raison de leur comportement ; cela vous permettra d'entrer plus facilement en contact avec d'autres personnes et d'accroître vos relations.

Pourquoi les gens réagissent différemment les uns aux autres

Pour mieux communiquer avec les autres, vous devez comprendre leur personnalité. La façon dont une personne voit le monde est différente de celle d'une autre personne. Cela est dû à la façon dont les gens pensent ; ces différences affectent leurs sentiments. Vous pouvez établir des liens plus personnels avec les gens et améliorer vos relations en comprenant comment ils pensent. Ainsi, vous comprendrez mieux les gens et éviterez les erreurs que la plupart d'entre eux commettent. Vous serez également en mesure de vous exprimer et d'entrer en contact avec les autres de manière plus efficace. En comprenant la personnalité des autres, vous pourrez mieux communiquer avec eux et développer vos relations.

Les êtres humains sont câblés pour être des créatures sociables. Nous avons tous des modèles spécifiques ancrés en nous, de sorte que nous pouvons fonctionner de manière spécifique dans un environnement particulier. Cependant, il n'est pas toujours facile de comprendre comment les gens pensent ou ce qui les motive lorsqu'ils prennent des décisions et s'engagent dans des situations avec lesquelles ils ne sont pas d'accord. En découvrant ces schémas, nous pouvons commencer à mieux comprendre les gens et leur montrer que nos opinions comptent. Lorsque nous pensons aux besoins des autres avant les nôtres, nos relations deviennent beaucoup plus efficaces. Nous pouvons également commencer à lire le langage corporel des autres et à mieux comprendre leurs motivations. En prêtant attention à ce que font les gens et en écoutant ce qu'ils ont à dire, vous pourrez vous rapprocher d'eux et avoir une conversation beaucoup plus efficace.

Sachez que les gens sont tous différents et que nous avons tous des façons différentes de voir le monde. Savoir comment les gens se sentent est essentiel pour comprendre les autres, mais ce n'est pas quelque chose que vous devez essayer de développer ou de maîtriser. Prenez donc le temps de découvrir à quel type de personnalité vous appartenez et établissez des liens avec des personnes en fonction de cette personnalité. Les avantages de cette démarche sont énormes. Suivez ces conseils pour établir des liens avec les autres, et vous améliorerez votre capacité à communiquer plus efficacement dans n'importe quelle situation, quel que soit votre type de personnalité.

Chapitre 9 : Les Obstacles Invisibles A Une Communication Efficace Et Comment Les Surmonter

Il est difficile d'imaginer combien de barrières existent entre deux personnes se trouvant dans des endroits différents et ayant des parcours différents. Il peut s'agir d'amis, de collègues, de partenaires commerciaux, d'inconnus dans la rue, etc., et ils peuvent vouloir se parler ou même se connecter. Pourtant, il y a toujours des barrières invisibles sur le chemin, et nous nous demandons alors pourquoi il est si difficile de sécuriser. C'est comme deux personnes qui veulent dire quelque chose d'important mais qui, pour une raison ou une autre, n'arrivent pas à trouver une langue commune. Elles le veulent peut-être, mais ne savent pas comment. Ce livre se concentre sur les obstacles à la communication que vous rencontrez lorsque vous avez besoin de parler à quelqu'un sur le moment et sur la manière de les surmonter.

Quels sont les obstacles à une communication efficace ?

Il existe de nombreux obstacles à une communication efficace, mais il y en a un qui empêche la plupart des gens d'essayer de communiquer. Ils ne peuvent pas dire ce qu'ils veulent d'une manière que les autres peuvent entendre ou comprendre. Il s'agit d'un handicap linguistique qui peut être défini comme une anxiété de communication. Il s'agit d'un sentiment de vulnérabilité et d'incertitude à l'idée d'approcher les autres, d'attirer leur attention, puis de leur transmettre le message pour qu'ils comprennent ce que vous voulez.

Vous pourriez penser qu'un défaut de votre   personnalité   vous rend anxieux à propos de la communication, mais ce n'est pas vrai. Si vous éprouvez souvent de tels sentiments, il n'est pas surprenant que vous luttiez quotidiennement contre la communication. Ce n'est pas vous qui êtes responsable de ce sentiment, mais la façon dont la société a été construite et conditionnée. Nous vivons dans une société où les gens ont peur de communiquer directement et ouvertement. C'est pourquoi nous utilisons si peu de mots et ne savons souvent pas comment dire clairement ce que nous voulons dire.

Parmi les obstacles invisibles à une communication efficace, citons les suivants

1. La tendance à perdre son identité dans une foule : Par exemple, une personne s'adresse simultanément à un grand groupe, et personne ne sait de qui elle parle. Il est facile pour les gens de perdre leur identité lorsqu'ils communiquent avec de nombreuses personnes différentes en même temps dans la même pièce. Les identités des personnes (éléments d'eux-mêmes ou personas) se déplacent entre les interactions avec d'autres personnes, et elles ont donc peu de chances de savoir ce qu'elles veulent et de le mettre en œuvre. Cela peut être un problème au travail, où les gens ne peuvent pas dire ce qu'ils veulent parce qu'ils ont peur d'un conflit, de mal paraître ou d'avoir tort. Cette déficience en matière de communication est susceptible d'entraîner des problèmes.

2. On attend de vous que vous preniez l'initiative, et puis vous ne le faites pas : Nous connaissons de nombreuses situations de ce genre, où vous devez engager une conversation ou lancer le premier mot, mais vous ne le

faites pas. Par exemple, quelqu'un est assis seul sur un banc de parc en train de lire un livre, fait la queue seul au supermarché ou attend seul à l'arrêt de bus. On pourrait croire que personne n'a envie d'engager une conversation, mais réfléchissez-y une minute. Cela a-t-il un sens ? Nous sommes tous des créatures sociales qui recherchent des interactions avec les autres pour grandir en tant qu'individus. Nous sommes tous à peu près pareils. Nous voulons tous être en contact avec les autres pendant 5 minutes ou pour toujours.

3. Vous avez peur de trop en révéler sur vous-même : Parfois, nous avons peur de révéler notre vraie personnalité parce que cela pourrait être considéré comme offensant. Par exemple, nous disons aux autres qui nous sommes, ce que nous voulons et ce qui nous motive. Nous avons peur d'être critiqués, grondés ou jugés par les autres. Ainsi, au lieu de parler à quelqu'un comme à une personne, nous essayons généralement de cacher nos véritables intentions et nos pensées sur nous-mêmes afin de ne pas être rejetés ou blessés. Nous craignons ce que les gens pourraient penser de nous s'ils connaissaient nos pensées et nos intentions. Il est plus facile de garder les gens à distance en n'étant pas trop honnête et direct à notre sujet. Au lieu de cela, on attend de nous que nous nous présentions sous un jour moins favorable que d'habitude. Lorsque nous agissons ainsi, il est difficile d'établir un lien avec les autres.

4. Nous ne savons pas comment être vulnérables : Admettre ses faiblesses et demander de l'aide est la chose la plus importante que vous puissiez faire lorsque vous voulez vous connecter avec des personnes que vous aimez ou avec lesquelles vous interagissez régulièrement. C'est

comme la racine de la communication, le début de toute communication. Vous pouvez l'apprendre dans de nombreux domaines tels que la psychologie, la sociologie, ou même simplement en observant les autres, par exemple en faisant du sport, en jouant de la guitare ou en dansant. C'est juste que beaucoup de gens ne savent pas comment l'utiliser utilement lorsqu'ils parlent aux autres. C'est comme notre mère nature. Nous sommes tous vulnérables dès notre naissance dans ce monde et nous passons tout notre temps à apprendre à l'être, quelle que soit notre race, notre culture ou notre origine.

5. La peur du conflit : Il s'agit peut-être de l'obstacle le plus important à une communication efficace, car les gens ont peur de la confrontation et de la dispute. Ils veulent dire quelque chose mais ont peur de ne pas trouver les bons mots, de se mettre en colère ou même de dire quelque chose de stupide devant d'autres personnes. Par conséquent, ils préfèrent ne pas parler de sujets importants plutôt que de dire quelque chose de mal. C'est pourquoi il est essentiel d'inclure des compétences de communication tactique dans votre boîte à outils de communication.

6. Le manque de confiance : Les gens ont peur de prendre la parole et de partager leur opinion parce qu'ils ne se sentent pas assez sûrs d'eux et pensent que ce qu'ils disent n'est peut-être pas assez approprié ou intéressant. Ils pensent que les autres les jugeront s'ils disent quelque chose de faux, de stupide ou de non pertinent. C'est pourquoi vous devez savoir ce qui fait que les gens s'intéressent à vos opinions et comment vous pouvez les exprimer de manière à ce que les gens aient envie de vous écouter et de vous comprendre plutôt que de vous critiquer.

7. Le manque d'intérêt : C'est un autre obstacle auquel les gens sont confrontés lorsqu'ils essaient de communiquer avec les autres. Les gens ne veulent pas parler de choses qui ne sont pas assez importantes ou intéressantes, qu'il s'agisse de leurs problèmes, de leurs problèmes professionnels ou de toute autre chose. C'est pourquoi, dans le cadre de votre formation aux techniques de communication, vous devez apprendre à éliminer les obstacles et à rendre la communication utile et intéressante pour les autres.

Qu'est-ce qui vous empêche de communiquer efficacement ?

Notre société s'est construite parce qu'on nous apprend à être timides et à éviter les conflits. Ce n'est pas la façon dont nous avons été élevés mais la façon dont nous avons été conditionnés à penser. Dans certains cas, la peur peut être utilisée comme un bon moyen d'autoprotection contre les risques potentiels. Ainsi, au lieu d'être ouvert et honnête avec les autres, nous préférons rester silencieux, et tout le monde saura ce que nous voulons sans avoir à le leur dire ou à le dire à voix haute. Dans d'autres situations, cependant, la peur peut être utilisée contre nous pour contrôler nos vies. Les conflits peuvent être utilisés comme des menaces pour nous maintenir à une position inférieure dans la hiérarchie, auquel cas nous sommes habitués à penser que nous ne pouvons rien y faire, mais que nous devons simplement subir la punition et souffrir en silence. Si nous n'obtenons pas ce que nous voulons parce que quelqu'un y fait obstacle, c'est le bon moment pour commencer à prendre les choses en main plutôt que de rester passif. Nous sommes aussi bons que les autres, alors vous méritez d'obtenir ce que vous voulez et ce dont vous avez besoin.

Si nous ne pouvons pas être nous-mêmes, il est inutile d'essayer d'entrer en contact avec les autres. Nous ne sommes pas les mêmes personnes que lorsque nous sommes nés ; nous grandissons et changeons au cours de notre vie. Nous devons donc accepter la personne que nous sommes devenus et l'habiter au lieu d'essayer d'être quelqu'un d'autre. La seule façon de communiquer efficacement est d'être pleinement présent dans le moment présent et de ne pas s'inquiéter de ce que les autres peuvent penser de vous. Pourquoi vous inquiéteriez-vous de cela de toute façon ? Il serait préférable que vous ne vous souciiez que de la qualité de la conversation avec un autre être humain. La façon dont vous communiquez vous fait porter un regard différent sur vous-même et sur les autres. C'est comme si une couche de verre se dressait entre vous et les autres, de sorte que vous ne pouvez pas percevoir ce qui se passe. Parfois, vous devez regarder à travers cette vitre pour avoir une image précise et comprendre comment les autres voient les choses.

La chose la plus importante que vous puissiez apprendre en matière de communication est de savoir écouter les autres, non seulement pour les comprendre mais aussi pour pouvoir communiquer avec eux. Cela vous semble-t-il trop simple ? C'est comme mieux se comprendre soi-même. Vous ne pouvez comprendre les autres que si vous vous comprenez vous-même d'abord. Ainsi, lorsque vous dites des choses à haute voix, vous devez être conscient de ce que vous dites en observant votre comportement, votre langage corporel et vos mots, ainsi que les émotions des autres. Sinon, vous ne pourrez pas atteindre les objectifs que vous vous êtes fixés dans votre formation en communication.

Comment surmonter les obstacles invisibles à une communication efficace ?
C'est la seule question sur laquelle nous nous concentrerons dans ce livre, car c'est le problème le plus fondamental auquel les gens

sont confrontés lorsqu'ils essaient de communiquer avec les autres. Aucune pilule magique que vous pouvez prendre ne supprimera automatiquement les obstacles et ne fera de vous un communicateur efficace. La communication s'apprend et se pratique encore et encore. La bonne nouvelle, c'est qu'une fois que vous savez comment communiquer efficacement, vous ne vous en séparerez jamais et vous utiliserez vos compétences en communication quotidiennement. Vous serez également en mesure d'améliorer vos compétences en matière de communication en apprenant à surmonter les obstacles qui bloquent et empêchent une communication efficace.

Voici des conseils sur la façon de surmonter les obstacles invisibles à une communication efficace :

Comment surmonter les problèmes de communication ?

Tout d'abord, vous devez apprendre comment les autres personnes communiquent. Si vous vous intéressez à quelqu'un d'autre, il y a de fortes chances que vous deveniez de bons amis si vous arrivez à le comprendre, à savoir ce qui le fait vibrer et ce qui le motive. Pourquoi en est-il ainsi ? Parce que comprendre quelqu'un d'autre permet d'instaurer la confiance entre deux personnes. Plus il y a de confiance entre deux personnes, plus il sera facile pour deux personnes de se connecter et de former une relation significative ou, en d'autres termes, une amitié qui dure pour toujours.

1. Soyez à l'écoute de vos propres émotions : Si vous ne savez pas ce que vous ressentez, comment pouvez-vous espérer lire les sentiments des autres ? Il est essentiel d'avoir conscience de soi et d'apprendre à communiquer calmement avec soi-même pour pouvoir ensuite communiquer calmement avec les autres.

2. **Soyez présent dans l'instant** : Vous ne pouvez pas communiquer efficacement si votre esprit est ailleurs. Vous devez être pleinement présent et vous concentrer sur ce qui se passe, sur les personnes présentes et sur ce qu'elles disent, afin de pouvoir répondre à leurs besoins plutôt qu'aux vôtres. Cela s'applique également lorsque vous parlez au téléphone ou en face à face avec quelqu'un.

3. **N'ayez pas peur de poser des questions** : Pour comprendre quelqu'un, vous devez savoir ce qu'il veut, ce qui signifie qu'il faut lui demander. Cela peut être gênant et difficile au début, mais c'est une nécessité absolue pour une communication efficace. Vous devez vous assurer que vous écoutez attentivement, que vous vous intéressez à ce que l'autre personne a à dire et que vous ne vous précipitez pas dans la conversation afin de fuir le plus rapidement possible les situations ou les personnes inconfortables.

4. **La confiance en soi est essentielle** : La confiance fait partie de la façon dont les gens communiquent, interagissent avec les autres et se sentent dans la vie. Si vous n'avez pas confiance en vous, votre formation en communication s'en ressentira. Si vous êtes optimiste, les autres seront instantanément attirés par vous et voudront parler avec vous. Il est essentiel de se mettre en avant et de commencer à être plus spontané. Plus vous serez confiant et détendu, plus votre formation en communication sera efficace.

5. **Soyez conscient de ce dont vous voulez parler** : Avant d'entamer la conversation, pensez à ce que l'autre personne a à dire et à ce que vous aimeriez lui demander. Si vous ne savez pas quoi dire, essayez de trouver une idée avant d'entamer la conversation. Essayez également d'en savoir plus sur la personne à partir de ses mots et de son

langage corporel avant de parler pour mieux la comprendre.

6. Accepter vos émotions : L'une des meilleures façons d'améliorer la communication est de commencer à s'accepter soi-même. Cela signifie être de bonne humeur, acheter tous vos sentiments et savoir que vous êtes suffisamment bon pour communiquer avec les autres.

7. Ne laissez pas la peur vous bloquer : Si quelqu'un vous empêche d'accomplir quelque chose que vous voulez, laissez tomber la peur pour pouvoir aller de l'avant et l'accomplir vous-même. Débarrassez-vous de tout ce qui se trouve sur votre chemin, apprenez à gérer les situations de la vie par vous-même et gérez les choses de manière à ce qu'elles s'arrangent pour le mieux.

8. Apprenez à écouter : Il n'est pas seulement important d'entendre ce que les gens disent ; apprendre à écouter permet aux autres de se sentir mieux car ils sentent que vous vous intéressez à eux. Vous serez également en mesure de communiquer plus efficacement avec eux si vous montrez que vous les écoutez.

9. Ne prenez pas les choses personnellement : Si quelqu'un est en colère ou contrarié, il ne l'a pas fait uniquement à cause de vous. Les gens ont leur propre vie et leurs propres problèmes, alors ne vous reprochez pas d'être incapable de les arranger ou de résoudre le problème à leur place. Prenez les choses comme elles sont et travaillez à améliorer votre formation en communication.

10. La flexibilité est essentielle : Si les gens veulent communiquer d'une certaine manière, vous devez vous y plier. Si l'autre personne veut être plus sérieuse, faites-le. Si l'autre personne veut détendre l'atmosphère et être heureuse, faites de même et soyez satisfait. Il s'agit d'être flexible.

La communication consiste à être transparent, ouvert et honnête les uns envers les autres. Les obstacles invisibles à la communication peuvent être comparés à des blocs qui empêchent les gens de se connecter, de communiquer et de travailler ensemble. Ces obstacles sont cachés, mais ils sont bel et bien présents. Si vous voulez communiquer efficacement avec les autres, essayez d'éliminer les obstacles à la communication en écoutant, en comprenant et en respectant les autres. Vous verrez les résultats de votre formation aux techniques de communication. Gardez également à l'esprit les conseils mentionnés dans ce livre sur la façon de surmonter les obstacles invisibles à la communication. Cela vous aidera à mieux communiquer avec les autres et dans la vie et à développer une meilleure relation personnelle avec vous-même.

Chapitre 10 : Secrets Pour Devenir Un Auditeur Et Un Conversationniste Empathique

Si vous avez des difficultés à établir et à maintenir des relations au sein d'un cercle quelconque, le manque de compétences en communication en est probablement l'une des raisons. Il est essentiel de communiquer efficacement vos pensées et vos idées, non seulement à vous-même mais aussi à d'autres personnes. Les aptitudes à s'exprimer sont le point de départ de toute relation. Dès notre plus jeune âge, nous apprenons tous que la communication est essentielle et que c'est une chose que vous aurez toujours avec vous. Le problème, cependant, c'est que de nombreuses personnes oublient à quel point elle peut être importante et précieuse pour elles-mêmes et pour les autres, en particulier lorsqu'elles sont dans une relation avec une autre personne ou même quelqu'un au travail.

La communication est une chose que l'on est toujours censé pouvoir réaliser. Que vous parliez à vos amis, aux membres de votre famille, à une petite amie ou un petit ami, ou même lorsqu'il s'agit de communiquer au travail ou à l'école, la communication est essentielle, et c'est quelque chose que vous devriez toujours être capable d'avoir avec chaque personne dans votre vie, pourquoi l'oublions-nous et pourquoi avons-nous des problèmes lorsqu'il s'agit de relations ? Beaucoup d'entre nous ont trop peur de blesser l'autre ou de devenir gênants en ne parvenant pas à bien communiquer avec les personnes que nous aimons ou même avec celles avec qui nous travaillons.

Si la communication est essentielle à tous les aspects de la vie, pourquoi tant de gens l'oublient-ils et laissent-ils leurs relations s'effondrer parce qu'ils ne peuvent pas communiquer ? La réponse à cette question est très simple : nous voulons tous être aimés et acceptés par tous. Nous voulons que tout le monde nous comprenne et nous aime tels que nous sommes, sans défauts ni imperfections. Nous avons besoin d'être pris par les autres pour nous sentir en sécurité. Cependant, nous avons aussi tendance à trop juger les gens qui nous entourent. Beaucoup d'entre nous ont tendance à oublier que chacun est différent des autres, qu'il s'agisse de leur personnalité ou simplement de leur façon de voir la vie.

Parce que nous voulons que les gens nous apprécient pour ce que nous sommes et ne voulons pas qu'ils soulignent nos défauts ou nos imperfections, nous oublions à quel point les compétences en communication peuvent être essentielles pour nos relations. Nous voulons être comme tout le monde, et en communiquant avec les autres, nous pouvons mieux les comprendre et apprendre à les connaître à un niveau plus personnel. En communiquant bien avec quelqu'un, nous pouvons lui parler de nous, le laisser nous parler de lui et en apprendre davantage sur cette personne. Si nous ne communiquons pas bien avec quelqu'un et ne prenons pas le temps de l'écouter, nous ne saurons jamais vraiment qui il est, ni ce qu'il pense ou ressent. Et si nous ne connaissons pas très bien une personne, elle ne sera qu'une personne parmi d'autres pour nous. Nous les verrons comme des étrangers, des chats ou des chiens. Quelqu'un que nous ne connaissons pas et qui ne compte pas pour nous.

La communication est le point de départ de toutes les relations que vous pouvez avoir dans votre vie. Nous devons être capables d'écouter et de parler avec les gens pour que les relations fonctionnent entre eux. Si vous êtes incapable de bien communiquer avec quelqu'un, vous ne pourrez pas le comprendre et votre relation ne durera pas longtemps.

Dès que nous apprenons à parler, nous savons aussi comment écouter ; mais dans certains cas, cela ne semble pas être suffisamment enseigné ou pratiqué. La plupart des gens écoutent ce que disent les autres, mais il est rare qu'ils parviennent à donner un sens à la conversation, et encore moins à y répondre de manière appropriée. Dans une relation, ce manque d'empathie et de capacité à être compréhensif est considéré comme un signe d'irrespect. Il est souvent pris en compte pour décider si vous pouvez être dans une relation avec quelqu'un.

Quels sont donc les secrets pour devenir un auditeur et un interlocuteur empathique ?

1. S'engager à écouter

Écoutez les autres. Parfois, vous souhaitez que les autres écoutent ce que vous avez à dire, mais ces personnes ne sont peut-être pas en mesure de prêter attention à ce que vous dites. Si c'est le cas, profitez de ce moment pour apprendre d'eux. Écoutez et apprenez de leurs expériences car, d'une certaine manière, ils vous apprennent aussi comment ne pas avoir la même vie qu'eux. Il s'agit de donner et de recevoir ; rien n'est sans effort, alors donner ce qui vaut la peine d'être écouté vous donnera des leçons appropriées.

2. Toujours avoir un véritable intérêt pour ce que disent les autres

Un intérêt sincère ne signifie pas toujours que vous êtes d'accord avec leur point de vue, mais que vous êtes prêt à les écouter et à apprendre d'eux. Si vous ne semblez pas sincèrement intéressé par ce qu'ils ont à dire, ils se sentiront ignorés et frustrés par vous.

3. Montrer votre intérêt en posant des questions

Posez des questions si vous ou quelqu'un d'autre exprime un point de vue. Une bonne façon de poser des questions est d'éviter que l'échange ne devienne unilatéral en demandant des informations supplémentaires sur ce que vous avez dit.
ce que dit l'autre personne. Plus votre question est précise, plus vous aurez de chances d'obtenir une réponse, et cette réponse doit conduire à une autre question si possible.

4. Vous assurer que vous leur accordez toute votre attention

Si vous êtes occupé et pressé, ne demandez pas à l'autre personne d'écouter ce que vous avez à dire. Vous devez montrer l'exemple en ce qui concerne des choses comme l'empathie et l'écoute. Les gens n'apprendront pas seulement de vous des techniques de communication, mais aussi votre attitude. Vous ne pouvez pas attendre des autres qu'ils vous respectent si vous n'êtes jamais disposé ou capable de leur accorder le même respect en retour.

5. Ne pas faire d'hypothèses sur ce que vous entendez

Vous devez être très prudent lorsque vous faites des suppositions sur ce que vous entendez. Nous avons tendance à croire que les premiers mots qui sortent de la bouche de quelqu'un sont toujours exacts. Ce n'est pas toujours le cas, car les gens ne communiquent pas toujours comme ils le souhaitent. Lorsque vous écoutez, posez des questions et souvenez-vous que les gens essaient toujours de vous dire quelque chose. Parfois, ils peuvent avoir un point de vue différent du vôtre, mais ils parviendront tout de même à un accord ou à un compromis avec l'autre personne s'ils voient que cela vaut la peine de persévérer.

6. Ne pas interrompre

L'art de l'écoute est unique ; il exige parfois que vous soyez patient avec votre interlocuteur. S'il choisit de parler, continuez à l'écouter ; vous ne pouvez pas vous faire un devoir d'accélérer les choses ou de le presser. Vous devez écouter avec toute votre attention e permettre aux autres de parler ou de s'exprimer. L'essentiel de la communication consiste à entendre l'autre personne, non seulement ce qu'elle dit mais aussi ses sentiments à ce moment précis.

7. Ne pas porter de jugement

L'art de l'écoute est un outil puissant. Il peut vous aider à comprendre le point de vue d'une personne et à mieux saisir son message. Le problème est que lorsque les gens sont déterminés à porter des jugements, ils passent souvent à côté de ce que l'orateur essaie de transmettre. L'art de l'écoute exige que vous montriez un véritable intérêt pour ce que les autres ont à dire, que vous soyez d'accord ou non avec eux ou que vous souhaitiez qu'ils disent quelque chose de plus précis. Nous portons des jugements parce que nous pensons pouvoir faire les choses mieux que les autres. L'art de l'écoute vous permet de vous ouvrir à une perspective différente, qui peut vous surprendre ou même vous éclairer.

8. Donnez un retour aux gens

L'art d'une bonne communication consiste simplement à être capable d'entendre non seulement ce que quelqu'un dit mais aussi de l'entendre. N'ayez pas peur de dire à l'autre personne ce que vous pensez de ce qu'elle dit. Si c'est positif, complimentez-la. Si c'est négatif, dites-le-lui. Si une personne vous dit qu'elle ne peut pas recevoir d'informations d'une autre personne d'une certaine manière, faites-le lui savoir ; cela vous permettra de trouver des moyens de résoudre ce problème et peut-être de le résoudre avant même qu'il ne se présente.

La communication est une chose puissante. Elle peut nous offrir des opportunités et des expériences fantastiques. La communication fonctionne dans les deux sens ; vous constaterez que tout ce que vous mettez dans l'univers, positif ou négatif, vous reviendra toujours. Il en va de même pour la communication ; si vous voulez être une personne en qui les autres ont confiance et qui se sentent à l'aise pour parler de leurs problèmes ou de leurs expériences de vie, vous devez faire de même pour eux lorsqu'ils s'ouvrent à vous. Si nous envoyons des signaux ou des indices spécifiques indiquant que nous ne sommes pas disposés à écouter, les gens se fermeront à nous. Cela signifie qu'ils cesseront de partager leurs idées et leurs sentiments avec nous parce qu'ils ont l'impression qu'ils ne peuvent pas nous faire suffisamment confiance pour nous écouter sans jugement ni interruption. Il n'est pas toujours facile d'être un bon auditeur, mais cela peut être l'une des choses les plus gratifiantes que vous puissiez apprendre à faire. Ne gâchez pas votre chance et apprenez à écouter davantage, car cela fera toute la différence dans vos relations.

Être un auditeur empathique signifie écouter l'intention et le message de l'autre personne. Cela signifie être respectueux dans ce que vous dites, votre voix et vos expressions faciales. Cela signifie également se concentrer sur les besoins, les souhaits, les désirs et les objectifs de la personne. Un bon auditeur est disponible pour prendre en compte ce que l'autre personne a à dire, poser des questions si nécessaire et lui faire savoir que vous êtes intéressé par ce qu'elle dit. Elle se sentira acceptée, valorisée et considérée par l'autre personne. L'écoute empathique n'est pas qu'une question de mots, elle consiste à montrer aux gens que vous vous intéressez à eux sur le plan personnel et professionnel.

Il faut du temps et des efforts pour être un bon auditeur. Ce n'est pas quelque chose que l'on peut facilement accomplir du jour au lendemain. L'art de l'écoute ne consiste pas seulement à entendre les mots d'une autre personne, mais aussi à entendre l'intention derrière ces mots. Les bons auditeurs prennent leur temps pour comprendre ce que l'autre personne essaie de leur dire. Il s'assure de bien comprendre le message, même si cela semble difficile ou inconfortable au début. Peu importe le temps qu'il fautpour comprendre pleinement ce que quelqu'un essaie de dire ; ilsferont tout ce qu'il faut pour comprendre correctement le message.

Être un auditeur empathique signifie mettre l'autre personne au premier plan. Peu importe ce que l'autre personne dit ou comment elle le dit. Tout ce qui compte, c'est que ses besoins et ses désirs soient satisfaits. Ses sentiments sont plus importants que les vôtres ; peu importe ce que vous voulez, du moment que vous pouvez l'aider à obtenir ce dont elle a besoin. L'art de l'écoute exige une volonté d'accepter quelqu'un d'autre tel qu'il est, avec ses défauts et tout, sans juger qui il devrait être ou aurait dû être dans le passé.

Un bon auditeur est ouvert et ne porte pas de jugement sur toutes les communications des autres. Il ne tire pas de conclusions hâtives et essaie de rester calme et détendu lorsqu'il communique. Il ne juge pas ce que les autres disent ou comment ils le disent. Elle prend en compte les sentiments et les pensées des autres sans être sur la défensive ou blessée. Une personne qui sait écouter cherche à savoir ce qu'une autre personne a à dire, qui elle est, et quels sont ses espoirs, ses rêves, ses aspirations et ses objectifs.

La patience et la compréhension de la nature humaine font partie de l'art de l'écoute. Il faut du temps pour développer la capacité à bien écouter. L'art de l'écoute exige une volonté d'accorder toute son attention à la personne avec laquelle on parle. Cela signifie apprendre comment fonctionne son esprit, assimiler ce qu'elle vient de dire et voir toutes les émotions qui peuvent la guider dans ses actions et son expression. Cela signifie également être capable d'écouter les messages non exprimés ainsi que ce qui est dit.

Il faut être deux pour que la communication fonctionne. Toutefois, cela ne signifie pas que vous serez automatiquement un bon auditeur. Vous aurez besoin d'une personne disposée à vous faire savoir ce qu'elle veut et à vous permettre de comprendre d'où viennent ses pensées et ses sentiments. Une personne qui peut vous faire un commentaire afin que vous puissiez apprendre ce qu'elle pense et ressent lorsqu'il s'agit de communiquer avec les autres. Il serait préférable que vous ayez une personne qui a confiance en vos capacités afin qu'elle puisse s'exprimer pleinement sans s'inquiéter d'être mal comprise ou mal interprétée par les autres. Un bon auditeur s'assure que l'autre personne comprend ce qu'elle essaie de dire, même si c'est difficile ou douloureux pour elle. Il fait part de son honnêteté et de ses préoccupations sincères pour que l'autre sache qu'il se soucie de lui et que ce n'est pas une perte de temps de lui parler. Cela montre également qu'ils veulent comprendre qui ils sont en tant qu'individu. Un bon auditeur est prêt à écouter ce que l'autre personne a à dire et comment elle le dit, et à demander des précisions si nécessaire.

Être un bon auditeur signifie écouter et découvrir ce que l'autre personne veut et a besoin de vous. Cela signifie comprendre ses objectifs et lui donner la possibilité de s'exprimer et d'exprimer ses sentiments. Cela signifie également être conscient de ce que l'autre personne ressent. Elle ne réagit pas seulement par peur ou par colère ; il y a peut-être plus. Elle ressent autre chose, mais n'est pas sûre de ce qu'elle fait, pense et ressent à ce moment-là. Un bon auditeur découvrira cela pour mieux comprendre et soutenir son partenaire, quelle que soit la cause de son inconfort ou de sa douleur dans sa vie.

Chapitre 11 : Comment Formuler Votre Message Pour Faire Passer Votre Message De Manière Efficace

Avez-vous déjà eu du mal à savoir comment entamer une conversation avec quelqu'un ? Si c'est le cas, vous avez probablement raté des discussions potentiellement intéressantes. Imaginez que vous voulez parler à quelqu'un, mais qu'il ne vous regarde pas dans les yeux ou ne semble pas intéressé par la conversation. Vous pouvez vous sentir malvenu et penser qu'il est difficile pour cette personne de rester là et d'écouter votre histoire. Ou bien vous êtes en train de parler à une personne et vous vous demandez si vous devez lui parler du dernier film ou du dernier livre que vous venez de lire.

Pensez à une occasion où quelqu'un ne vous a pas regardé dans les yeux ou où ses réponses semblaient lentes. Quelle a été sa réaction à vos commentaires ? Leur langage corporel était-il utile ? Si ce n'est pas le cas, comment ont-ils réagi ?

Souvenez-vous de la façon dont ils ont réagi, puis utilisez ces connaissances dans vos futures conversations pour vous aider à maintenir une relation avec cette personne. La prochaine fois qu'un bon ami ou un membre de votre famille viendra vous parler, réfléchissez à l'approche qui a le mieux fonctionné pour cette personne dans votre situation actuelle. Avez-vous fait un commentaire intéressant ? Lui avez-vous raconté une blague ? Comment pourriez-vous améliorer votre approche et rendre leur prochaine visite plus amusante ou plus significative ?

Quelles sont les erreurs courantes que les gens commettent lorsqu'ils communiquent avec d'autres personnes ?

Que font certaines personnes dans leurs conversations qui contribuent à faire fuir les auditeurs ou à créer une situation gênante ?

Nous sommes tous confrontés à des problèmes de communication à un moment ou à un autre de notre vie. Même si nous avons développé d'excellentes compétences en communication, il arrive que les gens ne nous comprennent pas toujours comme nous le souhaitons. La communication est une voie à double sens, nous devons donc nous assurer que les deux parties se comprennent.

Voici quelques conseils utiles sur la manière de formuler votre message afin de faire passer votre message efficacement :

1) Demandez des éclaircissements si vous voulez avoir une deuxième chance de faire passer votre message : La première chose qui vous vient à l'esprit lorsque vous pensez à demander des précisions à quelqu'un est un élève qui pose sans cesse la même question à son professeur. Peu importe le nombre de fois où vous la posez à cette personne, elle ne se souviendra pas de ce que vous avez dit ou de la façon de répondre à vos questions. Même si vous parlez de quelque chose de simple comme "Quand Ike est-il devenu président ?" et que vous lui demandez plusieurs fois des précisions, il se peut qu'elle n'ait aucune idée de ce qui s'est passé.

2) Restez sur un seul sujet : Lors d'une conversation, asseyez-vous, détendez-vous et écoutez les réponses de votre interlocuteur. Réagit-il à vos commentaires avec enthousiasme ? Si oui, vous êtes dans une bonne position. N'insistez pas si son langage corporel est inamical, défensif ou inintéressé. Plus vous essayez d'attirer son

attention et de faire valoir votre point de vue, moins il sera réceptif à ce que vous dites.

3) Faites-leur savoir ce que vous attendez d'eux : "Je veux vous parler de quelque chose qui peut faire une grande différence dans nos vies". Cela montre à votre interlocuteur que vous avez au moins un sujet en tête et que vous lui demandez son avis. Cela lui permet également de savoir qu'il est essentiel pour vous.

4) Écoutez l'autre personne : Les personnes qui accordent de l'importance à la conversation trouveront le moyen de mettre à l'aise leurs interlocuteurs. Prêtez attention à leurs paroles si vous êtes intéressé par ce qu'ils disent. Si vous ne vous souciez que de faire passer vos idées, il vous sera difficile de savoir ce qu'ils veulent ou comment leurs pensées peuvent influencer les vôtres. Cela peut ruiner une bonne relation car les amis et la famille n'aiment pas sentir que leur espace est envahi par quelqu'un d'autre et font pression pour que vous partiez.

5) Sachez dire "non" (sans paraître impoli) : Apprenez à dire "non" dès que vous vous rendez compte que le sujet n'est peut-être pas passionnant ou pertinent pour les circonstances et les personnes qui vous entourent. Le but de dire "non" est de leur faire savoir que ce n'est pas le bon moment pour ce sujet et de les aider à passer à autre chose qui pourrait mieux fonctionner.

6) Préparez ce que vous voulez dire : Que pouvez-vous dire qui soit significatif et engageant ? Il se peut même que vous n'arriviez pas à dire ce que vous vouliez dire au départ. Il est préférable d'avoir quelques lignes ou idées préparées avant de commencer à parler. Si vous n'avez rien préparé, vous pouvez facilement tomber dans les méandres d'une conversation qui dure plus longtemps qu'elle ne devrait.

7) Sachez quand faire une pause et laisser l'autre personne parler : Vous pouvez avoir envie de répondre à ce que l'autre personne dit, mais vous êtes obligé d'écouter d'abord. Cela signifie parfois que vous avez besoin d'un peu de temps pour former vos pensées et vos commentaires. Ne soyez pas pressé quand il s'agit de commencer vos réflexions. Accordez-vous tout le temps nécessaire, surtout si votre interlocuteur parle vite ou s'il vous semble qu'il se précipite dans ses propos.

8) Évitez d'interrompre : La règle simple est la suivante : si les commentaires d'une personne vous déroutent ou vous semblent déplacés, laissez-lui la possibilité de présenter ses idées avant d'intervenir avec vos questions ou vos commentaires. Les gens apprécient que quelqu'un prenne le temps de réfléchir à ce qu'il veut dire, fasse preuve de patience et essaie de ne pas l'interrompre lorsqu'il dit quelque chose d'important.

9) Faites attention à la façon dont vous dites quelque chose : Le message que vous envoyez comporte deux parties. La première partie est ce que vous dites, et la seconde est la façon dont vous le dites. Cela peut signifier votre langage corporel et le ton de votre voix. Vous devez vous assurer que ce que vous dites correspond au ton de votre voix ou à votre langage corporel. Si quelqu'un semble contrarié, assurez-vous que votre message correspond au style de sa voix ou à son langage corporel. Si une personne semble heureuse, assurez-vous que votre message correspond à ses expressions faciales et à son humeur générale.

10) Maintenez le contact visuel : Souvent, les gens ne nous parleront pas si nous ne maintenons pas un contact visuel. Ils peuvent même nous dire de détourner le regard s'ils sont mal à l'aise en regardant quelqu'un. Lorsque vous essayez de transmettre quelque chose à une autre

personne, il est inutile d'éviter son regard et de fixer le sol ou le milieu de son visage. Restez concentré sur ses yeux et maintenez un niveau de contact visuel approprié.

11) Soyez sincère : Vous ne pouvez pas être malhonnête et espérer un bon résultat de votre conversation. Si vous mentez, cela se ressentira probablement dans le ton de votre voix ou dans votre langage corporel, et la personne se sentira plus mal à l'aise avec vous que si vous aviez été honnête dès le départ. Une communication honnête et ouverte est le meilleur moyen d'entretenir une bonne relation avec les autres.

12) Évitez de porter des jugements : personne ne veut être jugé sur ses opinions, ses pensées et ses sentiments. Si vous pensez que quelqu'un a tort ou que son point de vue est trop romantique, il est préférable de réfléchir à la façon dont vous voulez répondre. La meilleure façon de répondre pourrait être de dire simplement : "Je comprends où tu veux en venir, mais je veux que tu saches que je ne suis pas d'accord." Vous pouvez également dire : "Je ne suis pas d'accord avec cette idée pour cette raison". "Essayez de ne pas juger ce qu'ils disent ou de ne pas paraphraser ce qu'ils croient d'une manière qui les choque. Si vous n'y arrivez pas, il vaudra mieux garder vos pensées pour vous et ne pas vous lancer dans une longue explication des raisons pour lesquelles ils ont tort.

13) Utilisez le nom de la personne : cela montre que vous vous intéressez à sa personne. Vous pouvez également utiliser son nom dans vos commentaires ou vos réponses pour lui faire savoir que vous êtes attentif à ce qu'elle dit. Vous n'êtes pas obligé de prononcer son nom dans une phrase sur deux, mais veillez à introduire des références qui respectent l'identité de l'autre personne.

14) Évitez le multitâche lorsque vous êtes en conversation :

Soyez présent et concentré sur l'autre personne. Vous avez peut-être des choses à faire dans votre vie, mais vous devez les mettre de côté pour le moment afin d'avoir une relation intime et significative avec votre interlocuteur. Si vous choisissez d'agir comme s'il y avait quelque chose de plus important que de parler à quelqu'un, ne soyez pas surpris s'il semble contrarié ou offensé par ce que vous dites. Ils ne laissent pas passer ces choses parce qu'ils veulent une bonne relation avec quelqu'un qui se soucie d'eux.

Faire passer son message de manière efficace peut être difficile à chaque fois que vous essayez. Dans certains cas, vous devrez répéter la même chose à plusieurs reprises pour faire passer votre message. Si vous pouvez apprendre à le faire efficacement, les gens pourraient commencer à remarquer qui vous êtes et ce que vous avez à dire. Vous pourriez devenir un individu convaincant grâce à votre façon de communiquer avec les autres.

Lorsque vous parlez, essayez de trouver des moyens de rendre votre communication plus personnelle et plus significative en étant sincère et en faisant preuve d'intégrité à chaque occasion. Vous voulez que tout le monde sache que vous vous souciez d'eux en tant que personne et pas seulement comme un objet utilisé pour votre gain ou votre plaisir, à moins que cela ne fasse partie d'une relation consensuelle.

En vieillissant et en côtoyant de plus en plus de personnes, vous apprendrez peut-être qu'une communication efficace vous permettra de vivre une vie épanouie et d'entretenir de bonnes relations avec les autres. Il n'est pas nécessaire d'être un orateur éloquent pour être capable de dire efficacement ce qui doit être dit.

Cela prendra du temps, mais si vous êtes persévérant et patient, vous pouvez apprendre à devenir un communicateur efficace. Vous serez surpris par la quantité de réactions positives que suscite une communication efficace. Lorsque d'autres personnes verront cela, elles voudront s'impliquer dans la communication parce qu'elles verront à quel point elle est fructueuse pour vos relations sociales.

En matière de communication, vous devez être ouvert aux réactions, aux critiques et à la possibilité de vous tromper. Vous aurez parfois tort, mais cela ne signifie pas que vos autres perspectives ne sont pas valables. Il est préférable d'envisager d'autres options avant de décider de ce qui est le plus sensé ou le plus plausible.

Si vous êtes ouvert à une bonne conversation et prêt à respecter le point de vue de votre interlocuteur, il est probable qu'il vous écoutera et croira ce que vous avez à dire. Elle ne sera peut-être pas toujours d'accord avec votre point de vue, mais elle vous écoutera au moins attentivement pour ne rien manquer de ce que vous pourriez dire d'important. Plus vous apprendrez à être un bon communicateur, plus les gens diront des choses positives sur vous. Une communication efficace vous permet de sortir du lot et d'attirer les gens en démontrant votre engagement à être un communicateur efficace.

En tant que communicateur efficace, vous êtes une personne sur laquelle les autres peuvent compter car ils savent que vous êtes digne de confiance et fiable. Vous pouvez aider les autres lorsqu'ils en ont le plus besoin, car ils peuvent être assurés que vous les écouterez attentivement et que vous leur fournirez ce dont ils ont besoin. Ils savent que vos conseils valent la peine d'être pris en considération, même s'ils ne sont pas toujours suivis. L'autre personne aura probablement le sentiment que ce que vous dites est suffisamment important pour être compris et écouté.

Lorsque vous devenez un communicateur plus efficace, de nouvelles relations peuvent s'épanouir et se développer dans votre vie. Vos amis, votre famille et vos connaissances remarqueront votre évolution dans ce domaine et verront en vous une personne avec laquelle ils peuvent être à l'aise. Vous aurez une façon de communiquer qui encouragera les autres à être ouverts avec vous, ce qui signifie que vous aurez plus de chances d'être motivé et inspiré au quotidien.

En découvrant l'importance d'une communication efficace dans une relation, vous aurez peut-être envie de faire les choses différemment. Vous ferez passer votre message efficacement afin que l'autre personne sache que vous êtes sincère et que vous avez son intérêt en tête. Vous voudrez savoir comment elle se porte au quotidien et vous ferez en sorte qu'elle sache que vous vous souciez d'elle comme d'un simple ami ou d'une connaissance.

Lorsque vous apprendrez à être un communicateur efficace, cela vous ouvrira de tout nouveaux horizons. Vous pourrez vous concentrer sur l'établissement de relations significatives et intimes avec les personnes qui vous entourent. Vous saurez également qu'à chaque fois que vous voudrez parler de quelque chose d'important, quelqu'un sera prêt à vous écouter attentivement et à montrer son soutien à ce que vous dites. Grâce à une communication efficace, vous pouvez créer une atmosphère dans laquelle les autres peuvent entendre ce que vous avez à dire et en tenir compte lors de la prise de décisions. Vous constaterez que les autres viendront vous voir lorsqu'ils voudront avoir un point de vue réfléchi sur une situation, alors assurez-vous d'être toujours prêt à donner votre avis. Si tout le reste échoue, répétez la même chose différemment jusqu'à ce qu'ils comprennent ce que vous essayez de dire.

Chapitre 12 : L'art De Communiquer Vos Pensées Et Vos Sentiments Sur Différents Supports

Vous êtes-vous déjà retrouvé dans une situation où l'on vous a dit de faire quelque chose, mais où vous ne savez pas comment faire et où il vous est extrêmement difficile de communiquer ce fait ? La personne à qui vous parlez ne se facilite pas la tâche non plus. Il se peut qu'elle ait le sentiment de ne pas être entendue ou qu'elle soit dans une situation où elle ne veut pas être blessée.

Il n'est pas surprenant que les compétences en matière de communication fassent partie intégrante de la vie professionnelle : nos emplois dépendent de notre capacité à exprimer nos idées de manière claire et concise. Pourtant, il est étonnant de constater combien d'entre nous ne savent pas comment s'y prendre. Comprendre le ton de la voix et le langage corporel d'une autre personne est essentiel pour transmettre votre message. Lors d'une conversation, notre ton, notre choix de mots et notre langage corporel peuvent indiquer à l'autre personne si nous sommes amicaux ou hostiles à son égard.

Communiquer vos pensées et vos sentiments sur différents supports, en particulier au cours d'une conversation, est extrêmement important, mais il y a deux éléments que vous devez maîtriser : Tout d'abord, vous devez lire votre interlocuteur et vous assurer qu'il est dans un excellent état mental et émotionnel pour parler. Pour ce faire, observez son langage corporel et le ton de sa voix. Cela donnera l'impression que vous vous souciez du bien-être de votre interlocuteur.

Le ton de votre voix est essentiel à la cohérence de votre

communication avec ce que vous dites. Si vous parlez d'une voix monotone ou si vous semblez désintéressé, l'autre personne s'ennuiera ou ne vous prendra pas au sérieux.

Deuxièmement, lorsque vous commencez à parler de cette question/ce sujet, pensez à ce que l'autre personne a besoin d'entendre et à la manière dont vous pouvez lui montrer l'exemple. La meilleure façon de le faire est de raconter des histoires. Lorsque nous racontons des histoires, nous utilisons des mots qui suscitent nos émotions et peignent une image dans l'esprit des autres. La plupart d'entre nous n'aiment pas qu'on leur dise qu'ils sont ennuyeux ou que leurs histoires sont ennuyeuses, il est donc essentiel de brosser un tableau et de donner des exemples qui rendront votre histoire intéressante.

Beaucoup de gens ont peur de parler en groupe parce qu'ils pensent qu'ils ne sont pas assez bons ou qu'ils diront la mauvaise chose. Une fois que vous aurez compris vos capacités de communication, vous n'aurez plus à vous inquiéter de cela ! Si vous ne vous sentez pas à l'aise pour parler devant un groupe, essayez de vous exercer devant un miroir ou avec des amis ou des membres de votre famille. Vous pourrez commencer à vous exercer sur d'autres personnes lorsque vous vous y serez habitué et que vous vous sentirez plus sûr de vous. N'oubliez pas que si vous voulez que les gens écoutent votre opinion/proposition, veillez à ce qu'elle soit courte et percutante. Ne tournez pas autour du pot, allez droit au but.

Si vous êtes au milieu d'une conversation et que vous avez l'impression de ne pas être écouté, arrêtez de parler, détournez le regard de votre interlocuteur et réfléchissez à la façon dont vous pouvez être plus direct. Votre message sera ainsi plus compréhensible pour lui.

Cela ne fonctionnera que si vous le faites avec respect. Si vous avez levé les yeux au ciel ou si vous vous êtes moqué de ce qu'ils ont dit, ils le prendront comme un signe que vous ne vous intéressez pas à eux ou qu'ils devraient faire une pause pour ne pas être blessés. N'oubliez pas que vous êtes à l'origine de la conversation et qu'il ne vous appartient pas de corriger constamment les gens. Si vous essayez de convaincre quelqu'un de quelque chose, vous avez la responsabilité de l'amener à adhérer à ce que vous dites.

Une autre façon d'améliorer vos compétences en matière de communication est de voir si l'autre personne s'ennuie. Si c'est le cas, répétez ce qu'il a dit en utilisant des mots différents ou dites-lui ce que vous ressentez. Les gens verront que vous vous intéressez à eux, et ils seront plus enclins à parler à l'avenir.

Les sujets comportant des acronymes seront complexes pour les personnes qui ne connaissent pas le sujet. Il est conseillé de s'appuyer sur vos expériences pour faire ce que vous faites. Si vous essayez de transmettre quelque chose mais que vous utilisez beaucoup d'adjectifs, le message sera perdu, car les mots n'ont pas de relation entre eux.

Vous devez être honnête et authentique lorsque vous communiquez avec les autres - les gens ont un sixième sens pour dire quand quelqu'un fait semblant, ce qui les met souvent mal à l'aise à l'idée de reparler à cette personne. Cela peut causer des problèmes dans votre relation s'ils l'interprètent mal (ils penseront que vous ne les aimez pas ou qu'ils n'ont pas parlé autant).

Une autre façon d'envisager les compétences en communication est que tout le monde fait des erreurs, et que nous apprenons toujours. Il est essentiel d'apprendre de ses erreurs et de trouver de nouvelles façons de communiquer avec les autres qui vous conviennent.

Si vous avez des difficultés à communiquer avec quelqu'un, essayez de ne pas le juger sévèrement. Ne pensez pas du mal d'elle et ne vous mettez pas à sa place si elle utilise des mots inappropriés ou se montre agressive à votre égard. De nombreuses personnes ayant eu une enfance difficile souffrent de dépression et d'une faible estime de soi - ce ne sont là que quelques-uns des nombreux problèmes de santé mentale qui peuvent empêcher une personne de communiquer efficacement.

L'autre personne est peut-être très stressée et a l'impression que vous ne la comprenez pas - cela peut être dû à sa façon de communiquer avec les autres. Si vous ne savez pas comment communiquer avec une personne de votre entourage, prenez le temps de vous informer sur ce qu'elle vit. Cela vous aidera à apprendre comment communiquer efficacement avec cette personne, afin qu'elle se sente mieux pour partager ses pensées et ses sentiments.

Pour communiquer efficacement, nous devons d'abord écouter. En écoutant, nous pouvons accorder à l'autre personne toute notre attention et ne pas laisser nos pensées obscurcir notre jugement ou interrompre ce qu'elle dit. L'autre personne doit savoir que lorsqu'elle vous parle, vous vous intéressez à ce qu'elle a à dire. Pour ce faire, répétez et résumez ce que l'autre personne a dit et voyez si cela a du sens.

Il est également important de faire des compliments ou d'exprimer ce que l'on ressent au cours de la conversation afin que l'autre personne sache que l'on s'intéresse à elle. Si la personne n'est pas écoutée et a l'impression que personne n'est là pour elle, elle ne parlera plus de ses sentiments avec d'autres personnes.

Vous pouvez également regarder le visage d'une autre personne tout en parlant - cela montrera que vous êtes intéressé par ce qu'elle a à dire et démontrera votre langage corporel. Mettez ces techniques en pratique et vous constaterez que vos conversations deviendront beaucoup plus efficaces et que vous serez en mesure de communiquer avec les autres d'une manière qu'ils comprendront.

Les problèmes de communication sont une cause fréquente de disputes et de conflits, mais ils sont aussi une occasion pour nous d'apprendre à mieux communiquer. Lorsque les gens n'aiment pas nos idées, nos nouveaux points de vue ou ce que nous avons à dire, il est essentiel de ne pas montrer son agacement, sa colère ou son irritation. Rappelez-vous que la plupart des gens ne se mettront pas en colère si vous expliquez clairement votre position et leur montrez pourquoi c'est la meilleure solution pour eux.

Nous pouvons montrer à quelqu'un que nous sommes intéressés par ce qu'il dit en répétant ce que nous avons entendu, en paraphrasant et en résumant son point de vue. En observant son visage et son langage corporel lorsqu'il nous parle, nous aurons une meilleure idée de ce qu'il ressent. S'ils froncent les sourcils ou font des gestes, nous devrions entrer en contact avec eux pour voir si quelque chose ne va pas ou leur demander pourquoi ils sont malheureux au lieu de l'ignorer.

Lorsque quelqu'un dit quelque chose de difficile à entendre ou à comprendre, essayez de ne pas réagir comme si c'était une surprise, car il pourrait mal interpréter notre réaction si nous le faisions.

Nous devons également faire preuve de courtoisie lorsque nous interrogeons le point de vue d'une personne, même si nous ne sommes pas d'accord. Cela peut nous aider à voir qu'elle prend sa position au sérieux et que nous pouvons la prendre au sérieux.

Si quelqu'un pousse à l'argumentation, nous ne devons pas nous battre avec lui, mais utiliser nos mots pour exprimer les faits et lui faire connaître nos raisons de ne pas être d'accord avec lui.

Lorsque les gens sont trop pressés de faire connaître leur point de vue, ils n'y ont peut-être pas suffisamment réfléchi. Avant de les persuader du contraire, nous devons comprendre pourquoi le sujet leur tient à cœur.

Si une personne est trop agressive à notre égard lorsque nous ne sommes pas d'accord avec ses idées, nous devons essayer de la traiter de manière rationnelle. En lui montrant que vous n'êtes pas prêt à vous battre avec lui, vous pourrez faire passer votre message sans entrer dans un conflit physique. Il est compréhensible qu'ils se sentent agacés ou hostiles s'ils ont l'impression d'avoir été insultés, mais cela ne signifie pas que vous devez leur répondre ou faire fi de leurs sentiments.

Le but de la communication n'est pas seulement d'exprimer nos idées de manière efficace et de persuader l'autre personne - il s'agit aussi de travailler en équipe. Nous ne sommes peut-être pas d'accord sur tous les sujets, mais nous pouvons être unis dans la conviction que ce que nous avons à dire est le meilleur pour le bien de tous.

L'essentiel de la communication consiste à être transparent, honnête et authentique. Si vous semblez manquer d'assurance au début, ne paniquez pas. Il vaut mieux commencer à communiquer efficacement si ce n'est pas votre fort que de vous retenir et de laisser quelqu'un se demander pourquoi vous ne répondez pas.

Avant de communiquer avec quelqu'un d'autre, préparez-vous à montrer à quel point vous vous intéressez à cette personne et à vos idées. Pour être un communicateur plus efficace, vous devrez réfléchir à ce que disent les gens tout en les écoutant. Prêtez attention à l'intonation, au ton et à l'expression du visage, qui vous aideront à comprendre ce que l'autre personne dit.

Si vous écoutez bien, il sera plus facile pour l'autre personne de nous parler et de nous montrer ce qu'elle ressent. Nous devons nous mettre à la place de l'autre personne avec laquelle nous communiquons pour savoir ce qu'elle ressent.

Si nous écoutons attentivement, nous aurons moins de mal à exprimer nos idées ou à ajouter quelque chose de valeur que personne d'autre ne peut dire - car lorsque nous écoutons bien, nous entendons ce qu'ils vivent.

Quelles bonnes raisons avez-vous de NE PAS communiquer avec quelqu'un ?

Parfois, nous pouvons nous sentir réticents à parler aux autres, mais ce n'est pas nécessairement mauvais. Nous ne devrions parler qu'aux personnes qui veulent entendre ce que nous avons à dire, et si nous ne considérons pas cela comme nécessaire, peu importe que quelqu'un d'autre le fasse.

Par exemple, nous pouvons avoir l'impression que les personnes qui nous entourent ne nous écoutent pas assez. Lorsqu'elles parlent, elles ne semblent pas intéressées par ce que nous avons à dire, ou elles peuvent nous interrompre pendant nos conversations. Si c'est le cas, nous devrions garder nos distances avec eux car ils nous distraient de ce sur quoi nous essayons de nous concentrer.

Il existe d'autres raisons pour lesquelles nous ne devrions pas communiquer avec quelqu'un, par exemple si nous n'avons pas d'intérêts communs avec cette personne ou si elle ne correspond pas à la façon dont nous voulons vivre notre vie. Si nous nous sentons nerveux en parlant à quelqu'un parce qu'il est trop agressif, cela ne vaut peut-être pas la peine de lui parler chaque fois qu'il veut nous parler.

Quelle que soit la raison pour laquelle vous ne communiquez pas avec quelqu'un, la plupart du temps, il est préférable de ne pas avoir affaire à lui.
En observant comment les autres communiquent, vous pouvez apprendre à le faire vous-même plus efficacement. Si vous voulez influencer quelqu'un de manière positive, il est essentiel de comprendre comment vous pouvez vous améliorer dans ce domaine.

En observant le comportement d'une personne, vous verrez ce qui semble l'intéresser et ce qui la passionne. Vous pouvez également voir qu'elle traverse une période difficile dans sa vie et lui montrer que vous vous souciez d'elle en lui demandant comment elle va ou en l'aidant d'une manière ou d'une autre.

Nous pouvons prendre des leçons auprès d'autres personnes, à condition de veiller à ne pas les copier ou les imiter, car cela pourrait nous attirer des ennuis. Nous devons prêter attention aux mots et au langage corporel de quelqu'un d'autre afin de pouvoir utiliser les nôtres pour communiquer efficacement avec les autres.

Plusieurs ressources sont disponibles pour nous aider à bien communiquer avec les autres. Une autre façon de comprendre comment bien communiquer est de lire des histoires, des études et des livres sur des écrivains et des orateurs célèbres. En analysant leurs comportements et en disant les choses comme ils l'ont fait, nous pouvons élargir notre vocabulaire et devenir plus expressifs.

Lorsque nous sommes prêts à parler à quelqu'un d'autre, notre langage corporel doit être ouvert afin que la personne ne soit pas distraite de ce que nous essayons de dire. Si nous nous sentons nerveux, nous devons nous tenir droit et sourire afin de ne pas mettre les gens mal à l'aise.

Nous n'avons peut-être pas confiance dans notre façon de parler de nos idées et de nos influences, mais cela ne veut pas dire que nous ne pouvons pas l'améliorer. Il est facile de se laisser distraire par d'autres personnes ou par nos pensées, mais si quelqu'un essaie de nous expliquer quelque chose clairement, nous devons être prêts à l'écouter.

Si vous n'êtes pas à l'aise avec votre façon de parler, vous devriez alors parler à d'autres personnes et essayer d'engager la conversation avec elles. En parlant aux autres, nous pouvons apprendre comment ils expriment leurs idées et comment ils réagissent lorsque nous leur répondons. Nous devons donc passer du temps à parler avec les autres afin qu'ils puissent nous faire un commentaire sur l'efficacité de notre communication. Lorsque nous sommes en conversation avec quelqu'un d'autre, nous devons essayer d'écouter ce qu'il a à dire autant qu'il le fait. Cela peut être difficile, car nous pouvons avoir l'impression qu'ils ne sont pas intéressés par ce que nous avons à dire ou qu'ils parlent par-dessus nous - surtout si c'est le cas. En observant les autres, nous pouvons améliorer nos relations avec les autres.

Si nos compétences en matière de communication ne sont pas claires, nous ne devrions pas prendre la peine d'essayer de parler d'un problème, car cela pourrait laisser les gens perplexes. Nous devrions encourager ces personnes afin qu'elles nous aident à améliorer notre façon de communiquer nos idées et nos influences.

Nous ne pouvons pas changer quelque chose dont nous n'avons pas confiance, mais nous pouvons être ouverts aux commentaires des autres pour être encouragés. La meilleure façon de le faire est de demander ce que les gens pensent de nos idées, mais parfois nous devrions écouter et demander s'ils ont des conseils ou des astuces sur la façon dont nous devrions nous exprimer.

Si les personnes qui nous entourent ne veulent pas parler, il est probablement préférable de ne pas s'en préoccuper. Peu importe ce que ces personnes disent - tout ce qui compte, c'est qu'elles ne nous aideront en rien et nous détourneront de ce sur quoi nous devons nous concentrer.

Voici quelques gestes qui peuvent nous aider à mieux comprendre et à mieux exprimer nos pensées et nos sentiments au cours d'une conversation :

1. Formulez vos idées. Dressez une liste des domaines que vous devez aborder et de la manière dont vous allez vous y prendre. Votre ami ou votre collègue de travail peut ressentir la même chose, mais il ne saura pas toujours comment vous le faire comprendre, c'est pourquoi il vous appartient de lui poser quelques questions.

2. Soyez conscient de la situation. Êtes-vous dans une position où votre ami ou collègue pourrait se sentir mal à l'aise par relation à ce que vous êtes sur le point de dire ? Y a-t-il d'autres personnes autour de vous ? Faites-leur savoir que, quoi qu'il arrive, ils ne doivent pas se sentir jugés et qu'il est parfois plus facile de parler sans que d'autres personnes autour de nous soient au courant de nos problèmes.

3. Ne soyez pas frustré. Si vous trouvez que votre ami ou collègue n'est pas aussi ouvert que vous le souhaiteriez, essayez de ne pas vous énerver. Ce n'est pas une bonne façon d'entamer une conversation.

4. N'ayez pas peur de la confrontation. Si quelqu'un vient et vous rabaisse, défendez-vous et défendez les autres ! Faites entendre votre voix lorsque c'est nécessaire ; c'est mieux que de prétendre que tout va bien alors que ce n'est pas le cas !

5. Assumez une partie de la responsabilité des sentiments de l'autre partie. Si un ami ou un membre de votre famille se plaint de vous auprès de vous, ce n'est pas de sa faute s'il a des problèmes de communication. Essayez de leur faire comprendre que la communication est une compétence essentielle, et essayez de ne pas être trop frustré car ils ont besoin de temps pour réfléchir à la manière dont ils vont gérer les choses.

6. Soyez la personne la plus importante. Si quelqu'un s'énerve et vous insulte soudainement au cours d'une dispute, ne le prenez pas trop à cœur. Il est difficile de recevoir des remarques blessantes de ce genre de la part d'un membre de la famille ou d'un ami dont on est proche. Essayez de lui dire quelque chose de positif ou de poli une fois la dispute terminée.

7. Écoutez attentivement. Si vous êtes en train de converser avec quelqu'un et que vous lui posez une question qu'il vous a demandé d'aborder mais que vous ne comprenez pas complètement, répétez-la-lui afin qu'il sache ce que vous essayez de comprendre.

8. Établissez un contact visuel lorsque vous parlez. Cela nous met en confiance et nous donne le contrôle de la conversation, ce qui, en général, nous fait déborder nos pensées avant que nous ayons le temps de les traiter correctement.

9. Soyez précis. Ne faites pas de généralisations - si quelque chose dérange votre ami ou un membre de votre famille, dites-lui précisément ce qui vous dérange afin qu'il puisse être dirigé vers le bon endroit pour trouver la source de son désaccord ou de son mécontentement.

10. Écoutez attentivement. Si quelqu'un a une conversation avec vous et que vous ne savez pas comment lui répondre, écoutez attentivement pendant quelques secondes avant de lui répondre. Nous pensons qu'il est préférable de ne pas interrompre une personne qui nous parle, surtout si ce qu'elle dit ne nous aide pas beaucoup.

Transmettre ses pensées et ses sentiments sur différents supports est essentiel dans notre vie quotidienne, car nous cherchons à réussir dans tout ce que nous faisons. Cela nous permet de donner la bonne impression et d'exprimer efficacement nos émotions, nos opinions et nos idées, de rester en contact avec les autres et de les tenir informés de ce qui se passe dans notre vie. L'art de la parole en public nous aide à exprimer nos opinions devant d'autres personnes sans se couper la langue. Nous dépendons quotidiennement des compétences en matière de communication, et de nombreux problèmes peuvent survenir si nous ne les utilisons pas correctement. Cela peut affecter notre vie personnelle et professionnelle, et nous nous retrouvons souvent incapables de communiquer efficacement dans certaines situations.

La communication est une compétence essentielle que nous devons tous apprendre, que nous soyons agités ou léthargiques, car elle nous aide à nous sentir à l'aise dans n'importe quelle situation. Il existe de nombreux types de formation aux techniques de communication : vous pouvez savoir comment traduire un rapport écrit en une lettre formelle ; vous pouvez également participer à une formation au langage corporel, qui vous permet d'évaluer la réaction des autres personnes lorsque vous faites des mouvements spécifiques. Toutefois, le moyen le plus efficace d'améliorer vos compétences en communication est l'écrit. Voici quelques exemples de ce que chacun peut faire pour améliorer ses compétences en communication.

Formulez vos pensées. Quel que soit le sujet, vous constaterez que vous ne comprenez pas toujours ce que vous entendez. C'est parce qu'il y a deux côtés à chaque conversation ; nous devons savoir ce qu'ils signifient lorsque nous écoutons quelqu'un nous parler. Dressez une liste des points ou des problèmes que vous rencontrez avec vous-même ou votre vie, puis mettez-les sur papier afin de pouvoir les relire plus tard lorsque vous vous sentez mal à l'aise et que vous avez besoin d'aide. Cela ne sera pas facile au début, mais c'est le meilleur moyen de s'assurer que vous adoptez une approche optimiste de la vie.

Lors d'une conversation, assurez-vous de comprendre ce que votre interlocuteur vous dit avant d'ouvrir la bouche et de répondre. De cette façon, vous ne passerez pas pour un ignorant ou un inintelligent et vous pourrez vous sentir à l'aise pour parler avec ceux qui vous entourent.

Lorsqu'il s'agit de savoir quoi dire, essayez de faire preuve de plus de tact pour communiquer vos sentiments. Si quelqu'un vous a contrarié, ne vous arrêtez pas une seconde avant de le lui dire, car cela lui donnera le temps de préparer un contre-argument. Il est toujours préférable d'essayer de dire quelque chose pour que l'autre partie se sente mieux et d'aller de l'avant.

Lorsque nous apprenons de nouvelles compétences, cela nous aide à devenir encore plus confiants qu'auparavant. Une chose que chacun peut faire pour améliorer ses compétences en communication est de les partager avec d'autres. La prochaine fois que vous conversez avec quelqu'un, demandez-lui d'écrire ce qu'il pense que l'autre partie essaie de faire passer. Ensuite, posez-lui une question pour clarifier ce qu'il veut dire. Cela vous permettra de pratiquer vos compétences devant d'autres personnes et vous aidera à vous sentir plus productif lorsque vous communiquez avec votre entourage.

Chapitre 13 : Comment Faire Un RetourUtile Sans Offenser Les Gens

Lorsque vous donnez un avis à quelqu'un, vous voulez être constructif, mais votre avis peut souvent être perçu comme négatif, voire blessant. Il est facile de supposer que les gens vont réagir négativement, mais il est utile de se rappeler que nous avons tous des perceptions et des réactions différentes.

Voici quelques conseils sur la façon dont vous pouvez obtenir les réactions les plus sensibles de votre interlocuteur dans votre conversation :

1. Soyez précis

Utilisez des exemples précis autant que possible ; cela les aidera à comprendre ce qu'ils font qui cause des problèmes particuliers ou qui fait que certains résultats se produisent. Plus vous serez détaillé et précis, moins vos commentaires risquent d'être mal compris. Par exemple, au lieu de dire "Tu travailles mal", essayez "Tu est en train de te distraire en écoutant ta radio en travaillant". Si vous ne connaissez pas suffisamment de détails sur ce que la personne fait ou comment elle le fait, ne prenez pas la peine de lui faire un retour. Cela n'en vaut pas la peine.

2. Utilisez les messages I

Évitez d'utiliser des messages de type "Tu" lorsque vous donnez un retour. Au lieu de "Tu travailles mal", essayez "Ça me frustre de voir ton travail s'empiler sur ton bureau". Pensez également à la réaction de l'autre personne si elle a reçu le même retour. Si elle s'excuse ou se met sur la défensive, ne le dites pas. Vous voulez dire les choses de manière à ne pas provoquer cette réaction.

3. Faites en sorte que le commentaire soit spécifique et ne porte pas de jugement

Concentrez-vous sur la manière dont une chose a été faite plutôt que sur la raison pour laquelle elle a été faite (sauf si vous savez que la raison est liée à une valeur personnelle). Par exemple, au lieu de dire : "Ton travail est bâclé", essayez : "J'ai eu du mal à comprendre ton rapport. Je pense qu'il peut être rédigé plus clairement". La deuxième déclaration se concentre sur la façon dont le travail a été fait plutôt que sur la raison pour laquelle il a été fait. Moins vous portez de jugement, plus les gens sont susceptibles d'écouter ce que vous dites.

4. Demandez des précisions

Si quelque chose n'est pas clair, demandez plus de détails et d'exemples avant de donner votre avis. Vous montrerez ainsi que vous souhaitez les comprendre (plutôt que de vous défouler sur eux).

5. Indiquez vos observations et vos sentiments sur l'incident en question.

Soyez honnête et discutez de vos pensées sur l'incident si vous donnez un retour. Indiquez ce qui a bien fonctionné et ce qui pourrait être amélioré. Il est utile de comparer cet incident à des situations similaires qui se sont produites dans le passé, mais ce n'est pas toujours possible. S'il vous est difficile de parler ouvertement de ces choses sans porter de jugement, ne vous sentez pas mal de les verbaliser de la manière qui vous semble la plus logique.

6. Essayez de ne pas réagir sous le coup de la colère

Il est très tentant, lorsque quelqu'un fait quelque chose qui nous dérange ou nous frustre, de supposer qu'il l'a fait avec une intention malveillante, à tort. Essayez de rester calme et d'anticiper la situation en vous demandant : "Que pense ou ressent réellement cette personne ?" au lieu d'envisager le pire. Lorsque le comportement ou l'attitude de quelqu'un vous dérange, il peut être facile de penser à la façon dont il se reflète sur vous. Si vous vous trouvez devant votre patron pour vous plaindre que la cuisine a besoin d'être nettoyée, certaines personnes pourraient penser qu'il parle de vos habitudes de travail. Vous pourriez penser qu'il vous attaque si vous commencez à vous mettre en colère.

Lorsque les autres critiquent votre comportement, ils ont souvent besoin de votre cœur et de votre esprit. Ils peuvent avoir du mal à accepter que leur interlocuteur puisse aussi mal faire son travail ou mal prendre les critiques.

7. Ne soyez pas sur la défensive

Lorsque vous êtes sur la défensive, les autres se sentent mal à l'aise. Lorsque vous êtes sur la défensive, vous vous concentrez sur le problème, sans chercher de solutions.

8. Accordez-vous une pause

Lorsque quelqu'un est grossier ou cruel envers vous, faites une pause. Oubliez la situation et ne vous attardez pas sur la façon dont la personne vous a blessé. Si vous vous concentrez uniquement sur ce qui vous a contrarié, vos pensées risquent de continuer à tourner en boucle dans cette direction pour toujours. Ne vous attendez pas à ce que les choses s'améliorent si elles continuent à se produire ; au contraire, cessez d'y penser et avancez dans votre vie pour atteindre votre objectif ou votre but.

9. Ne cherchez pas d'excuses

Lorsque vous critiquez excessivement un comportement ou que vous percevez quelqu'un de façon négative, cette personne peut voir que vous ne vous souciez pas de ses sentiments ou de son bien-être. Il est alors difficile de passer à autre chose et d'être ouvert au point de vue de la personne.

10. Ne croyez pas vos propres "faits" et hypothèses sur quelqu'un.

Lorsque vous pensez en savoir plus qu'une personne sur ce qui se passe dans sa vie, il peut être tentant de sauter aux conclusions et de faire des erreurs sur la façon dont vous pensez que les choses sont pour elle. Il en résultera un écart inutile entre le moment où ce qui se passe et celui où vos suppositions sur la personne s'installent à cause de votre attitude défensive.

11. Éviter les disputes

Lorsque vous êtes sur la défensive et que quelqu'un essaie de vous donner du retour, cela peut rapidement dégénérer en dispute. Lorsque vous vous disputez à propos de quelque chose, vous cherchez à prouver que les autres ont tort. Vous cherchez les défauts au lieu de trouver des solutions.

12. Rappelez-vous qu'un compliment n'est pas une insulte

Lorsque les gens ne se sentent pas appréciés ou considérés comme acquis, ils peuvent ne pas voir le comportement positif comme un compliment, une condescendance ou une critique. Lorsque vous critiquez quelqu'un, vous lui dites que ce qu'il fait est mauvais, nuisible ou inadéquat alors que ce n'est pas le cas. Lorsque vous comprenez comment une autre personne perçoit vos paroles, le fait de la complimenter peut être perçu de manière beaucoup plus positive.

Comment éviter de dire des choses qui donneront aux autres le sentiment d'être jugés ou insultés ?

Lorsque quelqu'un se comporte d'une manière qui nous dérange ou nous contrarie, nous pouvons essayer de le motiver en le prenant de haut et en le faisant se sentir coupable. Nous pouvons lui dire à quel point elle est horrible, la rabaisser ou la faire se sentir coupable de quelque chose qu'elle n'a pas fait.

Si ces types de commentaires sont parfois utiles et motivants, ils peuvent parfois donner aux autres l'impression d'être jugés. De plus, lorsque vous dénigrez quelqu'un de cette manière, vous projetez généralement vos sentiments et vos pensées sur cette personne. Ce n'est pas la même chose que de dire des choses comme "Je me sens très frustré à cause de ce que tu as fait", plutôt que de lui dire exactement ce que vous pensez de l'incident.

Lorsque vous jugez le comportement d'une personne au lieu d'utiliser un langage respectueux ou de vous exprimer avec patience et gentillesse, vous essayez de l'amener à se considérer comme inadéquate ou indigne d'amour ou de respect.

Il n'y a rien de mal à s'exprimer de manière colérique ou contrariée. Parfois, l'agressivité est une réaction naturelle et nécessaire après avoir été blessé par quelqu'un. Mais il existe des moyens plus productifs de faire face à l'adversité et aux situations que vous jugez inacceptables.

Si vous avez du mal à être honnête avec une personne de votre entourage, la première chose à faire est de vous demander quels en seront les avantages. Si vous êtes fermement convaincu que cette personne doit être informée de son comportement, vous serez plus à même de rester sur vos positions alors qu'il serait plus facile d'abandonner l'idée de dire franchement ce que vous ressentez.

Lorsque quelqu'un vous a fait du mal ou vous a contrarié, il n'est pas nécessaire de répondre par l'agressivité ou la colère, car cela ne permet pas aux autres de se sentir suffisamment blessés ou coupables. Il faut avoir de la compassion et dire ces choses calmement et avec gentillesse si l'on veut qu'elles passent.

Vouloir ce que les autres ont
Lorsque vous vous sentez en colère, il se peut que vous vouliez absolument obtenir quelque chose ou les biens et objets de quelqu'un d'autre. Vous pouvez essayer d'intimider ou même de blesser les autres en les faisant se sentir coupables d'avoir obtenu plus que vous.

Assurez-vous de reconnaître quand quelque chose est votre problème, et non celui d'une autre personne.

Lorsque vous êtes envieux de ce que quelqu'un d'autre possède, il peut être facile de penser à la façon dont cela se reflète sur vous. Si quelqu'un a quelque chose que vous désirez, vous pouvez vous sentir honteux, inadéquat ou sans valeur. Vous pouvez penser que tous les problèmes de votre vie sont dus au fait que vous êtes indigne et irresponsable.

Lorsque les choses ne vont pas comme vous le voulez dans la vie, il peut être difficile d'accepter qu'il existe d'autres explications que de se blâmer ou de blâmer les autres. Vous pouvez penser que les choses sont telles qu'elles sont uniquement à cause de qui vous êtes et de ce que vous avez.

Lorsqu'une personne est triste, contrariée ou découragée, il peut être difficile d'accepter que ce qui se passe dans sa vie n'a rien à voir avec elle, mais plutôt avec les difficultés qu'elle rencontre en ce moment.

Si vous traversez une période difficile et que vous ne trouvez aucune raison de vous sentir mal, examinez attentivement votre situation et toutes les façons dont vous contribuez à l'obtention de ce que vous voulez. Ensuite, voyez comment vous pouvez changer la situation pour ne plus vous rendre malheureux.

Lorsqu'une personne ne se sent pas appréciée, seule ou inférieure à elle-même, elle peut s'efforcer de se sentir mieux en dressant une liste de ce qui ne va pas chez elle et de ce qu'elle ne vaut pas. Il se peut qu'il ressasse quotidiennement les mêmes pensées et sentiments jusqu'à ce qu'il finisse par s'effondrer et pleurer. Cela ressemble à une conversation entre eux, et leur estime de soi donne l'impression que toutes les difficultés de leur vie sont dues à ce qu'ils sont.

Lorsque les choses ne vont pas bien, il est utile d'écrire ce que vous ressentez à propos de ce qui se passe. Il est également bénéfique de reconnaître les autres façons dont vous pouvez voir votre vie aller bien. Lorsque vous voyez les bonnes choses de votre vie, vous n'aurez pas l'impression que "tout cela ne concerne que moi, mes défauts et mes problèmes".

La vie est suffisamment compliquée pour ne pas se compliquer la vie en se concentrant sur les défauts potentiels des autres au lieu de s'intéresser à ce qui se passe dans sa propre vie.

Se concentrer sur une mauvaise situation ou circonstance au lieu de la voir sous un angle positif peut être difficile pour ne pas se sentir victime. Il est alors facile pour les gens de faire des blagues sur la gravité de la situation et sur le caractère terrible du monde.

La plupart des gens qui se plaignent de ce qui se passe dans le monde ne veulent pas contribuer à améliorer les choses. La plupart des gens ne veulent pas voir les choses comme injustes, inéquitables ou inutiles. Ils veulent souligner à quel point les choses sont mauvaises pour se sentir mieux dans leur peau et pour que les gens se sentent mal pour eux au lieu de voir à quel point ils sont dépendants et impuissants.

Il n'y a rien de mal à trouver de la joie dans la façon dont une situation se déroule ou dont vous la gérez. Cela ne signifie pas que tout va bien ou que vous ne devez pas vous rendre compte qu'il y a des problèmes dans votre vie. Cela signifie que vous pouvez apprécier ce que vous avez et où vous en êtes au lieu de vous concentrer sur la façon dont votre vie est mauvaise comparée à celle des autres et sur tout ce que vous n'avez pas.

Plutôt que de vous concentrer sur ce qui est insuffisant dans votre vie, pensez plutôt à ce qui est bon pour vous. Pensez à ce que votre vie pourrait être si vous la contrôliez au lieu de vous reprocher ou de reprocher aux autres les choses qui ne vont pas bien.

Lorsque vous communiquez, il est essentiel de le faire calmement et avec gentillesse. Au lieu de vous sentir mieux ou pire à cause de ce que quelqu'un d'autre fait ou a fait, remarquez comment les choses ne vont pas bien pour vous. Concentrez-vous sur ce qui doit changer pour que tout aille bien.

Vous risquez de ressentir de la colère ou du ressentiment si vous vous concentrez sur ce que les gens font de mal. Lorsque vous parvenez à vous détacher des autres et de ce qu'ils font, vou pouvez vous concentrer sur ce à quoi votre vie doit ressembler pour être positive.

Il est essentiel de garder à l'esprit qu'il faut éviter de dire des choses qui feront que les autres se sentiront jugés ou insultés. Si vous pensez que vous risquez de dire quelque chose de blessant ou d'offensant, il vaut mieux ne rien dire. Cela peut être plus facile à dire qu'à faire, mais en fin de compte, il est toujours préférable d'être gentil et ouvert que dur et jugeant.

Si vous craignez que vos paroles repoussent les gens ou les mettent en colère, il est préférable de ne rien dire du tout. Les gens sont souvent plus enclins à pardonner à quelqu'un qui s'est excusé d'avoir dit quelque chose d'irrespectueux qu'à quelqu'un qui ne s'est jamais excusé.

Lorsque les gens se sentent mal à l'aise en votre présence, ils peuvent avoir besoin d'être sur la défensive ou d'ériger des murs, afin de ne plus se sentir menacés par vous. Si vous pensez que les gens ne sont pas ouverts avec vous ou qu'ils sont devenus froids ou hostiles, vous devriez peut-être être un peu plus prudent lorsque vous communiquez avec eux.

Lorsqu'il s'agit de communiquer, vous ne devez pas éviter de dire tout ce qui vous passe par la tête. Parfois, le fait de retenir vos pensées et vos sentiments peut empêcher les autres de se rapprocher de vous. Ignorer ce qui vous préoccupe est parfois la première étape pour se sentir plus centré et plus paisible.

Si quelque chose ne va pas bien pour vous, essayez de penser à d'autres façons dont les choses pourraient aller au lieu de vous concentrer sur la façon dont les choses vont mal pour vous maintenant. Il peut être utile de penser aux aspects positifs de la façon dont vous gérez votre vie en ce moment au lieu de penser à la façon dont elle pourrait aller mieux.

Il peut être difficile de vouloir se sentir différent dans sa vie quand on est submergé par toutes les choses qui vont mal.

Cependant, le fait de vous concentrer sur ce qui pourrait être mieux plutôt que sur ce qui va mal vous aidera à vous détendre et à prendre conscience de ce que vous avez.

Lorsqu'une personne ressent des émotions négatives, il peut être difficile pour elle de voir le bon côté ou le côté positif de ce qui se passe. Vous ne verrez pas les mêmes opportunités que les personnes qui ne sont pas aussi investies émotionnellement, car votre perspective est différente.

Lorsqu'une personne n'est pas en contact avec ses sentiments ou ne les gère pas bien, elle peut utiliser l'humour pour éviter de s'énerver ou de prendre quelque chose personnellement. Vous devrez communiquer vos sentiments sans les prendre trop à cœur ni les dénigrer.

Lorsque la communication est bonne et ouverte, il est plus facile pour tout le monde de comprendre ce qui se passe. Lorsque vous êtes contrarié ou contrarié par la façon dont une autre personne communique avec vous, il peut être facile de passer en mode défense et de lui reprocher de vous faire sentir mal. Cependant, les choses ne sont pas toujours liées aux intentions ou aux désirs de quelqu'un d'autre.

Lorsque d'autres personnes essaient de communiquer avec vous, ne cachez pas vos sentiments, vos pensées ou vos idées afin de vous sentir mieux dans votre peau. En matière de communication il est essentiel d'être honnête et franc afin que les autres sachent où vous voulez en venir.

Pour quelqu'un qui traverse une période difficile dans sa vie ou qui a perdu un être cher, il peut être facile d'avoir l'impression que tout est sans espoir et que les choses ne s'amélioreront jamais. Le fait de penser aux bonnes choses de votre vie et à leur valeur au lieu de vous attarder sur les aspects négatifs de la vie et sur leur futilité vous aidera à vous libérer d'un certain poids. Cela vous aidera également à être plus satisfait et heureux de la vie que vous avez.

Si vous faites en sorte que votre présence soit agréable, les autres s'amuseront davantage et la conversation sera plus facile. Pour certaines personnes, il peut être difficile de penser à être gentil et attentionné. Cependant, lorsqu'il s'agit d'être patient avec les autres, il peut être plus facile de s'assurer que vous ne paraissez pas impoli ou blessant dans votre communication.

Lorsque quelqu'un est en colère contre vous ou ne respecte pas vos sentiments, il peut s'en prendre à vous ou agir comme s'il se fichait de ce que vous avez à dire ou à ressentir. Cependant, si vous interprétez son comportement comme un message de désintérêt, vous ne pourrez pas vous rapprocher d'elle.

Lorsque vous réfléchissez à ce que vous attendez d'une relation ou d'une autre personne et à la manière dont cela peut vous aider à vous sentir plus proche d'elle, il peut être plus facile de rester ouvert et d'avoir une bonne relation. Cela vous aidera également à rester en contact avec vos sentiments et vos émotions afin d'être dans le bon état d'esprit pour communiquer efficacement.

Essayez de ne pas prendre pour vous les frustrations ou les difficultés des autres lorsqu'ils sont frustrés par vous ou par quelqu'un d'autre. Pour certaines personnes, le fait de se mettre en colère ou d'être triste les aide à se sentir mieux et plus paisibles, plutôt que d'aggraver leur situation.

Lorsque vous êtes dans une situation où vous essayez de

communiquer des sentiments optimistes à une personne qui semble hostile ou en colère, il peut être facile de se sentir confus, incertain et frustré. Cependant, si vous vous efforcez de rester calme et patient, vous pourrez surmonter la situation plus rapidement.

Lorsqu'une personne donne l'impression d'être perfectionniste, il peut être difficile pour elle de faire la conversation avec les autres, car elle ne veut pas avoir l'air d'une mauvaise personne. Si les gens ont trop d'attentes envers eux-mêmes et ont l'impression que tout doit toujours être parfait, cela peut rendre les relations plus difficiles pour eux.

Conclusion

La communication peut être l'une des compétences les plus difficiles à acquérir pour tout individu. Dans la société hautement connectée d'aujourd'hui, ceux qui ont une base solide de compétences en communication peuvent être mieux placés pour réussir. Que ce soit par le biais du langage verbal ou non verbal, les compétences en communication sont les éléments constitutifs des interactions sociales et des relations professionnelles. Il est très utile de communiquer efficacement avec les autres et de lire les gens comme un livre. Supposons que vous n'ayez pas confiance en votre capacité à lire les autres ou à nouer des relations significatives dans votre vie professionnelle. Dans ce cas, l'apprentissage de ces compétences est essentiel pour vous développer en tant que leader et réaliser vos aspirations professionnelles au-delà de la simple ascension de l'échelle de l'entreprise. Bien que chacun ait des valeurs et des compétences uniques, les personnes qui réussissent le mieux ont quelques points communs. Si vous cherchez à devenir un professionnel doté de grandes compétences en communication, la première étape consiste à réaliser que chaque personne que vous rencontrez présente une certaine vulnérabilité. En prenant conscience de cette vulnérabilité et en développant de l'empathie pour les autres, vous pourrez mieux communiquer avec eux sur le plan émotionnel. En fin de compte, supposons que vous puissiez établir une relation avec quelqu'un en montrant votre intérêt pour lui en tant que personne. Dans ce cas, vous pouvez communiquer plus efficacement vos idées et obtenir des résultats favorables aux deux parties concernées.

Il est fréquent d'entendre des personnes dire qu'elles sont mauvaises en communication ou qu'elles ne savent pas comment parler aux gens. Souvent, ces personnes ne réalisent pas qu'il n'est pas nécessaire de connaître quelque chose pour le maîtriser. Certains des esprits les plus brillants de l'histoire ont prouvé que c'était vrai. Ces personnes ont fait preuve de compétences pratiques en matière de communication, qui s'apprennent et peuvent être améliorées par la pratique. La communication consiste à engager les autres de manière significative et à comprendre le contexte de ce qui se passe autour de vous. Non Peu importe où vous êtes et ce qui vous attend, vous devez développer des relations positives avec votre entourage, votre équipe et les chefs de service pour réussir votre carrière.

D'excellentes compétences en communication exigent une corrélation entre ce que nous disons et ce que nous voulons dire à travers notre langage corporel. Certains experts en communication utilisent même des gestes lorsqu'ils parlent, essayant de transmettre le sens avec leurs mains autant qu'avec leur voix. Prendre le temps d'observer comment les autres communiquent peut vous aider à développer votre langage corporel et à trouver votre style de langage également. Il est important de noter que la communication n'est pas toujours claire et directe. Elle peut souvent être complexe et difficile, en particulier lorsqu'on a affaire à des personnes de cultures ou de milieux différents. Cependant, établir une relation et trouver un terrain d'entente par le biais de la conversation se fera plus facilement si vous prenez conscience de la façon dont les autres communiquent. Une excellente façon d'entamer une conversation avec quelqu'un est de trouver des points communs entre les deux personnes qui parlent plutôt que de se concentrer sur les différences qui peuvent exister entre elles. En fonction de l'objectif que vous vous êtes fixé pour l'interaction, il existe plusieurs façons d'accomplir cette tâche.

Étant donné qu'une communication efficace implique la prise en compte du contexte de ce qui se passe autour de vous, elle peut être utilisée dans tout environnement où des compétences pratiques de leadership sont requises. Une communication efficace est tellement essentielle pour diriger une équipe qu'elle permet d'améliorer considérablement les performances. En développant de solides compétences en communication et en devenant plus attentif au contexte dans lequel vous vous exprimez, vous pouvez mieux promouvoir la réussite des membres de votre équipe et de leur vie.

Bien que beaucoup pensent qu'il n'y a pas de bonnes ou de mauvaises façons de communiquer, développer votre style unique est toujours une bonne idée. Faites attention à ce que les gens disent de vous et réfléchissez à la façon dont vous voulez que les autres perçoivent votre style de communication. Réfléchissez aux choses qui vous viennent naturellement lorsque vous parlez aux gens. Choisissez ensuite de vous concentrer sur ces éléments. En devenant plus conscient de ces questions, vous pourrez mieux communiquer efficacement et construire des relations durables avec les personnes qui vous entourent.

Nous avons donné un aperçu des différents types de communication et de ses autres composantes. Vous aurez ainsi une compréhension de base du langage utilisé dans le monde professionnel, de sorte que lorsque vous communiquerez avec vos collègues et d'autres personnes dans n'importe quel lieu d'affaires, que ce soit de manière verbale ou non verbale, ils seront en mesure de comprendre ce que vous voulez transmettre.

Nous avons donné un aperçu des différents types de communication et de ses autres composantes. Vous aurez ainsi une compréhension de base du langage utilisé dans le monde professionnel, de sorte que lorsque vous communiquerez avec vos collègues et d'autres personnes dans n'importe quel lieu d'affaires, que ce soit de manière verbale ou non verbale, ils seront en mesure de comprendre ce que vous voulez transmettre.

La communication est essentielle pour tout professionnel ou individu. Elle est indispensable pour jeter des ponts et comprendre les autres. Lorsque nous communiquons avec une autre personne, il existe un contexte pour assurer une communication efficace. Il ne s'agit pas d'une communication à sens unique entre deux personnes. Il s'agit d'une interaction à double sens. L'objectif de la communication est de comprendre l'autre personne. Cela commence par la compréhension de ses propres émotions. Un trait commun des personnes qui réussissent est la capacité d'utiliser leurs émotions comme un atout qui les aide à mieux comprendre pourquoi elles font ce qu'elles font et qui peut avoir un résultat positif ou négatif.

La communication peut être définie plus précisément comme l'expression de soi et de ses pensées par des mots et des gestes afin d'obtenir un commentaire des autres, ce qui nous aide à décider comment avancer dans la vie (personnelle) ou dans notre cadre de travail (professionnelle). Il est essentiel de réaliser que la communication ne se limite pas à la manière dont nous exprimons les mots, mais qu'elle implique également de comprendre le type de communication utilisé par les autres. Cette "communication" se produit lorsque nous observons et comprenons la communication non verbale.

Voici quelques moyens d'améliorer vos compétences en matière de communication :

Assurez-vous de comprendre le message que vous essayez de faire passer avant de parler à quelqu'un. Soyez clair sur ce que vous voulez faire passer à votre interlocuteur. De cette façon,   la nouvelle apparaîtra clairement dans la conversation et aidera l'autre personne à mieux comprendre ce que vous attendez d'elle.

Gardez l'esprit ouvert pendant une conversation avec quelqu'un d'autre, soyez ouvert aux nouvelles idées et opinions, et soyez disponible pour la critique. Ainsi, si le message que vous essayez de faire passer à quelqu'un n'est pas clair, vous serez plus réceptif et engagé dans la conversation. Ne le prenez pas personnellement ; utilisez la critique constructive comme une leçon d'apprentissage.

Pratiquez la communication non verbale chaque fois que possible. Votre communication non verbale est essentielle au message que vous essayez de faire passer lorsque vous parlez avec d'autres personnes. Faites attention à votre langage corporel, à vos gestes, au ton de votre voix et à vos expressions faciales lorsque vous communiquez, afin de faire passer clairement ce que vous voulez faire passer dans la conversation. Établissez un contact visuel lorsque vous avez une conversation avec quelqu'un. C'est un signe clair d'intérêt pour ce que dit l'autre personne et un excellent moyen de se concentrer sur l'échange. Si vous n'êtes pas sûr du message que vous essayez de faire passer à une autre personne, renseignez-vous d'abord sur son point de vue, puis expliquez le vôtre. Cela permet d'utiliser des compétences d'écoute active dans votre communication et de prendre des notes de l'autre. De cette façon, vous pouvez être plus amical et bienveillant envers les autres.

Investissements Immobiliers À Distance en français/ Remote Real Estate Investments in French

Comment Devenir Un Investisseur Immobilier Et S'enrichir A Long Terme

Christopher Rothchester

Introduction

L'investissement immobilier à distance peut être incroyablement gratifiant, mais il comporte aussi des risques inhérents. Pour atténuer ces risques, vous devez être informé avant d'investir. Un investisseur à distance investit dans des biens locatifs par l'intermédiaire d'une société de gestion immobilière ou d'une autre entité professionnelle telle qu'un partenaire général (GP). Un commandité engage des entrepreneurs pour effectuer diverses tâches d'entretien sur les multiples locations qu'il possède et est chargé de trouver de nouveaux locataires lorsque les logements deviennent vacants.

Lorsque vous investissez dans un bien immobilier à proximité de votre domicile, de nombreux coûts inattendus (et maux de tête !) accompagnent l'achat. Par exemple, les locataires peuvent demander un service d'entretien en dehors des heures de bureau, sans que personne ne soit disponible pour répondre à leur demande. Ou encore, l'entrepreneur général peut faire un mauvais travail de réparation et laisser le bien inhabitable jusqu'à ce que les travaux soient terminés. Il est possible d'atténuer ces problèmes en achevant toutes les rénovations avant de louer et en engageant un entrepreneur fiable pour gérer vos biens. Toutefois, cette approche nécessite beaucoup de temps et de moyens financiers. Envisagez l'investissement immobilier à distance si vous souhaitez un investissement susceptible de générer un flux de trésorerie supplémentaire, mais qui ne nécessite pas une implication directe trop importante.

Possibilité d'un flux de trésorerie plus élevé. Un investisseur à distance peut trouver des biens plus importants qu'un investisseur local, car les investisseurs locaux sont moins nombreux à se disputer les mêmes biens. Cela dit, lorsque vous visiterez votre bien locatif, vous devrez vérifier l'état des logements et parler aux locataires de la façon dont ils sont traités. Toute expérience négative pourrait entraîner des amendes de la part de la ville et une diminution du nombre de locataires dans les années à venir.

Un investisseur à longue distance sera probablement en mesure d'obtenir un rendement locatif plus élevé qu'un investisseur local, car les loyers ont tendance à être moins chers lorsque les villes sont plus éloignées des zones à forte demande (par exemple, les villes qui sont populaires auprès des touristes ou qui sont connues pour avoir une grande communauté de personnes fortunées).

La principale difficulté à laquelle sont confrontés les investisseurs à distance est de trouver des entrepreneurs fiables capables d'effectuer des réparations et des rénovations dans les délais impartis. Si vous n'avez pas accès à un entrepreneur capable d'effectuer des tâches essentielles dans les mêmes délais que dans votre ville, vous devriez peut-être reconsidérer votre investissement.

Souvent, ces entrepreneurs doivent bénéficier de la confiance du propriétaire et avoir accès à ses fonds, qui ne sont pas assurés. En cas d'accident, ces fonds seraient en danger. Cela pourrait entraîner des coûts et des retards supplémentaires si vous tentez d'effectuer des réparations sur un bien dont vous n'êtes pas propriétaire ou si vous n'avez pas accès à des fonds pour cette raison.

Par ailleurs, les coûts d'entretien sont souvent plus élevés pour les biens situés sur de longues distances que pour des biens similaires situés dans votre ville. Cela s'explique par le fait que les entrepreneurs qui effectuent ces services dans votre ville ont peut-être déjà accès aux matériaux et outils locaux (et connaissent peut-être mieux votre région). Bien que cela puisse rester vrai dans un marché à longue distance, il peut être judicieux de poser des questions sur le coût de ces services si vous les exécutiez vous-même.

Des contrats différents pour chaque bien. Il est essentiel de savoir que si vous louez des biens immobiliers par l'intermédiaire d'une société de gestion immobilière (telle qu'une société de gestion ou une SARL), les conditions de votre bail peuvent différer d'un bien immobilier à l'autre. Cela signifie que vous pouvez être amené à signer des contrats uniques en fonction du type de locataire que vous essayez d'attirer et du nombre de logements que vous possédez à un moment donné. Ces contrats sont souvent assortis de restrictions et d'exigences concernant le comportement et les responsabilités des locataires, ce qui facilite ou rend beaucoup plus difficile la génération de revenus à partir de propriétés spécifiques.

Des biens locatifs similaires dans des zones différentes. Vous devez être attentif aux biens concurrents de votre région qui ont été récemment loués. De la même manière, vous pouvez également être attentif aux biens qui ont été récemment rénovés ou vendus dans votre région. Cela peut vous aider à déterminer la tendance générale des prix de location avant de vous engager dans de nouveaux investissements.

La combinaison de différents types de biens immobiliers permet de diversifier votre portefeuille d'investissement. Si une catégorie particulière de biens immobiliers connaît une baisse, vous pouvez peut-être investir dans un autre bien qui se porte bien.

Supposons que l'on recherche une stratégie d'investissement permettant de réduire les coûts d'investissement initiaux et les rendements. Dans ce cas, certains investisseurs à distance suggèrent de se lancer à fond dans l'achat d'un maximum de biens immobiliers dans plusieurs endroits différents. Il peut être plus facile de trouver des hypothèques et des prêts lorsque l'on achète plusieurs unités et que l'on engage de bons entrepreneurs. Les sociétés de gestion immobilière peuvent être plus accessibles lorsqu'elles travaillent avec des portefeuilles plus importants.

L'un des risques les plus courants auxquels sont confrontés les investisseurs à distance est que la valeur de leurs biens immobiliers n'augmente pas aussi rapidement que sur leur marché local. Par exemple, si vous pouvez acheter des biens locatifs situés dans des zones très demandées et vendus à un prix élevé, votre investissement initial peut être plus élevé que si vous aviez acheté dans votre ville. Cela peut signifier qu'il y a plus de risques que les locataires ne soient pas en mesure de payer leur loyer à temps, que vous puissiez posséder des biens immobiliers avec un montant d'actifs insuffisant pour couvrir toutes vos dettes, et que vous puissiez faire face à des restrictions sur la façon dont vous dépensez l'argent sur le bien immobilier (par exemple, pas d'achats en espèces).

Plusieurs éléments essentiels doivent être pris en compte lorsque vous envisagez d'acheter un bien d'investissement à longue distance. Il peut s'agir de votre marché locatif, de la population des environs, d'informations de base concernant votre marché immobilier local et à distance (telles que la pénurie de logements ou la croissance de l'emploi), du type de bien que vous souhaitez acheter (par exemple, une maison individuelle ou un immeuble d'habitation) et de l'endroit où vous souhaitez acheter ce bien (par exemple, vous pouvez acheter à un vendeur privé, à un promoteur ayant des projets de nouvelle construction ou à une société immobilière bien établie). En fonction de votre situation particulière et de vos objectifs, il peut être judicieux d'acheter localement plutôt qu'à distance.

Le principal avantage d'un investissement à distance est qu'il permet d'acheter des biens immobiliers avec moins de liquidités et d'obtenir des rendements plus élevés si les biens se portent bien. Comme vous pouvez le constater, chaque bien immobilier présente, outre ses avantages, un ensemble de défis qui lui sont propres. Mais tant que vous vous sentez à l'aise avec ces défis et que vous pouvez les surmonter, vous pouvez vous assurer un avenir de revenus passifs en tant que propriétaire.

Chapitre 1: Investir À Distance Est-Il Risqué ?

L'investissement à distance est un investissement qui consiste à investir dans des biens immobiliers résidentiels. En raison de la nature à long terme de cet investissement, il est considéré comme très risqué et très peu de personnes sont prêtes à s'engager dans une telle opération.

Toutefois, il est essentiel de prendre en compte les risques avant de décider de s'engager dans l'investissement immobilier à distance. Les risques les plus courants auxquels les particuliers sont confrontés lorsqu'ils investissent dans l'immobilier à distance sont les suivants :

a) L'investissement est soumis aux fluctuations du marché - comme tout autre type d'actif, votre bien immobilier peut prendre ou perdre de la valeur. Les personnes qui investissent localement n'ont pas à s'en préoccuper, car elles peuvent surveiller de près leur bien et l'ajuster si nécessaire. En revanche, ceux qui soutiennent à distance n'ont peut-être pas cette chance. Bien que les services vous permettent de garder un œil sur plusieurs propriétés à distance, il n'y a aucun moyen pour vous de réagir immédiatement si quelque chose se passe dans l'une de vos propriétés.

b) Coûts d'entretien élevés - les coûts d'entretien et de gestion de votre propriété seront beaucoup plus élevés que si vous en étiez propriétaire localement. Pensez au temps, à l'argent et aux efforts nécessaires à l'entretien d'une maison dans votre région par rapport à une maison située à l'autre bout du pays. Les frais d'entretien que vous devez payer sont les suivants :

Des visites régulières pour vérifier l'état du bien : Vous pouvez peut-être sélectionner les locataires à distance, mais il n'y a aucun moyen pour vous de voir personnellement l'état de votre bien ou de vous assurer qu'il est bien entretenu. Vous devez donc faire appel à un professionnel pour qu'il vérifie régulièrement l'état de votre bien afin que vous puissiez faire les ajustements nécessaires.

Entretien régulier : Même si votre agent immobilier fournit un service d'entretien, vous devrez payer un supplément mensuel pour vous assurer que votre bien est correctement entretenu. Vous pouvez peut-être sélectionner les locataires à distance, mais il n'y a aucun moyen pour vous de voir personnellement l'état de votre bien ou de vous assurer qu'il est bien entretenu. Vous devez donc faire appel à un professionnel qui vérifiera régulièrement l'état de votre bien afin que vous puissiez y apporter les modifications nécessaires. Vous pouvez rechercher une entreprise qui propose des services de lutte contre les parasites et qui jouit d'une bonne réputation au sein de votre communauté. Il peut s'agir d'insecticides et d'autres méthodes très efficaces pour éliminer les insectes et autres nuisibles à l'intérieur d'une maison ou d'un immeuble d'habitation.

Même si votre agent immobilier fournit un service d'entretien, vous devrez quand même payer un supplément mensuel pour vous assurer que votre propriété est correctement entretenue. Vous pouvez rechercher une entreprise qui propose des services de lutte contre les parasites et qui jouit d'une bonne réputation au sein de votre communauté. Il peut s'agir d'insecticides et d'autres méthodes très efficaces pour éliminer les insectes et autres nuisibles à l'intérieur d'une maison ou d'un immeuble d'habitation. Engager des entrepreneurs : Selon le type de bien dans lequel vous avez investi, il peut arriver que certaines réparations doivent être effectuées par des entrepreneurs.

Toutefois, si vous choisissez cette solution, vous devrez payer leurs services.

Un service de nettoyage professionnel : Vous ne trouverez pas de service de nettoyage régulier dans toutes les villes et peut-être même pas dans votre région. Selon le bien dans lequel vous avez investi, il peut arriver que certaines réparations doivent être effectuées par des entrepreneurs. Toutefois, si vous choisissez cette solution, vous devrez payer leurs services. C'est pourquoi il est souvent avantageux de choisir un bien qui a fait l'objet de nombreuses rénovations et améliorations, car il est prêt à accueillir la plupart des locataires. Toutefois, cela ne signifie pas qu'il n'y a pas d'entretien ou que votre investissement sera propre et beau à l'arrivée au lieu d'être un désastre complet.

c) Vous devez tenir compte des risques spécifiques à votre bien immobilier - quelle que soit votre situation géographique, il est essentiel d'être conscient des risques que vous prenez avec votre bien immobilier. Vous devez éviter d'investir dans un bien qui n'est pas habité par un grand nombre de personnes. C'est particulièrement important si vous prévoyez d'acheter et de vendre des biens rapidement, car vous ne voulez pas vous retrouver avec un bien dont personne ne veut ou dont personne n'a besoin.

d) Il y a des implications juridiques - lorsqu'on investit dans l'immobilier à longue distance, il est essentiel de comprendre les lois locales et de s'assurer qu'elles autorisent ce type d'investissement avant d'acheter une propriété. Par exemple, il existe des règles concernant la distance maximale à laquelle vous pouvez vivre de votre propriété. Si ces lois diffèrent selon que vous achetez ou vendez un bien immobilier, il se peut qu'elles ne soient pas applicables dans votre cas.

Pourquoi certaines personnes n'investissent-elles pas sur de longues distances ?

Investir sur de longues distances est une compétence qui nécessite un travail acharné, une compréhension du marché et du temps. Certaines personnes ne soutiennent pas les investissements à long terme parce qu'elles n'ont pas l'expertise et l'expérience nécessaires. D'autres craignent de placer leur argent dans quelque chose qu'ils ne peuvent ni voir ni toucher.

Pour investir sur de longues distances, il faut beaucoup de préparation et de recherches sur le bien, notamment sur son emplacement, son type, sa fourchette de prix et son taux d'inoccupation. Il serait utile que les écoles soient situées dans une zone où le taux de criminalité est faible, afin que vos enfants soient en sécurité lorsqu'ils partent à l'école. Vous devez être en mesure de payer les taxes et les charges. Il serait préférable que vous disposiez d'un avocat fiable connaissant bien la législation de cet État. Enfin, vous devez être en contact avec une équipe de personnes investies à longue distance afin qu'elles puissent vous aider à résoudre les problèmes lorsque vous arriverez sur place et s'occuper de ceux qui surviendront pendant votre séjour.

Plusieurs raisons peuvent empêcher certaines personnes d'investir sur de longues distances :

a) Manque d'expertise et de connaissance du marché

La connaissance du marché est essentielle pour comprendre comment et pourquoi le marché fluctue. Cela vous permettra d'investir à long terme en toute confiance. Vous saurez quoi faire en cas de récession au lieu de vous laisser emporter par l'émotion et de vendre à perte.

Vous devrez vous renseigner sur le marché si vous ne disposez pas de l'expertise nécessaire. Vous pouvez rejoindre des forums tels que Bigger Pockets et assister à des séminaires sur l'investissement immobilier pour apprendre de ceux qui ont réussi à soutenir de longues distances ou qui viennent de commencer.

b) Manque de capitaux

L'investissement à distance est coûteux par rapport à une activité immobilière locale. Pour réussir dans cette stratégie, vous devez avoir suffisamment d'argent épargné et prêt à être investi. Après avoir acheté un bien immobilier à distance, vous ne pouvez pas vous contenter d'attendre que l'argent rentre. Vous devrez avoir un plan solide qui couvre les dépenses de votre propriété.

c) Manque de temps

De nombreuses tâches doivent être accomplies avant d'investir dans un bien immobilier à distance. Bien que ces tâches puissent être déléguées à d'autres, il y a toujours un risque que certaines choses ne soient pas faites correctement ou à temps. Si vous êtes occupé par votre travail et votre famille, ce n'est peut-être pas la meilleure option, car l'investissement à longue distance demande plus de temps que l'investissement immobilier local. L'investissement immobilier à distance est possible avec les bonnes ressources et les bons outils.

d) Crainte de prendre trop de risques financiers.

Le risque financier doit être étroitement surveillé. Certaines personnes ne veulent pas prendre de risque financier du tout. Si c'est votre cas, vous devez trouver un moyen de surmonter cette peur ou utiliser cette stratégie à petites doses jusqu'à ce que vous vous sentiez plus à l'aise. Le mieux serait d'avoir un bon plan qui couvre tous les coûts de la propriété et qui soit exécuté dès l'achat.

e) Manque d'éducation

Il existe de nombreuses informations en ligne sur la manière d'investir correctement sur de longues distances, et il est de plus en plus facile de se former à l'investissement immobilier. De nombreux investisseurs sont très doués pour l'investissement local parce qu'ils ont fait des recherches sur les longues distances avant de s'engager sur ce marché.

f) Peur de l'inconnu

Certaines personnes craignent les longues distances parce qu'elles pensent que c'est trop compliqué et que cela n'en vaut pas la peine. La peur est un obstacle important qu'il faut surmonter pour investir sur de longues distances.

Quelles sont les complications auxquelles un propriétaire est confronté s'il investit à longue distance ?

Supposons que vous soyez un propriétaire qui investit sur de longues distances. Dans ce cas, vous êtes confronté à de nombreuses complications supplémentaires qu'un investisseur local ne connaît pas - par exemple, il est beaucoup plus difficile de maintenir des locataires de qualité. Toutefois, il existe des moyens pour les propriétaires de maintenir leurs biens en parfait état et d'attirer de bons locataires à distance.

Une complication potentielle d'un investissement à longue distance est que la valeur d'un bien immobilier fluctue dans le temps, ce qui peut rendre difficile pour un propriétaire de vendre et de convertir ses investissements en actifs liquides.

Par ailleurs, les propriétaires peuvent avoir des difficultés à trouver des locataires lorsqu'ils ne peuvent pas montrer physiquement leurs biens à des locataires potentiels. Ils doivent donc trouver d'autres moyens d'attirer les personnes intéressées, notamment en publiant des annonces multimédias sur Facebook, en utilisant des stratégies de marketing des réseaux sociaux telles que le marketing de contenu et en créant des profils attrayants sur des sites web tels qu'Airbnb.

Les propriétaires peuvent rencontrer d'autres complications, telles que

a) Inspections

Les inspections effectuées par les autorités nationales et locales peuvent s'avérer dissuasives pour l'investissement. De nombreux propriétaires ont constaté que les inspecteurs locaux et d'État n'ont tendance à contrôler les bâtiments qu'après que les gens se soient plaints du bruit ou d'autres nuisances. À moins de savoir qu'une installation est conforme, il peut être difficile de trouver des locataires prêts à accepter ces risques.

b) Embauche d'un gestionnaire de biens immobiliers pour les immeubles à logements multiples

Engager un administrateur de biens pour vos propriétés peut augmenter la valeur de votre investissement et réduire le travail puisque vous n'aurez plus à faire toutes les réparations vous-même. Toutefois, en fonction du nombre de logements que vous possédez, il se peut qu'un administrateur de biens ne puisse pas s'occuper de tous les logements. Cela signifie que vous devrez vous occuper vous-même de tous les problèmes ou engager un administrateur de biens supplémentaire pour vos biens situés à l'étranger.

c) Considérations financières

Si vous envisagez de financer votre investissement, par exemple au moyen d'un prêt hypothécaire, cela posera des problèmes si vous vivez dans un autre État ou un autre pays. Les banques sont plus enclines à accorder un prêt hypothécaire si vous disposez d'actifs suffisants dans votre monnaie locale.

d) Mise en location de votre bien

Si vous envisagez de louer le bien, le propriétaire doit être suffisamment flexible pour respecter l'emploi du temps du locataire. Pour ce faire, il devra tenir compte des vacances et d'autres événements susceptibles d'interrompre les déplacements. Certains éléments peuvent s'avérer difficiles pour les locataires éloignés, comme la présence d'un réfrigérateur ou d'une cuisinière pour cuisiner et un approvisionnement suffisant en produits d'entretien et en sacs poubelles.

e) Entretien des bâtiments

Pour éviter des problèmes tels qu'une toiture qui fuit ou d'autres problèmes liés au bâtiment, les propriétaires doivent être prêts à engager un gestionnaire immobilier et à effectuer des visites régulières du bien. S'occuper de ces problèmes demande du temps et de l'énergie, c'est pourquoi il est essentiel de trouver un entrepreneur fiable.

f) Gestion de l'argent

En tant que propriétaire à distance, vous n'avez pas les mêmes contraintes de temps qu'un investisseur local. Si vous investissez en dehors de vos horaires de travail habituels, il peut être difficile de respecter votre budget. La constitution de nouveaux dossiers peut prendre beaucoup plus de temps qu'une rencontre en personne avec des membres de la famille ou des investisseurs.

Certains moyens permettent de minimiser ces complications et de maintenir votre investissement en bon état. Le choix d'immeubles à logements multiples peut vous aider à gérer votre temps et à réduire les problèmes que peut poser une famille seule.

Il peut être prudent de faire appel à une société d'entretien immobilier, car elle offre de nombreux avantages. Un bon entrepreneur devrait être en mesure d'assurer les réparations et l'entretien, d'aider les locataires en cas de problème et de s'assurer que l'appartement est propre lorsque de nouveaux locataires emménagent. Cela permettra non seulement d'augmenter la valeur de votre investissement, mais aussi de réduire les coûts.

Quels sont les risques encourus ?

Les risques associés à l'investissement immobilier à distance sont limités, car l'investisseur n'a pas de présence physique dans le bien, comme c'est le cas pour un investissement immobilier local.

Ces risques sont les suivants :

a) Risque de fraude.

En tant qu'investissement, l'investissement à distance comporte un degré élevé de risque. Les fraudes sont commises par de nombreux types de personnes, y compris les agents immobiliers et les vendeurs, ainsi que d'autres personnes. Dans l'immobilier, la fraude est connue sous le nom d''"escroquerie" et de "vol".

b) Risque de perdre son argent à la suite d'une mauvaise décision d'investissement.

Les investisseurs en immobilier commercial courent un risque lorsqu'ils achètent des biens dont le rendement est inférieur au coût d'achat. En ce qui concerne les biens immobiliers résidentiels, la capacité des investisseurs à récupérer leurs dépenses est plus limitée en raison du temps nécessaire entre le moment où ils achètent une maison et le moment où ils la transforment en argent liquide en la louant ou en la vendant pour en tirer un bénéfice.

c) Risque de ne pas pouvoir intervenir dans la gestion du bien.

Les investisseurs ne peuvent pas avoir leur mot à dire sur leurs biens immobiliers s'ils décident de les confier à quelqu'un d'autre. Par exemple, si le bien nécessite des rénovations ou des réparations, l'investisseur peut ne pas être en mesure de les effectuer sans être physiquement présent sur le lieu de l'investissement.

d) Risque d'augmentation des dépenses.

Le risque le plus important est de ne pas pouvoir gérer l'augmentation des dépenses liées à la propriété et à la gestion de la propriété commerciale.

e) Risque de perte de valeur due à une mauvaise gestion de la part d'une autre partie, comme le gestionnaire qui a été engagé.

L'augmentation des coûts peut entraîner une perte de valeur du bien. Si un bien immobilier perd de sa valeur ou devient inutile, l'investisseur peut n'avoir aucun moyen de gérer ou de corriger la situation, puisqu'il n'est pas physiquement présent sur le site.

f) Le risque d'augmentation des coûts de transport.

La distance peut augmenter les coûts opérationnels de transport, en particulier pour les propriétés commerciales qui nécessitent le déplacement de biens ou de personnes vers et à partir de la propriété.

g) Risque d'avoir un mauvais locataire.

Les locataires peuvent être à l'origine de problèmes de propriété, tels que des dommages ou le non-paiement du loyer. L'expulsion des locataires qui ne paient pas leur loyer à temps comporte également des risques. Cela implique des procédures judiciaires qui peuvent être coûteuses pour obtenir le respect des ordonnances d'expulsion, si tant est qu'elles soient obtenues.

h) Risque de perte de valeur des propriétés résidentielles.

Une baisse de valeur peut faire perdre de l'argent à un investisseur. C'est particulièrement vrai pour les biens immobiliers résidentiels qui ne sont pas attrayants pour le grand public et qui présentent peu d'intérêt pour les locataires potentiels.

i) Risque de pertes dues à une mauvaise évaluation des biens immobiliers, tels que les biens à longue distance.

Une évaluation réalisée à distance du bien peut être inexacte pour les raisons suivantes :

1. Manque de connaissances locales sur les environs.
2. Informations incorrectes ou erreurs de "bonne foi" dans les informations saisies dans les logiciels informatiques ou autres systèmes d'information utilisés par les évaluateurs immobiliers.
3. Erreurs générées par l'évaluateur lui-même en raison d'une variété de facteurs et d'erreurs qu'il peut commettre au cours du processus d'évaluation.
4. Manque de connaissance des marchés immobiliers locaux.

5. Projections inexactes issues d'études de marché, telles que l'hypothèse selon laquelle la valeur d'une zone augmentera à un taux donné année après année et que cette tendance se poursuivra indéfiniment.

Ces risques peuvent être minimisés en :

a) Effectuant des recherches appropriées sur les marchés immobiliers locaux.

L'étude des marchés immobiliers locaux et la détermination de la valeur prévisionnelle de chaque bien permettent de minimiser les pertes dues à une mauvaise information ou à des hypothèses erronées.

b) Obtenant des données précises sur le marché local.

Des données de marché précises sur les prix de vente moyens et les loyers peuvent être obtenues auprès de plusieurs sources, notamment les professionnels de l'immobilier locaux, les associations immobilières et les sociétés d'études de marché tierces.

c) Utilisant d'un processus d'évaluation précis.

Pour obtenir des résultats précis, il est essentiel de faire appel à un évaluateur aux pratiques commerciales saines, qui travaille dans le secteur de l'immobilier depuis un minimum de temps et qui connaît bien le bien à évaluer. Les évaluateurs peuvent avoir de l'expérience et des connaissances en matière d'évaluation sur les marchés locaux où ils travaillent, ce qui peut minimiser le risque d'erreurs et d'inexactitudes dans leurs rapports d'évaluation.

d) Faisant appel à des évaluateurs agréés.

Dans certaines régions, les évaluateurs immobiliers doivent être certifiés par un organisme de réglementation, tel que le gouvernement de l'État, avant d'être autorisés à effectuer des évaluations de biens immobiliers. Ces professionnels sont tenus d'effectuer leur travail conformément aux normes de pratique établies par les examinateurs de leur organisme de certification, ce qui constitue un niveau de protection supplémentaire pour les investisseurs qui utilisent ce type de rapport d'évaluation pour prendre des décisions concernant l'achat d'un bien immobilier commercial ou d'autres types de biens d'investissement.

Comment les gens s'y prennent-ils pour ne pas le faire ?

La plupart des personnes qui investissent à distance ne le font pas de la bonne manière. C'est parce qu'ils n'ont généralement pas d'expérience dans ce domaine qu'ils se trompent. En effet, ils investissent dans un bien immobilier en fonction de son emplacement, ce qui n'est pas ce qu'ils devraient faire.

Ils devraient investir dans des "terrains" ou des biens situés de manière stratégique et non en fonction de l'emplacement. En effet, lorsque vous investissez dans une zone, vous investissez dans un type d'entreprise, qui devrait être basé davantage sur le quartier et l'endroit où il se trouve.

Ensuite, vous pouvez commencer à investir dans ce type d'immobilier après avoir identifié ce quartier et vu ce que les autres font pour l'améliorer. C'est ainsi que les riches investissent s'ils veulent investir dans l'immobilier à longue distance, mais ils appellent cela des "terrains".

Si une personne s'y rendait et construisait une nouvelle entreprise ou investissait dans l'immobilier, elle pourrait gagner plus d'argent que n'importe où ailleurs. Il en va de même pour les investissements à longue distance. Même si vous devez voyager un peu pour vous rendre sur place, votre investissement sera plus rentable que dans la plupart des endroits.

C'est pourquoi la plupart des personnes qui investissent à distance le font mal. Ils ne savent pas comment rechercher des terrains ou des biens qui leur permettront de récupérer leur argent plus rapidement que n'importe quel autre type d'investissement.

Pour être un investisseur à distance, vous devez commencer par déterminer où vous souhaitez investir dans l'immobilier. Ensuite, allez-y et faites des recherches jusqu'à ce que vous trouviez ce qui semble être le meilleur investissement pour vous. Ne vous lancez pas à l'aveuglette, car il s'agit d'une "affaire" qui peut demander du temps et des efforts. Tous ceux qui veulent gagner de l'argent ont leurs propres méthodes pour y parvenir.

Cependant, voici quelques bonnes choses que toute personne souhaitant gagner de l'argent grâce à l'immobilier devrait suivre :

1) Sachez combien vous pouvez vous permettre. Il serait utile que vous ne fassiez aucun investissement si vous ne pouvez pas vous le permettre à long terme. Si vous avez l'intention de contracter un prêt, assurez-vous d'avoir tous les documents à signer avant de le faire. En effet, si un incident survient entre-temps et que vous devez faire marche arrière, vous risquez d'avoir à payer des frais importants, par exemple pour l'évaluation.

2) Connaître la région. Avant d'investir dans tout ce qui se trouve aux alentours, assurez-vous de bien connaître votre investissement et la région. Par exemple, s'il existe dans la région une entreprise susceptible d'aider votre entreprise, voyez si elle

est prête à vous aider. Si elle n'est pas prête ou n'est pas en mesure de le faire, essayez de trouver quelqu'un qui peut le faire.

3) S'en tenir à un quartier de la ville. Limitez-vous à un seul quartier de la ville et n'investissez pas dans tout le reste. Si vous le faites, vous vous retrouverez avec un grand nombre de biens que vous ne pourrez pas vendre parce qu'ils sont éparpillés. De plus, vous risquez de voler vos investissements à quelqu'un qui ne devrait pas les avoir.

4) Fixez une fourchette de prix. Si vous souhaitez vous lancer dans l'investissement à distance, vous devez avoir une fourchette de prix pour les différentes opportunités d'investissement immobilier. Vous saurez ainsi si le jeu en vaut la chandelle.

5) Prenez un bon avocat. Lorsque vous investissez dans l'immobilier, vous devez trouver un bon avocat qui examinera les documents et s'assurera qu'ils sont tous corrects. En effet, s'ils ne le sont pas, vous risquez de vous retrouver avec un bien que vous ne pourrez pas vendre ou dont vous ne pourrez pas vous débarrasser.

Comment atténuer ces risques

Il peut être plus facile que vous ne le pensez d'atténuer les risques liés à l'investissement immobilier à distance. Il ne s'agit pas d'une entreprise facile, et elle exige un investissement en temps important, mais il existe des mesures que vous pouvez prendre pour réduire ces risques. L'une des façons d'atténuer les risques potentiels de l'investissement à distance est de vous assurer que le bien immobilier que vous convoitez dispose d'équipements que votre famille appréciera, tels qu'une piscine ou une salle de sport. Il est également important de n'acheter que des biens ayant de solides antécédents locatifs et de vérifier leur situation financière avant de procéder à un rachat complet.

Ces risques peuvent être atténués par les moyens suivants :

a) examine minutieusement le bien et le marché immobilier local. Cela vous aidera à investir dans un bien qui générera un rendement financier positif. Il vous aidera également à déterminer si le bien est un bon investissement.

b) Envisager d'engager et d'assurer un agent spécialisé dans les investissements immobiliers.

c) Examinez attentivement si le bien a un potentiel d'appréciation dans le temps. La dernière chose à faire est d'acheter une maison sans potentiel d'appréciation et de la vendre simplement parce qu'il y a eu une demande soudaine pour ce type de logement sur votre marché. Prenez le temps d'entrer en contact avec d'autres investisseurs immobiliers dans votre région.

d) Si vous souhaitez développer une relation à long terme avec un gestionnaire immobilier, assurez-vous d'en trouver un qui se spécialise dans la gestion de biens locatifs à longue distance.

e) Créez un réseau d'entrepreneurs, d'avocats et d'autres professionnels locaux qui peuvent vous aider à assurer l'entretien, à améliorer le rendement de votre investissement ou à vendre ou louer le bien s'il ne génère pas suffisamment de revenus.

f) Veillez à n'acheter que des biens qui ne nécessiteront pas de rénovations importantes et qui ne nécessiteront pas plus d'un mois de réparations une fois arrivés à destination.

g) Gardez un scepticisme sain à l'égard de toutes les transactions sur lesquelles vous travaillez. Ceci est particulièrement important lorsque vous travaillez avec des investisseurs immobiliers à distance.

h) Prévoyez une stratégie de sortie avant de réaliser votre investissement initial. j) Assurez-vous que le bien que vous achetez a un excellent historique de location et un solide historique de flux de trésorerie avant d'engager sérieusement de l'argent dans ce bien.

i) Veillez à inspecter soigneusement le bien et à vérifier l'historique des locations avant d'acheter.

j) Vérifiez auprès des autorités locales si des plaintes ont été déposées récemment contre le propriétaire. Si c'est le cas, il est probablement préférable de ne pas s'en occuper et de continuer à chercher.

Conseils et astuces

Plusieurs conseils et astuces ont permis à de nombreux investisseurs de haut niveau de réussir dans l'investissement à distance. Il s'agit notamment de

a) Élaborer un plan à long terme - Les investisseurs doivent avoir une méthode concise et à long terme. En règle générale, plus la période d'investissement est longue, plus les revenus et les bénéfices potentiels sont élevés.

b) Développer des relations avec des agents proches du bien - Les investisseurs doivent développer des relations avec des agents dans leur région d'origine et avec ceux qui sont géographiquement proches de l'endroit où ils souhaitent investir.

c) Maintenir les dépenses et les impôts à un niveau aussi bas que possible - L'investissement immobilier à distance n'est pas bon marché ; par conséquent, les investisseurs doivent dépenser moins que prévu en impôts et en frais, car ces coûts peuvent rapidement gruger les bénéfices que vous avez pu réaliser.

d) Trouver des biens sûrs et stables - La recherche proactive de biens sûrs et stables est essentielle pour les investisseurs qui ne peuvent pas visiter leur bien aussi souvent qu'ils le souhaiteraient en raison de la distance qui les sépare de leur domicile.

e) Diversification - La diversification est essentielle pour l'investissement immobilier à distance, et les investisseurs doivent prendre le temps de rechercher différentes options avant de choisir une stratégie ou un bien spécifique. Le financement participatif (equity crowdfunding) est une option qui gagne en popularité et qui constitue un excellent outil de diversification sur de nombreux marchés différents et peut être un excellent moyen de se diversifier à moindre coût.

f) Trouver des moyens créatifs de gérer la distance - Les investisseurs doivent trouver des moyens créatifs de gérer l'espace, comme le télétravail, l'Internet et les vidéoconférences, ou l'utilisation d'un assistant virtuel sur des sites comme Upwork.

g) Réinvestissement des dividendes - L'investissement dans les dividendes est l'une des meilleures stratégies d'investissement à long terme et doit être considéré comme une option. Cette stratégie permet aux investisseurs de percevoir des revenus lorsque leurs biens immobiliers ne sont pas utilisés, en réinvestissant simplement les dividendes dans des obligations ou d'autres investissements générateurs de revenus.

h) Revenus inférieurs aux dépenses - L'investissement immobilier à distance peut nécessiter des sacrifices pour limiter les coûts.

i) Éviter l'endettement - Bien que l'endettement soit un excellent moyen de financer l'investissement immobilier à longue distance, il peut être risqué et ne doit être utilisé qu'en cas de nécessité.

j) Se concentrer sur le long terme - L'investissement à distance exige de l'investisseur qu'il se concentre sur le long terme et ne se laisse pas distraire par les pertes à court terme.

k) Étudier le marché - L'investissement à distance exige des investisseurs qu'ils étudient le marché, les tendances en matière de logement et d'autres facteurs avant de choisir un bien spécifique.

l) Trouver un partenaire ou une équipe locale - Il peut être judicieux pour les investisseurs qui débutent dans l'investissement à longue distance de trouver un partenaire ou une équipe locale expérimentée dans ce type d'investissement.

m) Trouver un partenaire ou une équipe d'asyant de l'expérience dans l'investissement à distance - Si les investisseurs ne trouvent pas de partenaire local, travailler avec un partenaire expérimenté est un excellent moyen de tirer parti de son expérience dans la constitution de portefeuilles immobiliers fructueux.

Chapitre 2 : Former une Équipe d'As

Une équipe d'as dans l'investissement à distance signifie que l'investisseur n'est pas seulement un agent immobilier, mais aussi un courtier en hypothèques, un gestionnaire de biens immobiliers et un conseiller en investissement. Le chef de l'équipe d'as est chargé de trouver des clients potentiels et de coordonner la vente ou la location de biens immobiliers. Parce qu'il est impliqué dans de multiples aspects du processus, il gère mieux les risques qu'un agent immobilier classique puisqu'il a le contrôle de ce qu'il possède tout en bénéficiant d'un revenu provenant de la location ou de la vente de ses biens. Le chef d'équipe d'une équipe d'as doit être suffisamment intelligent pour réussir ce revirement dans l'investissement à distance, ce qui signifie souvent qu'il doit être très au fait des changements récents survenus sur le marché de l'immobilier.

Une équipe d'as est composée de

a) un gestionnaire d'actifs qui est responsable du fonctionnement de l'équipe et qui veille à ce que chaque membre de l'équipe de vente soit rémunéré de manière appropriée

b) Un vendeur, un agent immobilier qui est chargé de vendre des biens immobiliers au nom de l'équipe et qui s'occupe de toutes les procédures de vente.

c) Un courtier en hypothèques qui gère des prêts hypothécaires et se réjouit de les utiliser comme un outil pour générer des transactions plus importantes et plus rentables.

d) Un conseiller en investissement qui s'occupe de toutes les décisions financières et étudie de nouvelles façons d'améliorer le rendement des investissements. Cela peut se faire en analysant diverses options d'investissement auprès de différentes sociétés, y compris les actions, les obligations, les métaux précieux, etc. Le conseiller peut être un particulier ou une entreprise.

e) Un gestionnaire immobilier gère les propriétés de l'équipe et s'occupe de toutes les politiques associées, des procédures de sécurité, de l'entretien, etc.

f) Les propriétaires et les locataires qui fournissent l'argent nécessaire à l'achat et à l'entretien de la propriété. Le propriétaire loue une partie de son bien tout en revendiquant la propriété de tous les autres biens au sein de l'équipe. Le locataire peut payer un loyer au mois ou prendre une option d'achat et payer un loyer sur une période donnée. Sur certains marchés, il n'y a pas de baux à long terme pour les biens proposés. Les équipes mettent donc en place des baux mensuels qui conviennent aux investisseurs vivant dans des zones différentes et dont les besoins locatifs varient.

Le chef d'équipe d'as doit obtenir le plus rapidement possible un prêt hypothécaire pour une propriété commerciale. Il est essentiel de faire preuve de diligence raisonnable, mais si vous pouvez trouver une banque prête à approuver un prêt hypothécaire sur une propriété commerciale, même dès le départ, il sera plus facile de trouver des locataires. La propriété commerciale peut être utilisée comme garantie pour obtenir un nouveau financement. Vous devriez envisager les deux meilleures options de financement : les fonds auto-certifiés et les fonds privés. C'est là que j'ai rencontré le plus de succès dans ma carrière d'investisseur immobilier.

Une fois que vous avez obtenu un prêt hypothécaire, vous pouvez commencer à chercher des personnes qui ont besoin de louer un bien immobilier. Le chef d'équipe doit être un professionnel de l'immobilier et un investisseur capable d'aider les locataires à trouver des appartements à crédit convenables dans les délais impartis. Cela signifie qu'il doit avoir accès à de bonnes bases de données pour placer des annonces d'appartements et à de bonnes références pour sélectionner les candidats. Il doit également connaître les conditions du marché local pour donner des conseils sur les escroqueries et aider les locataires à trouver des logements dans leur gamme de prix. Le chef d'équipe doit également connaître toutes les réglementations locales, les lois et les questions de conformité liées à son activité.

Trouver des offres

Pour réussir en tant qu'investisseur immobilier à distance, vous devez être capable de trouver des affaires qui valent la peine d'être conclues et, plus important encore, qui peuvent être transformées en liquidités suffisamment rapidement pour vous permettre de réaliser des bénéfices.

Si vous êtes motivé, vous trouverez des offres. Trouver des bonnes affaires est une question de temps. Il est beaucoup plus facile de trouver des bonnes affaires si vous savez quel type d'affaires vous voulez.

Si vous recherchez une opération avec des termes simples, tels que des rendements de deux ou trois pour cent ou quelque chose de ce genre, il sera beaucoup plus difficile de trouver des opérations. L'astuce de l'investissement à distance consiste toujours à s'assurer que vous obtenez le meilleur rendement pour le risque encouru.

Trouver des accords est beaucoup plus compliqué que de trouver de bons rendements. L'accord doit être bon pour vous et il doit convenir à votre partenaire. Il doit avoir un flux de trésorerie d'au moins cinq ans, et la période qui compte est celle au cours de laquelle vous gagnerez de l'argent. Quel que soit le rendement, s'il diminue trop rapidement, cela ne fonctionnera pas. Vous devez gérer vos attentes en conséquence.

Lors de l'évaluation d'une affaire, vous devez tenir compte des éléments suivants :

a. Flux de trésorerie : L'opération génère-t-elle suffisamment de liquidités pour rembourser vos investissements ?
b. Opportunité : Existe-t-il une possibilité d'amélioration ?
c. Frais d'exploitation : Combien vous coûtera la gestion de l'opération en termes de temps, de transport et d'argent ?
d. Les impôts fonciers et les assurances : Êtes-vous susceptible de perdre de l'argent à ce titre sur une longue période ?
e. e) Taux de capitalisation : Quel est le taux de capitalisation de ce bien en lui-même, et quel est le taux de capitalisation général pour cette opération ? Si vous achetez un immeuble collectif, ce n'est pas un bon investissement si le taux de capitalisation est inférieur à 10 %. Par exemple, vous perdez de l'argent s'il tombe à 9 %.

Pour être un investisseur à distance, vous devez faire preuve de cohérence dans vos relations commerciales. Vous ne pouvez pas courir après chaque affaire qui se présente. Une fois que vous avez trouvé une bonne affaire et que vous avez fait une offre, le processus doit se dérouler rapidement et sans heurts.

Avant de faire une offre, vous devez procéder à une première analyse. C'est ce que l'on appelle la procédure de diligence raisonnable. Ce processus permet de s'assurer que vous disposez de toutes les informations correctes sur le bien et les personnes concernées. C'est essentiel dans ce type d'opération. Vous devez vérifier si le locataire est fiable et s'il n'y a pas de privilèges sur le bien.

La réussite ou l'échec d'une transaction dépend de la somme d'argent qu'elle nécessite, du nombre de personnes qui doivent être impliquées et du fait que tout se passe bien avec toutes les parties concernées. Elle dépend également de la réputation des deux parties. C'est pourquoi la diligence raisonnable est si nécessaire.

Il est essentiel de connaître le type de rendement que vous obtiendrez sur le bien avant de faire une offre. Une bonne affaire est une affaire qui rapporte de l'argent rapidement et vous laisse un revenu à long terme. Une bonne affaire est une opportunité d'investissement qui fournit un flux de trésorerie suffisant pour rembourser l'investissement, vous laissant un peu d'argent à mettre dans votre poche tout en conservant un bien immobilier qui a un potentiel de croissance et de développement.

En ce qui concerne l'offre, veillez à ce que tout soit en ordre à l'avance.

Il existe plusieurs types d'accords que vous pouvez envisager. Vous ne pourrez probablement pas bénéficier d'un prêt commercial ou d'un prêt à la construction pour ce bien, vous devez donc faire preuve d'intelligence pour conclure l'opération.

Les types d'accords sont les suivants :
   a. Achat-Rénovation-Revente (maisons individuelles, duplex et appartements qui ont été abandonnés ou qui ne sont pas loués)

b. Achat-Rénovation-Conservation (vous effectuez des travaux et vous louez l'endroit en attendant qu'il prenne de la valeur)

c. Acheter et conserver (investissements à long terme dans des maisons individuelles, des appartements ou des locations qui nécessitent des travaux avant d'être rentables. Exemples : triplex, logements bifamiliaux, condominiums, maisons de ville et immeubles de bureaux commerciaux.)

d. Pendus (appartements et immeubles d'habitation construits par un constructeur ou un promoteur et non encore achevés).

e. Réhabilitations/rénovations (il s'agit de réhabilitations de maisons individuelles ou d'appartements multifamiliaux. Il peut s'agir de rénovations de maisons vacantes, de maisons en rangée ou d'appartements qui nécessitent des travaux).

f. Ventes à découvert (il s'agit de biens immobiliers saisis ou vendus à découvert par une banque. Ces opérations peuvent être réalisées par vous-même si vous disposez de l'expertise et des ressources nécessaires. Le processus de vente rapide peut être difficile car vous serez probablement en concurrence avec d'autres investisseurs).

g. Investissements (il s'agit d'investissements dans des biens immobiliers qui ne requièrent pas de temps de votre part, qui ont été rénovés ou remodelés et qui sont occupés. Il s'agit notamment d'achats d'immeubles de placement, d'immeubles de placement commerciaux, d'immeubles collectifs et de terrains à aménager à des fins commerciales).

Vous devez vous assurer que l'opération vous convient. Ce que vous recherchez, c'est une affaire qui a un potentiel de rendement élevé et qui est adaptée à votre style de vie. Il serait préférable que vous n'optiez pas pour la propriété la moins chère, car les rendements de ces propriétés sont faibles et les risques élevés. L'affaire doit être bonne et ne le sera que si elle répond à vos critères. Seule une poignée de valeurs peuvent offrir des rendements élevés avec des risques faibles, il est donc essentiel d'en trouver une.

Les meilleures affaires concernent des biens immobiliers ou des terrains dans lesquels vous avez la possibilité d'apporter des améliorations qui génèrent des revenus supplémentaires ou qui vous permettent de transformer le bien en quelque chose de plus rentable que ce qu'il était auparavant. En d'autres termes, l'investissement est plus qu'un simple prêt bancaire.

Agents immobiliers

Les agents immobiliers sont des experts du marché immobilier et ont accès à un large éventail d'informations sur les biens d'investissement. Les meilleurs agents immobiliers connaissent parfaitement la région et peuvent fournir des conseils détaillés sur les biens disponibles. Ils seront en mesure de vous indiquer quels biens sont actuellement sous-évalués et valent la peine d'être étudiés, et de vous proposer des recherches essentielles qui vous aideront à décider si vous souhaitez poursuivre dans cette voie.

Un bon agent immobilier ne peut que vous fournir des informations actualisées et précises. Il doit également disposer d'un vaste réseau de contacts, qu'il peut utiliser pour entrer en relation avec des propriétaires appropriés qui seront disposés à vous louer un logement en tant qu'investisseur étranger.

Il peut être judicieux de changer d'agence si celle-ci n'est pas en mesure de vous fournir des informations sur au moins quelques biens à vendre dans la zone que vous visez. Les agents immobiliers qui ne comprennent pas le marché ou qui n'ont pas accès aux informations correctes ne seront probablement pas en mesure de vous aider à trouver un investissement immobilier approprié.

Toutefois, n'oubliez pas que vous pouvez demander conseil à plusieurs agents immobiliers. Si l'un d'entre eux ne vous aide pas, il n'est pas nécessaire de renoncer à votre projet.

Vous pouvez établir une bonne relation avec les agents immobiliers de plusieurs manières. La première consiste à aller visiter des biens immobiliers avec eux, mais gardez à l'esprit que vous devrez probablement prendre rendez-vous. La deuxième option consiste à les approcher pour leur demander de louer un bien. Ils doivent être en mesure de répertorier tous leurs clients locaux lors de votre visite, alors demandez-leur s'ils sont prêts à prendre vos coordonnées et à les appeler lorsque le bien qui vous intéresse se libère.

Si vous envisagez de déménager dans l'une des propriétés qu'ils gèrent, il est conseillé de rendre visite aux agents et de leur demander de vous parler de la région. Demandez-leur s'ils peuvent vous suggérer des écoles ou d'autres installations dans la zone que vous visez et si vous devez être conscient des inconvénients qu'il y a à vivre ailleurs.

Enfin, il serait utile que vous puissiez leur montrer une copie de votre visa, de votre passeport et de votre permis de travail. Cela peut les aider à comprendre pourquoi vous voulez vivre dans leur région et leur donner une meilleure idée de qui vous êtes.

Il est préférable de garder des attentes réalistes lorsque vous travaillez avec un agent immobilier. Supposons que vous lui ayez fourni des informations complètes sur vos besoins, ainsi que les détails de votre budget et vos informations personnelles. Dans ce cas, c'est à l'agent immobilier qu'il appartiendra d'essayer de trouver un bien qui vous convienne.

Les agents immobiliers doivent être en mesure de vous aider à comprendre des questions essentielles telles que la qualité des équipements locaux et la facilité d'accès aux transports locaux pour les locataires. Il serait également utile qu'ils vous exposent les problèmes qui pourraient rendre ce type de bien locatif moins adapté aux investisseurs étrangers. Ils peuvent également vous aider en vous donnant des conseils utiles sur ce qui constitue un bien idéal pour le marché de la location à long terme.

La gestion immobilière est essentielle car elle peut contribuer à la sécurité de votre investissement à long terme. Un gestionnaire immobilier doit être en mesure de vous aider à trouver des locataires convenables, à effectuer des réparations et à gérer tout problème pouvant survenir avec les locataires ou le bien lui-même.

Il est souvent plus facile de coordonner les réparations avec un gestionnaire immobilier que de le faire soi-même. Il sera en mesure de régler la plupart des problèmes tout en veillant à ce qu'ils n'interfèrent pas avec l'utilisation de votre bien par les locataires. Il peut également veiller à ce que les travaux soient effectués dans un délai raisonnable et de manière à ne pas trop perturber les locataires.

Il existe une grande variété de frais de gestion immobilière. Ils dépendent généralement du nombre de biens que vous possédez, de la taille de votre portefeuille et des services dont vous avez besoin. Ces frais peuvent inclure le coût de la location d'un bien à un locataire, le paiement de votre hypothèque/prêt et les frais juridiques. Les frais qui vous seront facturés peuvent varier d'un gestionnaire à l'autre.

Vous constaterez que de nombreux gestionnaires immobiliers proposent un service gratuit pour vous encourager à utiliser leurs services et les rendre plus rentables. Il peut s'agir d'appels d'urgence ou de services d'entretien gratuits.

Toutefois, vous devez vérifier les détails des frais de gestion immobilière, car certains frais peuvent ne pas être pris en compte dans le prix initial qui vous est proposé ou n'être inclus qu'à un stade ultérieur, lorsque les choses tournent mal.

Vous devrez payer les honoraires de l'administrateur de biens pour obtenir une location ; certains honoraires ne sont pas remboursables. Avant de prendre une décision, il est utile de se renseigner sur les différents niveaux de service offerts par les différents gestionnaires immobiliers en fonction de leurs coûts et de leurs conditions.

Conseils et astuces

Une équipe performante est essentielle à toute stratégie d'investissement immobilier à distance. Si vous voulez vraiment devenir un investisseur à distance prospère, vous devez savoir comment constituer cette équipe d'as avec succès.

Comprendre les meilleures pratiques en matière de constitution d'équipes et tirer parti de la puissance d'Internet en utilisant des outils tels que Skype et Google Hangouts pour créer un réseau auquel on peut faire confiance pour vous aider à atteindre vos objectifs. Une équipe de choc est composée d'au moins quatre personnes fiables et dignes de confiance. Ces personnes vous aideront à réaliser les investissements ou les efforts de marketing nécessaires. Il serait utile que vous disposiez de ces personnes car leur travail consiste à faire connaître votre entreprise et à convaincre les autres acteurs de votre marché immobilier local que l'investissement dans l'immobilier à long terme vaut la peine d'être réalisé.

Vous trouverez ci-dessous des conseils sur la manière de créer une bonne équipe de travail :

a) Trouver des personnes de confiance.

Lorsque vous trouvez des personnes de confiance, vous pouvez constituer une équipe solide. Vous devez découvrir des personnes dignes de confiance, car votre entreprise pourrait rapidement se faire une mauvaise réputation si vous ne le faites pas. Ces personnes travailleront à la construction de la marque pour vous aider à développer votre entreprise. Leur réputation est également en jeu, c'est pourquoi vous devez prendre le temps de les interviewer et de les contrôler.

b) Trouver des investisseurs immobiliers qui disposent de vastes réseaux

Vous devrez trouver quelqu'un qui connaît beaucoup d'investisseurs immobiliers sur votre marché local. Il serait utile que vous trouviez quelqu'un qui puisse vous mettre en contact avec des investisseurs locaux afin que, lorsque vous aurez des biens à vendre, ces personnes soient prêtes à les acheter. Cette personne peut travailler au développement de votre marque en utilisant son réseau de contacts pour vous aider à faire connaître votre entreprise d'investissement immobilier.

c) Trouver des personnes compétentes en matière de marketing

Vous aurez besoin dans votre équipe d'une personne ayant de l'expérience dans le domaine des réseaux sociaux et du marketing internet. Le rôle de cette personne est d'aider à trouver davantage de prospects et de clients pour votre entreprise, elle doit donc savoir ce qu'elle fait. Si vous n'avez pas encore les moyens de financer ce poste, il peut être pourvu par le chef d'équipe s'il a le savoir-faire pour le faire lui-même ou s'il connaît quelqu'un qui le sait.

d) Avoir un chef d'équipe puissant

Le chef d'équipe est chargé de dire à tous les membres de l'équipe ce qu'ils doivent faire. Son rôle est de s'assurer que tous les membres de l'équipe comprennent comment ils peuvent vous aider à développer votre entreprise. C'est pourquoi vous devez choisir quelqu'un qui sait comment diriger et gérer les gens.

Si vous voulez réussir financièrement, vous devez gérer et diriger une équipe performante. Un bon leader sait non seulement ce qu'il fait, mais il sait aussi comment inspirer et motiver les gens. Vous devez influencer les autres par vos paroles et leur faire voir les choses de votre point de vue afin qu'ils soient encouragés à vous suivre. Cela vous permettra de progresser dans votre entreprise et vous aidera à atteindre les objectifs financiers que vous vous êtes fixés.

Si un membre de l'équipe n'a pas les compétences ou le savoir-faire pour faire quelque chose, c'est à vous, en tant que chef, de lui apprendre ou de trouver quelqu'un qui puisse combler cette lacune. Vous pouvez peut-être faire certaines choses par vous-même, mais il est préférable d'avoir une équipe de personnes qui peuvent vous aider à atteindre vos objectifs et à assurer la réussite de votre entreprise.

Il est essentiel de trouver des personnes ayant une bonne attitude, car vous devrez pouvoir compter sur elles. Leur capacité à aller jusqu'au bout des choses dépendra de leur point de vue. S'ils ont une mauvaise attitude, vous aurez toujours des problèmes avec eux et vous aurez constamment l'impression de garder quelqu'un. Il est préférable pour tout le monde que votre équipe soit composée de personnes capables de travailler dur et de faire ce qui doit être fait sans avoir d'attitude.

Investisseurs

Les investisseurs recherchent des placements qui leur permettent de rentabiliser leur argent. Un investisseur achète des actifs tels que des actions, des obligations et des biens immobiliers pour réaliser un profit. L'essentiel est d'acheter à bas prix et de vendre à prix élevé ; c'est ainsi que les investisseurs gagnent de l'argent.

Il existe deux types d'investisseurs : les investisseurs spéculatifs et les investisseurs à long terme. L'investisseur hypothétique achète des actifs dont il pense qu'ils s'apprécieront à l'avenir. Il espère que les gains seront supérieurs aux pertes encourues en cas de détention à plus long terme. L'inverse est vrai pour un investisseur à long terme qui achète des actifs présentant un risque faible et une probabilité minimale de perdre de l'argent en peu de temps.

Il existe plusieurs moyens de trouver un investisseur. Il s'agit notamment :

a) De la famille et amis

La famille et les amis sont l'une des meilleures sources d'investisseurs, car ils vous connaissent déjà, vous et votre projet d'entreprise. Ils peuvent vous donner des conseils utiles pour déterminer si vous avez des chances réalistes de réussir. Comme ils vous font confiance, ils seront plus enclins à investir dans votre entreprise. Les membres de la famille et les amis peuvent également jouer le rôle de mentors pour aider votre entreprise à se développer.

b) Des investisseurs providentiels

Un investisseur providentiel est une personne fortunée qui fournit des capitaux pour le démarrage d'une entreprise en échange d'un pourcentage de participation dans l'entreprise ou simplement d'une participation sans prendre part à la gestion. Les investisseurs providentiels sont généralement des hommes ou des femmes d'affaires prospères qui ont une grande expérience de la gestion de leur entreprise.

c) Des investisseurs en capital-risque

Un investisseur en capital-risque est un investisseur qui investit dans des entreprises à forte croissance qui ne sont pas encore rentables. Il a tendance à privilégier les entreprises et les secteurs qu'il connaît bien et qu'il peut comprendre facilement.

d) Des plateformes de crowdfunding

Les plateformes de crowdfunding permettent aux entrepreneurs de collecter des fonds en ligne auprès d'un grand nombre de personnes, généralement via l'internet. Certains sites sont généraux et permettent à tout un chacun de publier son idée ou son projet, tandis que d'autres s'adressent à des groupes d'investisseurs spécifiques, comme les dons de charité ou les projets d'énergie alternative. Les plateformes facturent des frais et offrent une commission sur l'argent investi par l'intermédiaire de leur site web.

Lorsque vous vous adressez à un investisseur, vous devez être capable de :

a. Dire combien d'argent vous avez besoin. Cela vous permettra de leur demander combien d'argent ils sont prêts à investir dans votre entreprise.

b. Dire pourquoi vous avez de leur argent. Il serait utile que vous leur donniez une explication logique de la raison pour laquelle vous leur demandez une aide financière.

c. Dire ce qu'ils vont en tirer. Les investisseurs veulent savoir s'ils obtiendront des avantages en investissant dans votre entreprise ou non. Ils veulent savoir s'ils finiront par réaliser des bénéfices ; après tout, c'est dit et fait.

d. Dire combien d'argent vous avez besoin pour franchir les premières étapes de votre entreprise. Il serait utile que vous leur disiez combien d'argent vous utiliserez pour acheter des équipements et des matières premières et pour embaucher du personnel. Vous devriez également inclure des estimations pour le marketing et d'autres dépenses qui pourraient survenir à l'avenir.

e. Expliquer les risques qu'ils prendront en investissant dans votre entreprise. Il serait utile que vous leur indiquiez les risques qu'ils encourent en investissant dans votre entreprise, tels que la perte de leur investissement ou même l'absence de bénéfices.

f. Dire pourquoi vous êtes qualifié pour diriger ce type d'entreprise et réussir. Il serait utile que vous leur disiez ce qui vous rend apte à investir dans cette entreprise. Si votre plan d'entreprise comprend une franchise, vous devez expliquer pourquoi cette franchise particulière est un bon choix pour eux.

g. Répondre à toutes les questions qu'ils peuvent se poser sur votre entreprise et son histoire.

Les investisseurs voudront investir dans votre entreprise si votre plan est solide et si vous avez des antécédents de réussite. Il serait préférable que vous leur montriez que votre entreprise sera rentable pour eux et pour vous. Ils peuvent rechercher d'autres investisseurs intéressés par votre type d'entreprise si vous n'obtenez aucun résultat après avoir reçu des offres.

Prêteurs

Un prêteur vous fournit un capital sous la forme d'un prêt ou d'une ligne de crédit afin que vous puissiez l'utiliser pour des projets futurs. En règle générale, les prêteurs sont disposés à prêter de l'argent aux personnes qui ont l'habitude de les rembourser et ils vous accorderont des conditions plus favorables que les banques.

Il existe plusieurs types de prêteurs, notamment les prêteurs privés, les prêteurs privés et les prêteurs privés.

a) Prêteurs d'argent liquide

Si vous êtes à la recherche d'un financement rapide et peu compliqué, le prêt d'argent est la solution. Vous n'aurez pas à remplir de formulaires de demande ni à faire des pieds et des mains, mais votre taux d'intérêt et vos conditions de remboursement seront beaucoup plus élevés que ceux d'une banque ou d'un prêteur traditionnel. N'oubliez pas que si vous ne pouvez pas rembourser votre prêt à temps ou si vous manquez un paiement, le taux d'intérêt du prêt grimpera en flèche, à la discrétion du prêteur.

b) Prêteurs privés

Contrairement aux prêteurs d'argent liquide qui prêtent généralement de petites sommes, les prêteurs privés prêtent des sommes plus importantes. Ils sont généralement plus enclins à travailler directement avec les investisseurs immobiliers. Ces derniers recherchent un retour sur investissement bien supérieur à celui qu'ils obtiendraient auprès d'une banque, mais ils sont conscients des risques inhérents aux projets immobiliers à long terme. Il est relativement facile d'obtenir des conditions de prêt personnel, mais vous devrez peut-être franchir quelques obstacles. L'obtention d'un prêt auprès d'un prêteur privé nécessite de nombreuses formalités administratives, notamment des accords, des lettres d'intention et d'autres documents officiels. Vous devrez également fournir une garantie ou des fonds propres pour votre prêt ou votre ligne de crédit.

c) Prêteurs privés

Dans la plupart des cas, les prêteurs privés sont une sorte d'hybride entre les prêteurs de fonds durs et les prêteurs de fonds privés. En général, ces prêteurs offrent des taux d'intérêt plus bas que les prêts conventionnels et travaillent directement avec les investisseurs immobiliers au lieu de passer par des intermédiaires comme les prêteurs privés. Dans la plupart des cas, ces prêts offrent moins d'effet de levier qu'une banque.

Trouver des membres de la lignée descendante peut être la meilleure solution pour vous si vous êtes un investisseur immobilier qui souhaite construire un vaste réseau d'investisseurs. Grâce à la puissance des réseaux sociaux, il est plus facile que jamais de créer un réseau solide. Pour utiliser cette stratégie, vous devez vous assurer que votre réseau est actif et qu'il travaille dur pour gagner de l'argent.

Vous devez entretenir des relations avec les membres de votre ligne descendante et suivre leurs progrès pour vous assurer qu'ils gagnent également de l'argent.

Il peut être difficile de trouver des prêteurs pour votre projet, car il n'y en a qu'un nombre limité sur le marché. Cependant, vous devriez vous adresser à votre réseau - amis et membres de la famille - qui pourrait être intéressé par un prêt à quelqu'un qu'il connaît. Vous pouvez également approcher des investisseurs potentiels lors d'événements de réseautage ou rencontrer des gens sur les réseaux sociaux.

Trouver un prêteur approprié est tout aussi important que de trouver un bon partenaire. Si vous recherchez un prêt à court terme, par exemple, votre prêteur doit être en mesure de vous donner de l'argent rapidement. Si le prêteur n'a pas accès aux fonds, il vaut mieux trouver quelqu'un d'autre.

La chose la plus importante est de trouver un prêteur qui vous offrira des conditions favorables. Avant de conclure un accord pour un prêt ou une ligne de crédit, assurez-vous d'avoir fait des recherches approfondies. Il est donc préférable de recueillir des informations sur les prêteurs afin de savoir quel genre de personnes ils sont et pourquoi vous devriez faire affaire avec eux.

Comptables

Les comptables sont un élément essentiel de toute entreprise, y compris de l'investissement immobilier. Si vous envisagez de vous lancer dans l'investissement immobilier à distance, vous aurez besoin d'un bon comptable pour suivre vos finances. Si vous engagez un comptable, il pourra vous aider à tenir votre comptabilité. Il pourra également vous aider à payer à temps l'impôt sur les plus-values, comme l'exige le gouvernement fédéral.

Pour trouver un comptable, demandez à un investisseur immobilier impliqué dans l'investissement à distance le nom de son comptable et voyez si cette personne peut vous en recommander un bon. Vous pouvez également trouver un comptable en appelant les cabinets comptables voisins et en leur demandant s'ils connaissent un excellent investisseur immobilier à distance qui utilise leurs services.

Après avoir choisi une société, vous devrez également choisir un comptable au sein de cette société. Si vous choisissez un comptable directement auprès de l'entreprise, il vous facturera souvent plus cher en raison de la commodité d'avoir un compte auprès de l'entreprise. Si cela ne vous dérange pas, vous pouvez choisir un comptable dans une autre agence de la ville. Vous pourrez ainsi économiser de l'argent sur votre compte.

Si votre comptable est un investisseur immobilier, il peut vous dire s'il pense qu'il est judicieux pour vous d'investir à distance ou non. Il sait également quels types d'investissements sont meilleurs que d'autres et quel calendrier convient le mieux à vos plans d'investissement. Vos plans d'investissement peuvent alors être décidés sur la base de ces connaissances avant que de l'argent réel ne soit dépensé dans le projet.

Vous aurez besoin d'un bon comptable pour vous assurer que vous payez les impôts appropriés sur vos investissements immobiliers. Si vous envisagez de vous lancer dans cette activité à long terme, vous voudrez également savoir quel investissement vous conviendra le mieux. Avec l'aide de votre comptable, vous pouvez faire tout cela avant d'investir de l'argent dans un bien ou un projet.

Les déclarations d'impôts sont faites chaque année, et certaines lois peuvent vous amener à devoir rembourser des impôts sur les revenus que vous avez perçus. La bonne nouvelle, c'est que le gouvernement fédéral permet à tous ceux qui possèdent des investissements immobiliers d'être un peu irresponsables avec leurs impôts et de pouvoir quand même investir dans un projet immobilier sans avoir à payer d'impôt sur le revenu pour avoir été irresponsables.

Si vous envisagez d'investir à distance, vous aurez besoin d'un comptable qui sache comment tenir correctement tous vos comptes d'investissement. Cela lui permettra également de savoir si certains de vos comptes nécessiteront plus de travail que d'autres ou s'il est même nécessaire que vous fassiez appel à un comptable.

Les comptables peuvent vous aider à conserver tout l'argent que vous gagnez dans vos investissements, mais préparez-vous à ce qu'ils veuillent vous aider pour d'autres comptes. La manière dont les comptables vous aident à gérer les comptes de votre entreprise peut varier d'un comptable à l'autre, et il est essentiel de trouver celui qui conviendra le mieux à votre entreprise. S'il a l'habitude de travailler avec des investisseurs immobiliers comme vous, il sera également en mesure de vous dire s'il pense que l'investissement immobilier à distance est une bonne idée ou non.

Vous pouvez trouver un bon comptable en demandant à d'autres investisseurs à distance de vous recommander un comptable. Vous pouvez également consulter les cabinets comptables de la région et les appeler pour leur demander s'ils connaissent de bons comptables spécialisés dans les investissements à distance.

Trouvez un bon comptable disposé à vous aider à tenir les comptes de votre entreprise. Vous pouvez demander à un investisseur à distance le nom de son comptable ou demander à un cabinet comptable de la région s'il connaît des comptables spécialisés dans l'investissement à distance. Si vous choisissez directement un comptable du cabinet, ses tarifs seront souvent plus élevés, car il est rémunéré en fonction du nombre de clients qu'il a.

Même si les comptables sont indispensables à toute entreprise, vous ne devez pas vous attendre à ce qu'ils vous donnent un coup de main. Il gérera votre comptabilité aussi longtemps que vous en aurez besoin et vous laissera gérer votre entreprise au moment de la déclaration fiscale annuelle.

Entrepreneurs

Il s'agit simplement de personnes qui sont rémunérées pour leurs services et l'obtention de clients. Il s'agit soit d'entrepreneurs professionnels, soit de travailleurs manuels. Les travailleurs manuels sont des travailleurs indépendants, et la seule forme de revenu qu'ils perçoivent provient de leur travail. Les professionnels ne doivent pas toujours être propriétaires d'une entreprise, mais la plupart des entrepreneurs du secteur de la construction doivent posséder une entreprise. La propriété consiste généralement à créer une entreprise ou à demander à quelqu'un de le faire pour eux grâce à leur travail acharné, à leurs économies et à leurs contrats avec les clients

Les constructeurs sont essentiellement des entrepreneurs qui construisent des biens immobiliers. Ils ne doivent travailler pour personne et peuvent offrir leurs services à de nombreux clients. Ils perçoivent également leurs revenus de leurs clients, mais le flux de trésorerie est généralement une option plus solide, contrairement aux entrepreneurs.

Il **existe différents types de constructeurs :**

a) Entrepreneurs de construction sur site

Les clients engagent des entrepreneurs de construction sur site pour construire leur propriété. L'entrepreneur travaille sur place et aide le client dans le processus de construction. Il dispose de tous les documents nécessaires et peut garantir des délais d'exécution rapides. Les clients n'ont à se préoccuper de rien d'autre que de s'assurer que l'entrepreneur est à l'heure, capable de travailler et de fournir des services haut de gamme.

b) Entrepreneurs généraux

Les entrepreneurs généraux engagent d'autres constructeurs et ne construisent pas leurs bâtiments. Les entrepreneurs généraux sont payés à un taux horaire plus élevé que les spécialistes de la construction sur site parce qu'ils effectuent généralement tout le travail eux-mêmes, y compris la gestion des sous-traitants et la supervision des activités à chaque étape d'un projet de construction.

c) Entrepreneurs de conception-construction (ECC)

Il s'agit de constructeurs qui disposent d'une formation et d'une expérience industrielle suffisantes pour prendre en charge tous les aspects d'un projet. Les entrepreneurs en conception-construction commencent à concevoir et à construire une structure avant de recevoir les plans de construction définitifs. Ils travaillent généralement avec des architectes, des propriétaires et des ingénieurs dès le début du processus de conception, ce qui leur permet de créer de meilleures conceptions et de faire économiser de l'argent aux clients.

d) Constructeurs spécialisés

Les constructeurs spécialisés se concentrent sur un aspect particulier de la construction, comme la rénovation, la restauration ou la conservation. Ils doivent suivre une formation pour devenir des maîtres d'œuvre agréés afin de pouvoir gérer une entreprise dans leur domaine d'expertise.

e) Constructeurs sur mesure

Bâtisseurs qui construisent une maison à partir de zéro. Ils conçoivent la maison selon les souhaits de leur client et la construisent sur un terrain qu'ils possèdent ou qu'ils louent.

La plupart des constructeurs peuvent gagner leur vie s'ils fournissent un service de qualité et s'ils ont de bonnes références. Ils doivent avoir des connaissances de base en matière de construction, bien communiquer avec les clients, être dignes de confiance et gérer les coûts avec sagesse tout en gardant à l'esprit les besoins des clients.

Il existe plusieurs moyens de trouver un constructeur :

a) Stratégies de marketing axées sur les personnes

Il s'agit d'utiliser l'internet pour contacter des clients potentiels. Vous pouvez organiser des événements gratuits ou des réunions et attirer des clients potentiels qui souhaitent bénéficier de vos services.

b) Recommandations personnelles

C'est là que vous demandez et écoutez ce que d'autres personnes disent des services, des coûts et de la qualité du constructeur. Des personnes de référence seront disposées à vous fournir d'excellents commentaires sur leur expérience avec un entrepreneur ou un constructeur particulier.

c) Recommandations

Il est toujours préférable d'obtenir une recommandation de la part d'une personne de confiance, car elle peut donner un avis honnête sur la qualité du service à la clientèle et sur la fiabilité de la personne lorsqu'il s'agit d'arriver à l'heure au travail et de travailler de manière efficace.

d) Appel à froid

Le démarchage téléphonique est une stratégie qui consiste à contacter des entreprises et à leur proposer vos services. Il n'est pas nécessaire d'avoir une relation préalable avec l'entreprise ; il suffit de connaître son nom et son numéro. Une excellente stratégie de démarchage à froid consiste à créer le bon script, à s'assurer que l'on est bien préparé et à toujours avoir un plan de suivi.

e) Associations professionnelles

Supposons que vous soyez un nouveau constructeur ou entrepreneur. Dans ce cas, il est judicieux d'adhérer à des associations professionnelles, car elles pourront vous offrir de nombreux avantages, notamment des informations précieuses sur la manière de gérer efficacement votre nouvelle entreprise, ainsi que des conseils sur les normes industrielles légales et acceptables. Elles pourront également vous mettre en contact avec d'autres professionnels qui pourraient devenir des clients ou des contacts à l'avenir.

f) Travailler avec des agences de branding

Des études ont montré qu'il est préférable de faire appel à une agence de branding professionnelle pour vous aider dans tous les aspects de l'image de marque de votre nouvelle entreprise. Elle peut même s'occuper du marketing des réseaux sociaux et de la génération de leads, et contribuer à faire connaître votre entreprise par le biais de différents médias.

Négocier avec un constructeur peut s'avérer difficile, car il a de nombreux clients différents et vous êtes en concurrence pour attirer son attention. Ils doivent avoir d'excellentes aptitudes à la communication et une personnalité positive et optimiste. Ils doivent être capables de partir du bon pied pour construire une relation solide avec leur client.

Ils doivent être disposés à écouter attentivement les souhaits et les besoins des clients, à leur fournir un excellent service à la clientèle et à travailler dans le respect de leur budget afin que tous soient satisfaits des résultats de leur contrat.

Le processus de négociation diffère d'un projet à l'autre et d'un client à l'autre. L'entrepreneur doit faire preuve de souplesse et être disposé à rencontrer son client à mi-chemin sur des questions spécifiques telles que le coût. Il doit toujours maintenir une relation professionnelle et polie, même si un client est en colère ou contrarié par quelque chose. Un bon entrepreneur peut gérer la situation avec calme, professionnalisme et diplomatie.

Chapitre 3 : Utiliser Internet Pour Trouver Des Offres

Comme vous le savez peut-être, ou peut-être pas, la recherche d'un bien d'investissement immobilier à distance est devenue plus facile grâce à l'avènement de la technologie. De nos jours, il n'est pas rare que les gens utilisent Internet pour trouver des affaires. Pourquoi cette pratique devient-elle si populaire ? La réponse est simple : parce que ça marche ! Avec des sites comme Zillow et Trulia, vous pouvez consulter les annonces de milliers de logements dans tout le pays et les comparer aux prix pratiqués dans votre région. Cela vous permet de trouver des opportunités dans un grand nombre de lieux et d'acheter une maison à un prix inférieur à celui qu'elle coûterait si elle était achetée localement.

Internet a permis de créer des conditions de concurrence presque égales, obligeant les forces du marché à veiller à ce que les prix locaux soient compétitifs par rapport à la moyenne nationale. Par conséquent, si vous souhaitez trouver un investissement à un prix qui ne tienne pas compte de votre salaire, il est temps d'essayer. Il suffit de trois étapes rapides.

a) Trouvez une opportunité d'investissement que vous aimeriez acheter et faites des recherches sur la région. Il s'agit de la partie la plus difficile du processus, et la tâche peut sembler insurmontable si vous ne savez pas ce que vous cherchez. Il serait utile que vous vous informiez sur les tendances actuelles du marché, les règles locales et la valeur des biens immobiliers. Il est important de savoir si des restrictions empêchent ou découragent votre achat (zonage, restrictions de propriété, etc.). Cette étape demande un peu plus d'efforts que les autres, car vous devez effectuer des recherches en ligne.

b) Déterminez le coût de votre investissement potentiel avant de rechercher le prix du marché de biens similaires dans votre région. J'aime travailler avec l'un de nos agents qui a accès à plus d'informations que n'importe qui d'autre sur ce site ne pourrait en obtenir. Ils appellent cela le "mode furtif", qui fait précisément ce que le nom indique. Une fois que nous avons établi un prix de marché, nos agents trouveront le nombre de biens comparables dans votre région à ce prix. Il est ainsi beaucoup plus facile de déterminer un prix d'achat approximatif que vous pouvez vous permettre.

c) Une fois que vous avez estimé avec précision la valeur de l'investissement, commencez à chercher. Vous avez fait tout le travail ; prenez maintenant une grande respiration et demandez-vous si vous êtes prêt à investir dans cet investissement. Si c'est le cas, il est temps de trouver un acquéreur pour votre investissement immobilier potentiel !

La mise en place d'une ressource basée sur Internet présente plusieurs avantages. Il est possible d'accéder à un investisseur immobilier en ligne depuis presque n'importe quel endroit. Vous pouvez utiliser des sites web tels que Zillow (et bien d'autres) pour rechercher des biens immobiliers et les évaluer en fonction des prix locaux. Beaucoup de nos clients utilisent cette approche pour identifier une zone dans laquelle ils souhaitent investir ; ensuite, notre équipe effectuera des recherches approfondies, à la recherche d'une propriété qui conviendrait bien à leur portefeuille d'investissement.

Différents types de sites immobiliers pour trouver des offres

Un site immobilier est conçu pour aider les gens à trouver, acheter et vendre des biens immobiliers. Les sites immobiliers ressemblent à des sites de vente aux enchères ; ils répertorient généralement tous les biens immobiliers et non un seul type. Il peut s'agir d'une maison ou d'un immeuble d'habitation. En général, quelqu'un peut vivre dans ce type de bien ou le louer. Dans le passé, les investisseurs auraient pu passer des heures, voire des jours, à conduire pour trouver un grand nombre de biens immobiliers susceptibles d'être achetés. Aujourd'hui, de nombreux nouveaux sites Internet consacrés à l'immobilier permettent de rechercher des biens en ligne et de consulter les données relatives au bien et à son quartier.

Il existe différents types de sites immobiliers ;

a) Sites MLS (Multiple Listing Service)

Ces sites disposent d'une base de données de tous les biens immobiliers actuellement en vente dans une région donnée. Chaque annonce comporte une photo de la maison ou de la propriété, des détails tels que le prix et le nom de l'agent immobilier qui représente le vendeur.

b) Sites de vente par correspondance

C'est là que vous pouvez trouver des biens à vendre par une personne qui n'est pas un agent immobilier professionnel. Cela signifie qu'ils vendent généralement leur maison à un prix inférieur à celui auquel ils l'auraient vendue s'ils avaient engagé quelqu'un pour la vendre. Nombre de ces sites vous permettent de faire des recherches par lieu et même par fourchette de prix, ce qui vous permet de faire de meilleures affaires.

c) "Vow Of Silence"

C'est là que vous pouvez trouver des propriétés qui ne sont pas encore inscrites sur le système MLS. Il s'agit généralement de propriétés qui n'ont que quelques jours sur le marché et qui sont situées dans des zones peu fréquentées. Cela signifie qu'il n'y aura pas autant d'acheteurs potentiels qui les regarderont, mais si vous recherchez quelque chose de plus spécifique, cela peut être un excellent endroit pour commencer votre recherche.

d) Sites de saisie

Les banques utilisent les saisies pour se débarrasser des maisons qu'elles ne peuvent pas vendre. Elles les vendent généralement à un prix bien inférieur à leur valeur marchande actuelle. Ces sites peuvent vous aider à trouver des maisons à partir d'un prix inférieur, parfois de quelques milliers de dollars seulement.

e) Banque foncière

Les investisseurs utilisent ces sites pour acheter des biens immobiliers dans l'espoir de les réaménager afin d'obtenir des prix plus élevés à l'avenir. Ces sites se concentrent sur des terrains plus petits où les investisseurs prévoient de créer un nouveau développement dans un quartier. L'investisseur peut construire un immeuble d'appartements ou un lotissement et vendre les différentes unités une fois qu'elles sont achevées.

f) Sites web consacrés à l'immobilier commercial

Ce sont les types de sites que vous utiliserez si vous recherchez un bien immobilier commercial. Ces sites se concentrent sur des biens plus commerciaux. L'immobilier commercial est généralement un bien qui sera utilisé à des fins professionnelles, comme les locaux commerciaux, les usines et les grands immeubles de bureaux.

g) Liste des ventes à découvert

Les ventes à découvert sont des maisons que les propriétaires ne peuvent pas vendre dans le cadre d'une inscription traditionnelle, généralement en raison de difficultés financières ou parce qu'ils ont besoin d'aide pour rembourser une dette. Les ventes à découvert sont beaucoup moins chères que les autres types de biens immobiliers. Ces sites les répertorient donc dans l'espoir que quelqu'un soit intéressé par l'achat de l'un d'entre eux à un prix réduit.

Registres fiscaux

Les investisseurs peuvent être en mesure d'acquérir des affaires grâce aux registres fiscaux. Lorsque le nouvel exploitant paie, un bien immobilier change de main et le montant de l'impôt. Ce montant est ensuite transféré sur le compte fiscal du nouveau propriétaire, qui peut alors l'investir dans des fonds de capital-investissement, des fonds spéculatifs ou d'autres fonds d'investissement immobilier. Pour ce faire, l'ancien propriétaire doit fournir une copie de ses formulaires fiscaux pour cette transaction.

La richesse à long terme que vous accumulerez grâce à ce processus comprend un taux d'imposition personnel plus bas en raison de la faible imposition des plus-values et des investissements supplémentaires déjà en cours (tels que le capital-investissement). L'achat de biens immobiliers par le biais des dossiers fiscaux n'est qu'une des formes d'investissement à distance qui peut offrir un potentiel de rendement considérable en fonction de votre stratégie et de vos objectifs d'investissement. En adoptant la bonne approche, vous serez en mesure d'acquérir les fonds nécessaires à vos investissements immobiliers et d'atteindre un plus grand degré de réussite.

Le fait d'avoir un contrôle total sur ce qu'il adviendra de votre argent est un autre élément qui fait de l'investissement à distance une excellente option. Tant de variables peuvent intervenir sur de courtes périodes, ce qui fait de l'investissement à distance une alternative supérieure à l'investissement immobilier traditionnel. Il est important de développer en permanence votre base de connaissances, car elle fera toute la différence lorsque vous profiterez de vos opportunités d'investissement. Vous pouvez créer cette base de diverses manières, notamment par des cours en ligne, des ateliers, des séminaires et des conférences.

Un bien confisqué est un bien saisi par les forces de l'ordre ou d'autres organismes parce qu'il est impliqué dans une activité illégale. Les biens confisqués comprennent l'argent, les véhicules et les biens considérés comme de la contrebande. Tous les biens confisqués sont vendus aux enchères publiques ou privées.

Dans la plupart des cas, les biens saisis sont mis aux enchères publiques avant d'être vendus de gré à gré. Si le bien ne fait l'objet d'aucune offre au cours des deux premières semaines de la vente aux enchères publiques, il est vendu de gré à gré à une autre partie. Les biens qui ont fait l'objet de plusieurs demandes au cours d'une vente publique bénéficient d'un délai supplémentaire de cinq jours avant d'être vendus de gré à gré au plus offrant.

Des conditions strictes doivent être remplies pour participer à une vente par confiscation. Le vendeur doit avoir le titre de propriété de son bien confisqué, il doit être en possession du bien, il ne peut pas être interdit de vendre son bien, et la valeur de son bien doit être déterminée.

La procédure classique de confiscation des biens se décompose en plusieurs étapes. La première étape s'intitule "saisie". La police ou d'autres agents chargés de l'application de la loi signifient un avis dans un lieu public qui détaille toutes les informations relatives à la confiscation. Après avoir reçu une réponse, les agents recherchent des produits de contrebande ou des activités illégales dans leur juridiction, puis procèdent à une arrestation. Cette arrestation permet de s'assurer qu'aucune activité criminelle n'a eu lieu au moment où les forces de l'ordre ont signifié l'avis de saisie.

La deuxième étape s'intitule "Confiscation". Elle se déroule lorsqu'un juge confirme que le bien peut être confisqué ou vendu. Si le juge détermine que le bien peut être saisi, le titre de propriété peut être transféré par le biais d'une ordonnance du tribunal. Le propriétaire peut faire appel s'il estime qu'il n'a pas été impliqué dans des activités illégales et que les forces de l'ordre ont saisi son bien à tort.

La troisième étape s'intitule "Disposition". Elle a lieu lorsqu'il n'y a pas d'appel et que le titre de propriété a été transféré par décision de justice. L'étape suivante consiste à annoncer la vente aux enchères publiques ou à trouver un acheteur privé pour votre bien confisqué. Si le bien confisqué ne fait l'objet d'aucune offre, il sera vendu à une autre partie dans le cadre d'une vente privée.

La quatrième étape s'intitule "Vente". C'est le moment où le titre de propriété de votre bien confisqué est transféré à quelqu'un d'autre. Si l'investissement immobilier est effectué correctement et en utilisant les procédures légales adéquates, l'investissement dans les biens confisqués présente de nombreux avantages potentiels, notamment des taux d'intérêt peu élevés, des prix avantageux et des fermetures rapides.

La cinquième et dernière étape s'intitule "Expiration". Elle intervient lorsque vous avez remboursé votre prêt et que vous n'avez plus d'obligations au titre de l'accord. Les biens confisqués ont une date d'expiration de sept ans. Si vous décidez de vendre votre bien, un acheteur doit être disposé à acheter votre bien dans les sept ans. Si la vente n'a pas lieu dans ce délai, la parcelle sera confisquée au profit des forces de l'ordre afin qu'elle ne tombe pas dans le domaine public.

Réseaux sociaux

Lorsqu'ils ont la possibilité d'investir dans un bien immobilier, les investisseurs sont souvent trop effrayés pour faire le premier pas. Il y a toujours la crainte de choisir le mauvais endroit ou d'être trop court pour un investissement aussi important. Heureusement, des plateformes telles que Facebook Marketplace et LeBonCoin permettent aux investisseurs de pénétrer sur ce marché sans grever leur budget.

Une exccllente façon pour les nouveaux investisseurs de commencer est d'utiliser les sites Web des réseaux sociaux pour acheter des biens immobiliers à des vendeurs moins expérimentés ou moins débrouillards qui peuvent avoir besoin d'aide pour vendre leur maison avant de pouvoir déménager ou de s'installer avec des membres de leur famille. Cette approche des réseaux sociaux fonctionne exceptionnellement bien à la campagne et dans les villes où vous disposez d'un réseau de soutien local.

Les plateformes de réseaux sociaux telles que Facebook Marketplace sont un excellent moyen pour les nouveaux investisseurs de se lancer dans l'investissement immobilier en achetant une propriété qui doit être vendue rapidement. Grâce aux réseaux sociaux, un investisseur immobilier peut atteindre un investisseur qui cherche à vendre sa maison cossue en Floride ou la maison familiale dans laquelle il vit en Arizona. Par l'intermédiaire d'un site d'annonces comme Facebook Marketplace, vous pouvez entrer en contact et faire une offre pour ce bien.

Les réseaux sociaux peuvent être un moyen attrayant de localiser des investissements immobiliers potentiels et des investisseurs qui ont besoin de vendre rapidement leur bien. Pour tirer le meilleur parti des réseaux sociaux, les investisseurs doivent utiliser leurs réseaux, et les réseaux doivent également utiliser les réseaux sociaux pour faire la publicité de leurs produits.

Instagram est un autre site de réseaux sociaux idéal pour entrer en contact avec des vendeurs et des acheteurs potentiels de biens immobiliers. En plus des réseaux sociaux habituels comme Facebook et Twitter, Instagram est un excellent moyen de commercialiser votre produit ou de fournir des informations sur votre entreprise. Si vous souhaitez vous constituer un public pour mieux vous faire connaître en tant qu'investisseur immobilier, Instagram est la plateforme qu'il vous faut.

Lorsque vous publiez des informations sur les réseaux sociaux, vous devez fournir des détails sur vous-même, y compris votre lieu de résidence. Toutefois, il est également essentiel d'entrer en contact avec des personnes qui partagent le même intérêt pour l'investissement immobilier. En suivant le bon public sur les réseaux sociaux et en publiant du contenu utile sur leur page, les investisseurs peuvent développer leur marque en créant des liens avec d'autres personnes qu'ils n'auraient pas créées ou trouvées s'ils n'étaient pas actifs sur les réseaux sociaux.

Les particuliers peuvent obtenir des biens immobiliers par l'intermédiaire de ces plateformes en suggérant au vendeur immobilier de commercialiser son bien. En explorant ces plateformes de réseaux sociaux, un investisseur peut évaluer l'intérêt et le nombre de vues qu'il obtiendra pour ses annonces. Dans certains cas, seuls les biens qui ont reçu de nombreuses vues et qui suscitent un grand intérêt seront achetés.

Les avantages et les inconvénients de l'utilisation de ces plateformes de réseaux sociaux sont les suivants ;

Avantages

a. Les réseaux sociaux permettent de donner du prestige aux investissements fonciers et immobiliers dans un laps de temps relativement court.

b. Les investisseurs peuvent acheter des biens immobiliers sans utiliser de liquidités grâce à des prêts bancaires ou hypothécaires.

c. Les réseaux sociaux facilitent la négociation avec les vendeurs qui souhaitent vendre leur bien rapidement et à bas prix afin de pouvoir disposer des fonds nécessaires à d'autres achats importants ou à des besoins familiaux dans d'autres lieux.

d. L'utilisation des réseaux sociaux permet aux investisseurs de créer une audience sur laquelle ils peuvent commercialiser leurs investissements et leurs entreprises, ce qui peut conduire à un meilleur rendement à long terme.

e. Les réseaux sociaux permettent aux investisseurs de voir les réponses qu'ils reçoivent de la part des clients en ligne et de rédiger de bons rapports et des réactions sur les réseaux sociaux.

f. L'utilisation des réseaux sociaux permet aux investisseurs de se connecter et d'interagir les uns avec les autres par le biais de likes ou de commentaires, de se mêler à des personnes partageant les mêmes intérêts et de découvrir de nouvelles sources d'investissement immobilier.

g. Les réseaux sociaux permettent aux investisseurs de développer plus facilement leur marque afin d'obtenir une plus grande visibilité lorsque vient le moment de commercialiser leurs produits ou services.

Inconvénients

a. L'utilisation des réseaux sociaux peut conduire des individus à faire de fausses déclarations sur les prix des propriétés, les emplacements, les codes fiscaux potentiels, etc.
b. L'utilisation des réseaux sociaux n'est pas toujours efficace. Les fausses affirmations concernant les investissements immobiliers sur des sites populaires tels que Facebook et Instagram font qu'il est très difficile pour les investisseurs d'acheter rapidement un bien à un prix raisonnable sur des places de marché comme celles-ci, car les vendeurs potentiels sont effrayés par les fausses informations qu'ils reçoivent de la part d'autres clients ou clients potentiels qui ont utilisé cette même plateforme.
c. Les réseaux sociaux ne sont pas toujours un moyen rapide de faire connaître vos investissements immobiliers, et le succès des réseaux sociaux sur ces plateformes dépend souvent de ce que l'on appelle le "poids" ou les "pages populaires".
d. L'utilisation des réseaux sociaux et d'autres méthodes de marketing ne sont pas toujours des moyens fiables d'obtenir des ventes immobilières. Il est arrivé que des investisseurs paient des milliers de dollars en frais de marketing sur les réseaux sociaux, alors que les coûts réels peuvent être nettement inférieurs.

Diligence raisonnable

La clé pour devenir un investisseur immobilier prospère est de toujours faire preuve de diligence raisonnable. Les recherches que vous effectuez sur un bien immobilier avant de l'acheter vous aideront grandement à éviter les erreurs financières et à prendre des décisions intelligentes.

La première étape pour faire preuve de la diligence requise à l'égard d'un bien immobilier consiste à s'informer en permanence sur le quartier. Il est essentiel d'être informé sur la zone dans laquelle vous souhaitez investir pour identifier les biens qui vous conviennent le mieux. Vous pouvez utiliser les statistiques de la criminalité, les informations sur les écoles, les données des évaluateurs et les quartiers en vogue comme point de départ de vos recherches.

Une fois que vous savez quels sont les domaines susceptibles de répondre à vos besoins et que vous avez établi qu'il n'y aura pas de problème pour conclure l'achat du bien, prenez le temps de bien faire les choses en procédant à une inspection avec un inspecteur avant de faire une offre sur un bien. Le temps passé à vérifier les éléments et à en discuter avec l'agent vous aidera à mieux comprendre ce qui caractérise ce bien et vous permettra de négocier de meilleures conditions.
Une liste de contrôle est un excellent moyen de garder une trace de ce qui se passe lors de la recherche d'un bien immobilier. Vous pouvez dresser une liste des éléments que vous souhaitez connaître sur le bien, par exemple depuis combien de temps une maison se trouve dans le quartier, combien de logements elle possède et s'il s'agit d'un bien appartenant à une banque. Cela vous aidera à déterminer si cet investissement vous convient. Utilisez une liste de contrôle pour garder une trace de vos souhaits et de vos besoins lorsque vous examinez des biens immobiliers.

Lors de l'achat d'un bien immobilier, vérifiez les points suivants :

Y a-t-il suffisamment de places de parking ? Quelles sont les charges comprises dans le loyer ? Quel est le montant de la caution demandée ? Savez-vous qui seront vos locataires ? Si ce n'est pas le cas, comment pouvez-vous obtenir plus d'informations à leur sujet ? Le bien présente-t-il des problèmes qui affectent les locataires ou l'acheteur ?

Que pouvez-vous faire pour résoudre ces problèmes, le cas échéant ? S'agit-il d'un bien à revenu ou d'un bien destiné à la revente ? Est-il possible d'y apporter des améliorations ou des ajouts afin d'augmenter sa valeur au fil du temps, comme l'ajout d'un sous-sol aménagé, d'un grenier ou de logements supplémentaires sur le site afin d'augmenter les revenus au fil du temps ?

Lorsqu'il s'agit d'acheter un bien immobilier, certains éléments constituent des signaux d'alerte. Si vous découvrez que le bien a fait l'objet d'une procédure judiciaire ou qu'il a été vendu plusieurs fois en peu de temps, vous devriez envisager de placer votre argent ailleurs.

S'il n'y a pas de parking ou si la chaudière est tombée en panne au moment où vous voulez faire une offre sur la maison et qu'elle sera nécessaire pour l'hiver, réfléchissez-y à deux fois. Si certains biens immobiliers ont connu des pannes assez récemment mais sont toujours en vente, cela peut être le signe de problèmes avec le voisinage ou la société de gestion.

Lors de la recherche d'un logement, vérifiez les points sensibles tels que les statistiques de la criminalité et les saisies immobilières. Le quartier ou la rue sont-ils propices à votre investissement ? Y a-t-il quelque chose que vous puissiez faire pour augmenter la valeur des biens immobiliers ?

Voici quelques conseils et astuces à prendre en compte lors de l'achat d'un bien immobilier,

a. Faites appel à un agent immobilier réputé et expérimenté en qui vous avez confiance pour l'achat et la vente de biens immobiliers. Vous devrez prendre rapidement de nombreuses décisions lors de l'achat d'un bien immobilier, c'est pourquoi vous devez pouvoir compter sur quelqu'un d'expérimenté pour répondre à toutes les questions que vous pourriez vous poser. Un agent immobilier peut également vous aider à négocier une bonne affaire avant de faire une offre.

b. Lorsque vous décidez d'acheter un bien immobilier, assurez-vous que le retour sur investissement est suffisant avant de faire une offre. Si le propriétaire demande plus que la valeur de la maison, envisagez d'offrir moins au lieu de surpayer le bien et de perdre de l'argent immédiatement.

c. Si vous investissez dans un bien libre de toute hypothèque et que le prêteur demande un acompte supérieur à 1 %, vous devrez décider s'il s'agit d'une bonne affaire pour vous. Si le bien a été exploité en tant qu'investissement et n'est pas déficitaire, il peut valoir la peine de payer un supplément.

d. Lors de l'achat d'un logement ou d'un investissement immobilier, assurez-vous que votre agent a inspecté le bien avant de faire une offre. Si le bien ne présente aucun problème, des surprises peuvent survenir après l'inspection, avant que vous ne concluiez l'achat.

e. Avant d'acheter un bien immobilier, renseignez-vous toujours sur le quartier et ses environs, par exemple sur les statistiques de la criminalité, les informations scolaires, les données de l'évaluateur et les quartiers en vogue, afin de savoir ce qui s'y passe. Vous pouvez également utiliser des ressources en ligne telles que Zillow.com pour obtenir ces informations.

f.   Ayez toujours une liste de contrôle lorsque vous regardez un bien immobilier et tenez-vous-en à cette liste. Plus vous en saurez sur le bien, moins vous passerez de temps à le regarder, et plus vous pourrez vous concentrer sur la négociation pour aller de l'avant.

g.   Faites toujours appel à un agent immobilier lorsque vous achetez un bien. Il peut vous aider à vous sentir à l'aise lors de l'achat d'une propriété, à négocier et à comprendre si vous faites une bonne affaire ; des choses comme les problèmes de titre et de superficie peuvent être réglées en les découvrant avant qu'ils n'atteignent le point où ils pourraient coûter plus cher que de les payer de sa poche plutôt que d'essayer de les découvrir après coup avec un avocat ou, pire encore, d'avoir à saisir et à se débarrasser d'une maison.

h.   Lorsque vous achetez un bien immobilier et que vous négociez un prix, ne prenez pas de décision trop hâtive. Prenez votre temps et réfléchissez autant de fois que nécessaire avant de fixer un prix. Vous pouvez également envisager de consulter un avocat ou, mieux encore, un agent spécialisé dans le droit immobilier si le bien ou le quartier présente des signes d'alerte susceptibles d'influer sur votre décision d'achat.

Contrôles des loyers

Un chèque de location est un chèque qui est envoyé sur votre compte bancaire chaque mois lorsque vous percevez le loyer de vos locataires. Ces chèques permettent au propriétaire ou au locataire de suivre facilement les finances et d'enregistrer les paiements en ligne. Familiarisés avec les propriétaires, les particuliers peuvent également utiliser ce chèque.

Très prisé des investisseurs immobiliers et des propriétaires fonciers, le chèque de location permet de se faire payer à temps par les locataires sans avoir à les rencontrer personnellement tous les jours. Le locataire peut également effectuer ses paiements par Internet s'il le souhaite.

Les chèques-location sont faciles à mettre en place sur votre compte bancaire. Ils peuvent ensuite être utilisés par les propriétaires ou même par les personnes qui souhaitent percevoir le loyer de leurs locataires. Votre chèque de location se compose de plusieurs documents que votre propriétaire envoie chaque mois sur votre compte bancaire. Ces documents varient d'une banque à l'autre mais consistent parfois en un formulaire d'autorisation, un contrat de bail et un avis de paiement. Le contrat de location se présente le plus souvent sous la forme d'un contrat de location électronique (LEA) qui peut être signé en ligne par le propriétaire et le locataire à l'aide de leurs ordinateurs respectifs, ce qui permet aux deux parties de signer le contrat de location par voie électronique. Le bailleur télécharge ensuite le bail électronique vers sa banque par l'intermédiaire du site web du bailleur.

Ensuite, votre chèque de location sera envoyé sur votre compte bancaire. Ces chèques se composent d'une facture, d'un reçu et d'un relevé de paiement si vous êtes en ligne et que vous effectuez des paiements par internet. Le montant varie en fonction des taux d'intérêt et de l'économie de la région concernée. Une personne de la banque s'en charge généralement, mais cela peut aussi se faire par voie électronique, ce qui facilite le versement des paiements directement sur votre compte ou permet, pour les dépenses qui ne peuvent pas être directement versées sur votre compte, de disposer d'une trace écrite de la preuve en cas de besoin ultérieur.

Il existe de nombreuses façons de vérifier les prix des chambres et des locations individuelles. La première consiste à rechercher en ligne le lieu que vous souhaitez visiter, par exemple un hôtel ou un espace loué à la journée ou à la semaine. Une fois que vous avez identifié ces chambres, l'étape suivante consiste à prendre rendez-vous avec elles pour les visiter et vérifier si elles ont un contrat de location. Cette étape prend également beaucoup de temps, mais elle en vaut la peine si vous souhaitez louer une maison ou un appartement entier sur votre propriété.

Si ce n'est pas possible, vous pouvez appeler le propriétaire ou prendre rendez-vous avec lui en personne ou par téléphone. Il est également essentiel de vérifier vos dossiers et documents fiscaux, qui contiennent des informations sur ce que vous avez payé pour louer un bien l'année précédente.

Certains chèques de location sont très exacts et très précis, tandis que d'autres peuvent être légèrement erronés. Si vous avez déjà possédé un bien locatif, vous savez probablement de quoi je parle, car il est toujours difficile de calculer les paiements et de se mettre d'accord sur les détails qui peuvent parfois différer de quelques dollars.

Pour éviter ce problème, il convient de suivre les conseils suivants :

a) assurez-vous de vérifier la banque et de vous assurer qu'il s'agit d'une bonne banque. Vous devez vous assurer de la fiabilité de la banque avant de conclure un accord avec elle pour vos besoins d'investissement immobilier et d'obtenir des chèques de location pour vos biens.

b) assurez-vous qu'il s'agit d'une bonne banque. Vous avez peut-être entendu parler de certaines banques qui ne sont pas très bonnes et vous voulez vous en éloigner. Vous ne voulez pas être victime d'une escroquerie de la part de ces banques. S'il y a des problèmes avec ces banques, il est très probable qu'elles ne vous donneront pas une bonne affaire pour vos investissements immobiliers, peu importe ce que vous avez mis en place ou le type d'affaires que vous avez conclues.

c) assurez-vous qu'il s'agit d'un vrai compte. De nombreuses personnes utilisent plusieurs comptes pour leur épargne lorsqu'elles achètent leur premier bien immobilier, car cela peut être utile pour de nombreuses choses, telles que les dossiers fiscaux et le paiement des factures de services publics. Ces comptes sont exceptionnels, surtout si vous êtes un nouvel investisseur désireux d'investir dans un bien locatif pour la première fois.

d) vérifiez le type de formulaires à remplir. Vous pouvez obtenir un chèque de location sans avoir à remplir de nombreux formulaires, mais certaines banques exigent que certaines informations soient fournies pour que vous puissiez bénéficier des meilleurs taux et frais sur votre compte.

Chaque banque dispose d'un ensemble différent de formulaires à remplir pour obtenir des informations sur vous et votre propriété. Cela dépend de la banque et du type de compte que vous essayez d'obtenir.

e) recherchez des préférences personnelles concernant le type de document que la banque fait remplir à ses clients. Certaines banques peuvent vous demander votre lieu de résidence et d'autres questions plus personnelles, tandis que d'autres ne vous poseront pas autant de questions.

f) assurez-vous que toutes les informations sont correctes. Certaines banques proposent des comptes en ligne qui ne sont pas souvent mis à jour et qui peuvent être difficiles à suivre. Il est facile de commettre des erreurs sur vos comptes lorsqu'il s'agit de remplir ces formulaires, surtout s'ils ne sont pas facilement accessibles en ligne.

Voici un exemple de calcul du loyer :
"Les investisseurs immobiliers utilisent les chèques de location pour plusieurs raisons. Ces chèques permettent de collecter facilement de l'argent auprès des locataires et du propriétaire, à intervalles réguliers. Si les locataires ne paient pas leur loyer, ils peuvent recevoir une "mise en demeure" qui leur donne trente jours pour s'exécuter. Un propriétaire peut également émettre une mise en demeure. Après 30 jours, le propriétaire a le droit de déduire le montant du paiement de son compte bloqué. Si le locataire ne paie pas après 60 jours, il peut faire l'objet d'une saisie-arrêt, c'est-à-dire d'un prélèvement direct sur son compte bancaire sans préavis.

Lorsque vous consultez le montant du loyer sur un chèque de location, vous pouvez voir une date de facture qui indique le jour où le propriétaire vous l'a envoyé ou une note indiquant la "dernière acceptation", c'est-à-dire la dernière date d'acceptation. Vous pouvez également constater des ajustements de loyer pour des mois où aucun loyer n'a été payé. Le propriétaire n'a pas besoin de l'autorisation de ses locataires pour facturer des frais de retard, ce qui peut s'avérer très coûteux dans certains États, comme la Californie et la Floride.

Les chèques de location sont utilisés par les investisseurs immobiliers, qui ont des responsabilités de gestion immobilière, pour collecter de l'argent auprès des locataires. Ils peuvent également les utiliser pour collecter de l'argent auprès des propriétaires.

Visualisation numérique

L'essor de l'internet a entraîné une hausse de la popularité de l'investissement immobilier à distance. Les sites web d'investisseurs, les blogs, les communautés de réseaux sociaux et les conférences téléphoniques ont permis aux investisseurs de se familiariser plus facilement avec de nouveaux logements. Toutefois, cette tendance numérique alimente l'essor rapide de ce que l'on appelle le "Web 2.0", c'est-à-dire le fait d'être un investisseur immobilier sur le web plutôt qu'en personne.

L'investissement immobilier à distance fonctionne mieux lorsqu'il est réalisé en partie en ligne et qu'il s'accompagne de quelques visites sur place au fil du temps pour vérifier les biens. L'internet permet un processus beaucoup plus efficace. Toutefois, cela ne rend pas l'investisseur à distance moins vulnérable aux escroqueries ou aux agents frauduleux qui peuvent profiter du fait que les gens sont trop éloignés pour voir leurs actions.

Toutefois, en effectuant des recherches approfondies sur votre marché, vous pouvez être sûr de vos décisions et le faire en ligne. L'investissement à distance vous permet non seulement d'éviter certains risques liés à l'achat d'un bien immobilier par l'intermédiaire d'un courtier ou d'un agent, mais c'est aussi un moyen efficace de limiter les tentatives des escrocs et des fraudeurs de s'emparer de votre argent.

Google Maps est un outil très utilisé par les investisseurs à longue distance. Cet outil peut être avantageux, car il contient des informations qui vous aident à prendre une décision éclairée, mais il peut aussi être une source importante de frustration. Il serait utile d'apprendre à utiliser Google Maps de manière efficace et de connaître les fonctions qui sont à votre disposition.

Vous pouvez également trouver de nombreuses informations sur les restaurants, les magasins et les autres entreprises locales en effectuant des recherches en ligne. Cela vous permettra de vous faire une idée du quartier dans lequel se trouve votre bien et de savoir s'il est pratique pour vous ou votre locataire.

Bien qu'il s'agisse d'un excellent outil pour découvrir un quartier, l'interaction en personne est le seul moyen d'évaluer votre quartier avec précision. Vous ne pouvez pas vous rendre compte en ligne de la qualité d'une école locale, de la fréquentation des rues ou du type de relations que vous pourriez avoir avec vos voisins. Les cartes Google peuvent vous donner une idée - mais une seule - des biens immobiliers disponibles pour votre investissement et des zones dans lesquelles vous souhaitez investir.

Il est également important de noter que l'investissement immobilier à distance peut être affecté par des éléments qui ne sont pas toujours visibles sur Google Maps, tels que les dégâts des eaux dans les bâtiments et la présence ou l'absence de trottoirs dans certaines zones.

L'une des stratégies les plus efficaces pour un investisseur à distance consiste à faire visiter le logement par un agent immobilier. Cela permet à l'investisseur de se faire une idée plus précise du logement et du quartier en personne, tout en obtenant des réponses à ses questions par une personne connaissant bien la région.

Certains investisseurs peuvent prendre des décisions plus éclairées au cours de ce processus, tandis que d'autres peuvent trouver qu'il confirme leurs perceptions antérieures. Quelle que soit votre expérience des visites, vous devriez envisager d'en faire une avant de vous lancer dans votre investissement afin d'éviter les surprises une fois le bien acheté.

Il y a plusieurs avantages à effectuer une visite en personne plutôt que de se contenter de regarder des photos en ligne. Par exemple, une visite vous mettra immédiatement en contact avec des agents immobiliers ou des courtiers locaux qui pourront répondre à vos questions sur le bien.

Vous pourrez peut-être jeter un coup d'œil à plusieurs propriétés et décider de celle qui vous convient le mieux. Comme il s'agit d'une visite sur place et non d'une recherche en ligne, vous ne serez pas déçu par la maison ou le quartier qu'on vous montrera.

Connaître ses voisins est l'un des meilleurs moyens de s'assurer que votre investissement sera rentable. Vous pouvez également nouer des liens et vous faire une idée précise de la communauté dans laquelle vous investissez, ce qui vous évitera de perdre beaucoup de temps à essayer de comprendre par vous-même un quartier que vous ne connaissez pas. Enfin, les visites sont un excellent moyen de rencontrer les voisins.

Cependant, certains investisseurs n'aiment pas passer par une visite guidée parce qu'ils se sentent gênés et vulnérables. La plupart des personnes qui agissent ainsi sont de nouveaux investisseurs et n'ont pas l'expérience nécessaire pour bien réagir aux commentaires négatifs. Il peut donc être difficile de choisir un bien avec lequel vous vous sentez à l'aise, surtout si vous n'êtes pas habitué au secteur de l'immobilier et que vous n'avez pas de courtier de confiance avec vous.

Des applications pour vous aider

Une application est un logiciel qui correspond à une tâche spécifique. Certaines applications, comme PayPal, Google Maps, Yelp et bien d'autres, sont utiles dans la vie de tous les jours ; d'autres se concentrent sur des activités particulières comme la photographie ou le shopping. Enfin, il existe un type d'application appelé "application immobilière", qui vous aide à mettre en œuvre votre stratégie d'investissement immobilier à distance.

Différentes applications aident les gens à investir dans des biens immobiliers :

a) Facebook

Facebook propose un nouveau service aux annonceurs privés qui souhaitent vendre leurs biens immobiliers aux utilisateurs de la plateforme.

b) Offres Zillow Instant

Zillow Instant permet aux propriétaires d'afficher leurs biens sur le site et d'entrer directement en contact avec des acheteurs potentiels. Les vendeurs fixent le prix et les modalités de paiement - s'ils veulent du liquide, ils peuvent donc le préciser.

c) Realty Mogul

Cette application permet aux gens d'investir dans des biens immobiliers sur des marchés aussi proches que leur ville natale ou aussi éloignés que la Silicon Valley, sans jamais quitter leur domicile ! Realty Mogul aide les investisseurs à trouver des annonces immobilières dans tous les États-Unis afin que tout le monde puisse profiter de ce secteur en plein essor.

d) Instant Offers

Les acheteurs peuvent utiliser Instant Offers pour créer une liste restreinte de logements qu'ils souhaitent voir en personne. Cette application permet aux propriétaires d'inscrire leur bien sur diverses plateformes de réseaux sociaux, notamment Facebook et Instagram. Lorsque la liste est prête, l'application envoie des demandes de visites et organise des itinéraires afin que les personnes puissent facilement visiter les maisons qu'elles souhaitent acheter.

e) Webuyanyhouse.com

Cette application met en relation des vendeurs locaux et des investisseurs intéressés par l'achat de logements à titre gratuit et leur revente une fois les travaux de rénovation terminés, ce qui permet à toutes les parties concernées d'obtenir facilement ce qu'elles veulent de l'opération.

f) OpenDoor

OpenDoor est une place de marché peer-to-peer qui met en relation directe les vendeurs et les acheteurs. Par exemple, à San Francisco et à Phoenix, Open Door permet aux acheteurs de parcourir une bibliothèque d'annonces de propriétaires désireux de vendre - sans payer de commission.

g) Depop

Cette application permet d'acheter et de vendre localement des vêtements et d'autres accessoires de mode. Les utilisateurs peuvent organiser des rencontres en personne ou envoyer leurs articles par la poste à l'acheteur une fois la vente conclue.

h) OfferUp

Cette application permet d'acheter et de vendre localement. L'application comprend une fonction de chat qui permet aux utilisateurs de poser des questions aux vendeurs et de faire des offres avant d'être prêts à les rencontrer.

i) Wallapop

Wallapop est une place de marché mobile pour l'achat et la vente d'objets d'occasion. Grâce à cette application, les utilisateurs peuvent parcourir la base de données Wallapop des objets à vendre, localiser ceux qu'ils souhaitent dans leur quartier et convenir d'un rendez-vous avec le vendeur.

j) TradeGecko

Cette application aide les entreprises à déterminer les places de marché qu'elles devraient utiliser pour vendre leurs produits en se basant sur des données en temps réel concernant les plateformes qui génèrent le plus de demande.

Chapitre 4 : Suivre L'Évolution Du Marché

Se tenir au courant du marché est essentiel pour développer de bonnes compétences en matière d'investissement immobilier. Il est également essentiel de vendre au bon moment, ce qui nécessite une solide compréhension de la meilleure façon d'éviter de payer trop ou pas assez. De nombreux sites web d'excellente qualité sont à la disposition des investisseurs pour réaliser des études de marché et obtenir des informations actualisées sur le marché afin d'adapter constamment votre approche au fur et à mesure que vous investissez.

L'investisseur immobilier à distance bénéficie de l'accès à ces ressources depuis n'importe quel endroit du monde pendant les heures de bureau. Il n'a pas besoin de s'absenter de son travail ou de prendre d'autres engagements pour se déplacer si nécessaire. En investissant grâce à ces ressources, il reste compétitif par rapport à un groupe d'investissement local qui se concentre sur son fuseau horaire local plutôt que sur les marchés internationaux où il aurait plus de concurrence.

L'investissement immobilier est un excellent moyen pour les investisseurs à distance d'obtenir des investissements immobiliers, mais ce n'est pas le seul. Lorsque vous disposez d'un plan d'entreprise efficace et que vous souhaitez accroître votre patrimoine et augmenter votre résultat net, toute nouvelle opportunité qui semble solide et qui offre de bons rendements peut être envisagée. Vous pouvez élargir ce champ d'action en vous aventurant dans de nouveaux secteurs d'activité, tels que la vente en gros, la vente au détail ou l'achat et la vente en ligne de biens ou de services.

Suivre l'évolution du marché immobilier local vous permettra de rester compétitif. Vous n'avez pas à laisser passer des opportunités potentielles simplement parce que vous vivez en dehors de l'État où se trouve l'option. Mais il serait bon que vous fassiez attention à ne pas vous laisser distraire par le dernier investissement en date au point de négliger votre entreprise. Familiarisez-vous avec les lois, les réglementations et les coutumes locales, car la plupart des régions du pays fonctionnent différemment. Voilà un excellent exemple de la manière dont un investisseur immobilier à distance peut rester compétitif sur un marché difficile tout en tirant parti d'opportunités nationales et internationales.

Prix de l'immobilier

Les prix de l'immobilier n'ont jamais été aussi élevés. C'est un excellent moment pour investir dans l'immobilier, mais il faut être conscient des risques pour en profiter.

Si l'on veut suivre l'évolution des prix de l'immobilier, voici quelques étapes à suivre :

a. Suivez le prix des biens immobiliers à tout moment : Il s'agit d'une condition essentielle pour vérifier la tendance et s'assurer que les prix de l'immobilier augmentent ou diminuent. Si une personne souhaite suivre les prix de l'immobilier au quotidien, elle doit surveiller le marché. Les professionnels de l'immobilier donnent accès aux données actuelles et veillent à ce que tout se passe bien dans leur domaine d'intérêt. Si l'on dispose d'informations datées sur l'étude du marché de l'immobilier, on peut voir comment les prix de l'immobilier ont été comparés à d'autres en fonction de la période choisie.

b. Suivez les tendances passées : Les tendances des prix de l'immobilier sont un moyen facile de savoir s'il existe ou non des opportunités d'investissement dans certaines zones de la localité. Le suivi des tendances des prix de l'immobilier vous permet de savoir s'il est probable que les prix des biens immobiliers aient baissé dans certaines zones. Il s'agit d'un excellent moment pour investir, mais vous devez vous renseigner auprès des agents immobiliers de votre région pour vous assurer que tout se passe bien.

c. Renseignez-vous sur les possibilités d'investissement dans l'immobilier local : Tenez-vous au courant des dernières options d'investissement disponibles à ce stade et comprenez leurs avantages et leurs inconvénients afin d'obtenir de meilleurs résultats tout au long du processus.

d. Profitez des prix de l'immobilier lorsqu'ils sont plus bas que d'habitude : Des prix immobiliers inférieurs à la valeur moyenne du marché sont une excellente raison d'investir dans l'immobilier. Les investisseurs immobiliers saisissent cette opportunité et investissent dans les biens immobiliers qu'ils souhaitent à ce moment-là. Ils peuvent prendre cette décision parce qu'ils comprennent qu'il y a des chances que les prix de l'immobilier baissent et n'augmentent pas d'ici la fin de l'année.

Un bien immobilier peut être évalué par ;

a. Méthode du *First In - First Out* (premier entré - premier sorti) : La méthode du *First In - First Out* (FIFO), ou premier entré - premier sorti, est la méthode d'évaluation la plus simple utilisée par la plupart des investisseurs. Cette méthode s'applique également à la valeur des biens immobiliers. Ainsi, le coût payé pour le bien est considéré comme sa valeur actuelle par rapport à d'autres biens immobiliers de type et d'emplacement similaires. Il est conseillé de vérifier la méthode FIFO pour se faire une idée plus précise de l'évaluation des biens immobiliers en utilisant certains de ses biens comme exemples.

b. Une approche de ventes comparables : Bien que cette approche soit subjective, elle est considérée comme l'une des méthodes les plus efficaces utilisées par la plupart des investisseurs. Ainsi, la valeur d'un bien est déterminée par le coût d'autres biens similaires. Ils peuvent également utiliser une analyse de marché pour établir ces valeurs.

c. Une évaluation par un tiers : Cette méthode est utilisée par ceux qui ont de l'expérience dans l'investissement immobilier et qui savent quel est le bon moment pour investir dans un bien. Dans cette méthode bon marché, un tiers détermine la valeur du bien en le comparant à d'autres biens similaires, y compris les tendances actuelles des prix dans la région. Les personnes intéressées par l'obtention des prix des biens immobiliers à partir de cette source doivent contacter des professionnels de l'immobilier afin que tout se passe bien pour elles à l'avenir.

d. Une approche par les coûts : Il s'agit de la méthode la moins précise pour déterminer la valeur d'un bien immobilier. Ainsi, il faut connaître le coût de remplacement d'un bien immobilier pour que l'investissement soit fructueux. Il lui suffit de se renseigner auprès des agents immobiliers de sa région pour savoir combien lui coûterait la construction d'une nouvelle maison ou l'achat d'une maison existante.

e. Une approche par la valeur de marché :   Cette   méthode nécessite des données provenant de transactions similaires. On peut également utiliser des informations anecdotiques provenant d'autres sources (par exemple, l'évaluation fiscale et la comparaison des ventes). L'approche de la valeur marchande peut être utilisée par les investisseurs qui souhaitent investir dans des biens immobiliers moins liquides afin d'augmenter le rendement de leur investissement au fil du temps.

En matière d'évaluation immobilière, certains facteurs doivent être pris en compte ;

a. "Valeur marchande" : L'un des principaux facteurs déterminant la valeur globale d'un bien immobilier est sa valeur de marché. Les investisseurs immobiliers doivent tenir compte de cette valeur dans leurs analyses, car elle comprend les prix actuels du marché, les tendances des ventes et les tendances historiques dans leur ville.

b. "Multiple" : Un multiple est calculé en divisant le coût d'un bien immobilier par sa valeur actuelle. Si l'on examine la valeur des biens immobiliers, on constate que, dans la plupart des cas, elle se situe entre 1X et 10X, en fonction de la localité où l'on investit. Dans certains cas, cela peut même aller jusqu'à 20X ou 30X. L'utilisation de multiples augmente les chances d'obtenir des rendements plus élevés au fil du temps.

c. "Potentiel de croissance" : La valeur d'un bien immobilier est une bonne indication de son potentiel de croissance. De nombreuses sociétés d'investissement immobilier utilisent cette technique particulière pour déterminer si elles souhaitent investir dans un bien spécifique ou non. C'est sur ce point que les investisseurs voudront se concentrer, en se faisant une idée de la croissance future d'un bien immobilier.

d. "Prix/revenu" : La valeur marchande d'un bien immobilier a été calculée en tenant compte des revenus locatifs annuels. Cette méthode permet aux investisseurs de savoir si le prix d'une parcelle donnée est raisonnable ou non à un moment donné. Si la valeur de marché d'un bien immobilier est trop basse, cela peut entraîner une diminution des revenus futurs. Dans de nombreux cas, on constate que si la valeur marchande d'un bien est faible, il peut être difficile de gagner de l'argent au bout du compte.

e. La "valeur comptable" est un autre facteur essentiel de l'évaluation immobilière. Ainsi, les investisseurs demanderont à leur agent immobilier une estimation de la hausse ou de la baisse de la valeur des biens immobiliers en utilisant cette méthode. Cela devient essentiel, en particulier lors de l'achat de biens de seconde main, car la plupart des acheteurs de biens immobiliers sont tenus par la loi d'utiliser cette méthode pour l'achat de ces biens.

f. "Joueurs/coûts d'exploitation" : Dans de nombreux cas, la valeur des biens immobiliers est influencée par les coûts d'exploitation d'un bien particulier. Ces coûts comprennent les paiements hypothécaires, les taxes et les assurances. Si la valeur marchande d'un bien est trop élevée, cela peut réduire la marge bénéficiaire des investisseurs. L'idée est que si la valeur marchande d'un bien est supérieure à ses coûts d'exploitation, ce n'est peut-être pas le bon moment pour investir dans l'immobilier.

g. "Frais de vente" : La valeur d'un bien immobilier a une

incidence directe sur les frais de clôture nécessaires pour le vendre au fil du temps. Elle influencera également le montant de la liquidation nécessaire pour le vendre le moment venu.

Faut-il acheter lorsque les prix de l'immobilier augmentent ?

Lorsque les prix de l'immobilier augmentent, il est tentant, pour de nombreuses raisons, d'acheter un bien immobilier si l'on en a les moyens. Lorsque les prix augmentent, vous pouvez penser que vous serez en mesure de vendre le bien dans quelques années pour un montant supérieur à celui que vous avez payé.

Cependant, si l'achat d'un bien immobilier est un investissement à long terme, il est essentiel de se demander si le fait d'acheter maintenant vous aidera ou vous empêchera d'atteindre cet objectif. Si le marché devient moins favorable dans 3 à 5 ans et que les prix de l'immobilier ont baissé de 15 à 30 %, la vente de votre bien à un prix inférieur à celui que vous avez payé se traduira par une perte.

Alors, faut-il acheter lorsque les prix de l'immobilier sont à la hausse ?

Oui, à condition que l'achat de ce type de bien immobilier se justifie au regard de votre situation. Si vous prévoyez de rester dans le bien à long terme, les avantages de l'investissement immobilier sont énormes.

Par exemple, les gains sur certains types de biens peuvent être considérables et vous pouvez même atteindre rapidement vos objectifs d'investissement.

Si vous achetez lorsque les prix de l'immobilier augmentent, il vous sera plus difficile de vendre à l'avenir. Toutefois, si vous envisagez de faire un investissement à court terme pour obtenir de l'argent pour quelque chose d'autre (comme avoir des enfants ou acheter une voiture), n'achetez pas.

Si c'est le type de bien dans lequel vous envisagez d'investir, examinez les avantages d'un investissement immobilier à long terme pour votre situation. (Si vous avez l'intention d'acheter une maison et d'y rester pendant au moins cinq ans, l'achat ne sera pas le meilleur choix. En revanche, si vous envisagez de vendre après 3 à 5 ans et d'utiliser l'argent de la vente pour alimenter votre compte d'épargne ou rembourser vos dettes, l'investissement immobilier est une excellente option).

L'avantage d'acheter un bien immobilier lorsque les prix augmentent est que vous pouvez augmenter les fonds propres de votre bien très rapidement. Plus les fonds propres sont importants, moins votre hypothèque sera élevée. Par conséquent, si vous essayez de vous débarrasser d'un ratio prêt/valeur élevé, l'achat au prix du marché actuel vous facilitera probablement la tâche.

Si vous cherchez toujours à vendre votre bien immobilier avec un bénéfice, l'achat sur le marché vous permettra très probablement d'atteindre cet objectif. Toutefois, si ce n'est pas ce que vous souhaitez, vous devez examiner comment l'investissement à long terme dans l'immobilier peut vous aider.

Faut-il acheter lorsque les prix de l'immobilier s'effondrent ?

Lorsque les prix de l'immobilier s'effondrent, ils sont nettement inférieurs au prix de vente moyen. En d'autres termes, les prix de l'immobilier sont bas. Les prix de l'immobilier sont bas parce qu'il y a eu beaucoup de nouvelles constructions au cours des dernières années et que les gens veulent s'installer dans ces nouveaux bâtiments. Cela a fait augmenter la demande de logements, ce qui signifie que même si les vendeurs ne demandent pas un prix proche du prix d'origine, il est difficile de trouver des acheteurs sans réduire leur prix de manière significative.

Vous avez peut-être entendu parler de l'expression "l'argent liquide est roi". C'est ce que tous les investisseurs immobiliers s'efforcent d'amasser, qu'il s'agisse de la vente de maisons ou de l'achat de biens locatifs. Comme vous le savez, l'argent liquide vous donne la liberté d'acheter et de vendre le bien. Les liquidités vous permettent de ne pas dépendre d'autres personnes ou institutions pour le financement ou le capital d'exploitation. Les liquidités vous permettent d'acheter des biens à des prix dérisoires et de les revendre avec un bénéfice. En cas de problème, vous pouvez vous retirer de l'affaire avec un peu d'argent en poche plutôt que de craindre que le prêteur ne vous prenne votre bien. Il est important de ne pas confondre l'argent liquide et les liquidités. Vous pouvez utiliser des liquidités pendant une période acceptable sans avoir à attendre la compensation d'un chèque ou d'un virement bancaire

1. Les liquidités sont toutefois différentes, car même si elles disparaissent très rapidement, cela ne signifie pas qu'il y a eu un réel changement dans votre situation financière. Vous disposez toujours des mêmes ressources qu'avant l'achat ou la vente du bien. Les liquidités ne sont qu'un chiffre. Qu'il soit grand ou petit, il ne signifie que peu ou pas de changement dans votre situation financière. C'est pourquoi il est essentiel de réfléchir à la valeur que vous retirez de vos liquidités. Si vous vous considérez comme un investisseur en liquidités plutôt que comme un investisseur immobilier

2. L'investissement dans l'immobilier n'a peut-être pas grand intérêt pour vous. C'est quelque chose que l'on fait une fois que le désir d'avoir plus d'argent a disparu. En revanche, les investisseurs immobiliers veulent un retour sur investissement et sont prêts à faire des efforts supplémentaires pour y parvenir

3. Si c'est le cas, l'investissement dans l'immobilier locatif peut vous aider à atteindre cet objectif

4. Les biens locatifs vous permettront d'obtenir les liquidités dont vous avez besoin tout en bénéficiant d'un bien locatif qui peut générer un flux de trésorerie positif chaque mois.

5. L'addition de ces deux éléments constitue un investissement productif de revenus et de liquidités. Si vous vous demandez encore ce que signifie le terme *cash flow* (ou entrée d'argent), il s'agit de la somme d'argent (après dépenses) qui reste après le paiement de votre hypothèque et des chèques de loyer.

Si l'on achète lorsque les prix de l'immobilier s'effondrent, le revenu des loyers et tout autre argent restant après la vente d'un bien immobilier suffiront à payer les factures mensuelles. Toutefois, comme nous l'avons mentionné plus haut, ce n'est pas quelque chose qui intéresse la plupart des investisseurs. En effet, l'un des objectifs de l'investissement locatif est de générer des revenus. Même si les prix de l'immobilier sont en baisse, ces biens rapportent plus qu'il n'en faut pour couvrir le remboursement du prêt hypothécaire, tout en vous procurant un flux de trésorerie plus important que si vous étiez locataire.

Comment obtenir des contrats à des prix inférieurs à la valeur du marché

Réaliser des affaires à des prix inférieurs à la valeur du marché signifie acheter des biens à la valeur du marché et les revendre en réalisant un bénéfice. Pour cela, il faut trouver des affaires dans des endroits où l'offre est supérieure à la demande. Il s'agit généralement de zones bon marché qui ne sont pas les meilleurs endroits pour vivre, mais qui produisent de bons revenus grâce aux hypothèques ou aux loyers.

Pour obtenir des offres à des prix inférieurs à ceux du marché, il faut également identifier les bons endroits où les trouver. Vous pouvez les trouver en vous concentrant sur les facteurs qui contribuent à une forte demande et à des prix bas. Il s'agit notamment des facteurs suivants

Le premier critère important est l'endroit où vous avez le plus de chances de trouver des biens dans votre région, par exemple les grandes villes. Vient ensuite la fourchette de prix que vous êtes prêt à payer pour un bien particulier. Le nombre de biens disponibles à chaque prix, le niveau de concurrence et le temps nécessaire pour trouver une bonne affaire et la mettre sur le marché sont également importants.

Les terres agricoles et autres propriétés non bâties peuvent être achetées à bas prix. L'astuce consiste à déterminer si le terrain peut être aménagé ultérieurement et à fixer le prix en fonction du coût de l'aménagement. Si vous n'êtes pas sûr de vous, vous pouvez demander conseil à des agents immobiliers ou à des experts du secteur.

Si vous souhaitez acheter une maison individuelle à un prix inférieur à celui du marché, vous devez opter pour une saisie ou une propriété appartenant à une banque. Vous trouverez facilement ces maisons en effectuant une recherche rapide en ligne. Les propriétés plus importantes telles que les ranchs, les fermes et les bâtiments commerciaux peuvent nécessiter davantage de recherches pour trouver le bon prix et le bon niveau de développement.

Dans l'ensemble, il existe de nombreuses façons d'obtenir des contrats à des prix inférieurs à ceux du marché. Pour cela, il faut faire des recherches et être patient. Une fois que vous avez trouvé un bien prometteur, vous pouvez également faire appel à des agents immobiliers pour vous aider à couvrir les frais de transaction.

Augmentation des loyers

Pour être clair, il existe de nombreuses raisons de vouloir investir dans l'immobilier, mais l'une des plus importantes est que les taux de location sont plus susceptibles d'augmenter sans faillir. Lorsque les loyers augmentent, il est facile de décider de commencer à investir dans l'immobilier. Lorsque les taux de location augmentent, les jeunes investisseurs peuvent prendre une longueur d'avance sur les investisseurs plus âgés, et vous serez en mesure de gagner de l'argent aussi longtemps que le marché durera.

Il est important de noter que les loyers ne peuvent qu'augmenter. Par exemple, si vous fixez le loyer d'un logement à 1 000 $ par mois, le loyer sera contrôlé jusqu'au 1er janvier de l'année suivante, et ce pour une durée d'un an. Si vous fixez aujourd'hui ce bien à 1200 $ par mois, votre propriétaire peut augmenter tous les loyers à 1200 $ sans avoir besoin de l'approbation de la ville. C'est un point important car il vous donne une longueur d'avance sur les investisseurs plus âgés ; pour gagner de l'argent sur un investissement comme celui-ci, ils doivent attendre un minimum d'environ quatre ans avant d'acheter leur prochain bien locatif.

Beaucoup de gens aiment trouver des excuses pour expliquer pourquoi cela ne fonctionne pas - "le marché de l'immobilier est en baisse" ou "les locataires sont mauvais" sont des choses que j'entends tous les jours. Mais il ne sert à rien de trouver des excuses si vous ne réglez pas le problème. Il est également important de noter que sur certains marchés, les locataires peuvent ne pas être aussi bons que vous le pensez, le marché peut être terrible (pensez à 2008-2009) et vous pouvez perdre de l'argent. Ainsi, même avec de bons locataires, ces biens nécessitent beaucoup de travail en raison des risques qu'ils présentent.

L'augmentation des loyers est un excellent moment pour acheter, mais si vous l'envisagez dans une perspective à long terme, l'achat d'un bien vacant est la meilleure solution. Lorsque le taux de vacance augmente, les prix du marché augmentent également. Et comme nous l'avons vu précédemment, lorsque les taux de location augmentent, les propriétaires sont plus enclins à vendre ou à réparer leurs biens à des prix plus élevés, car la demande est très forte et l'offre est faible.

Chapitre 5 : Structurer L'Opération

La structuration de votre opération est un élément fondamental de l'investissement immobilier. En structurant correctement votre opération, vous pouvez non seulement vivre des revenus de la propriété, mais aussi générer de la richesse. L'aspect le plus important de la structuration d'un bien immobilier est que l'actif est divisé en plusieurs parties afin qu'aucune personne ne puisse l'utiliser pour s'enrichir directement. Un investisseur peu scrupuleux ou inexpérimenté peut convertir le bien locatif en son propre bien et vivre de ce revenu. Cela ne conduira pas à une richesse à long terme, mais vous obligera à travailler beaucoup plus dur que si vous aviez possédé le bien par des moyens traditionnels.

Il y a deux façons principales de diviser votre investissement. La première consiste à le répartir entre plusieurs personnes. Cela peut se faire par le biais d'une société de personnes, mais c'est beaucoup plus difficile à réaliser et à réussir. La seconde consiste généralement à créer une société à responsabilité limitée (SARL). Une SARL agit en tant que propriétaire du bien et non en tant que personne de la société. En structurant correctement votre opération par le biais d'une SARL ou d'une entité similaire, personne ne détient une part plus importante de votre investissement que n'importe qui d'autre sur le papier.

La raison la plus importante pour structurer correctement votre transaction est que quelqu'un ne peut pas s'enrichir en prenant de l'argent de votre bien locatif en commettant des actes illégaux concernant votre investissement. Ce livre vous expliquera deux façons de vous faire escroquer. La première consiste en un acte illégal de la part d'un tiers que vous découvrez, et la seconde consiste en un délit commis par un membre de votre entreprise qui serait passible de poursuites judiciaires.

La structuration de votre opération immobilière consiste à diviser votre actif de manière à avoir plusieurs entités, chacune ayant ses propres propriétaires. L'aspect le plus important est de veiller à ce qu'aucune personne ne détienne une part de propriété plus importante qu'une autre - un investisseur malhonnête ne peut pas profiter directement de la propriété pour son propre compte. Enfin, nous verrons comment éviter toute responsabilité lorsque quelqu'un au sein de votre entreprise commet un délit.

Une SARL est le moyen le plus efficace de structurer votre propriété locative. Une SARL peut être créée en déposant des documents auprès de votre administration locale et en obtenant un EIN auprès de l'IRS. L'EIN est un numéro d'identification fiscale unique qui vous permettra de déclarer les impôts de votre SARL.

Le type de SARL le plus accessible à créer est la SARL unipersonnelle. Cela signifie qu'il n'y aura qu'un seul propriétaire de votre société, qui possédera le bien locatif. L'inconvénient de cette méthode est que vous avez une responsabilité illimitée pour tout problème lié à la propriété ou à l'argent qu'elle contient - si quelqu'un se blesse, vous êtes tenu pour responsable. Vous pouvez être poursuivi directement en raison de la propriété de ce bien locatif.

La deuxième méthode la plus simple et la plus standard pour structurer votre opération immobilière est la société à responsabilité limitée. Une SARL est beaucoup plus complexe qu'une SARL à un seul membre et présente beaucoup plus d'avantages, mais elle peut être puissante entre de bonnes mains.

Il serait utile que vous compreniez que tous les flux de trésorerie ont besoin d'une structure pour que vous puissiez réussir en tant qu'investisseur immobilier. Cela peut se faire par le biais de taux d'intérêt bas, de taux d'intérêt nuls ou d'autres méthodes telles que l'investissement avec effet de levier ou l'endettement. Laissez-nous vous aider à trouver une structure qui convienne à vos besoins en matière de transactions et de budget.

Structuration juridique

La structuration juridique consiste à structurer votre société d'investissement immobilier afin de créer une entreprise à long terme tout en minimisant l'impôt à payer. L'une des méthodes de structuration juridique les plus courantes consiste à utiliser une Société A Responsabilité Limitée (SARL).

Si vous êtes novice en matière d'investissement immobilier, il peut vous sembler difficile de commencer à vous familiariser avec ce processus. Cependant, lorsque vous en comprenez le fonctionnement, l'investissement immobilier devient plus accessible et plus rentable que jamais.

La façon la plus simple et la plus courante d'investir dans l'immobilier est de créer une société à responsabilité limitée (SARL). C'est la façon la plus simple de commencer avec une structure juridique.

Si vous achetez un bien immobilier en tant que particulier plutôt qu'au nom de votre SARL, vous serez imposé sur les bénéfices lorsque vous vendrez le bien. Le taux d'imposition pour une personne physique peut atteindre 50 % pour les impôts fédéraux et d'État combinés et jusqu'à 4 % supplémentaires pour les impôts locaux.

Cependant, en achetant par l'intermédiaire de la société, vous protégez vos actifs contre les poursuites judiciaires et vous réalisez un bénéfice lorsque vous vendez vos biens d'investissement à un prix plus élevé que celui que vous avez payé.

Votre société sera également imposée et vous recevrez un formulaire W-2 indiquant les bénéfices que vous avez tirés de vos biens. Si vous ne distribuez pas ces bénéfices au moins une fois par an, votre SARL peut être imposée au taux le plus élevé de 35 %.

L'avantage d'acheter par l'intermédiaire d'une SARL est que vous ne devez pas déclarer les bénéfices sur votre compte de sécurité sociale ni payer d'impôts. Vous pouvez également recevoir un K-1 sur le formulaire 1065, qui présente une annexe K-1 où sont indiqués les bénéfices que vous avez réalisés grâce à votre bien d'investissement, ainsi que les montants qui ont été distribués à qui. Vous pouvez ainsi suivre l'évolution des bénéfices excédentaires et des distributions.

Par ailleurs, si vous n'avez pas de problème pour payer les impôts sur vos liquidités à une date ultérieure, vous pouvez également retarder l'impôt sur les plus-values jusqu'à ce que vous décidiez de vendre votre bien d'investissement. C'est important car cela vous permet d'éviter de payer l'impôt sur les plus-values chaque année, à moins que vous ne décidiez de retirer l'argent. Une stratégie courante consiste à gagner de l'argent en louant des biens immobiliers et à l'utiliser comme revenu passif en achetant des prêts immobiliers chaque année [ou jusqu'à ce qu'ils soient vendus].

Certaines personnes utilisent même leur SARL immobilière pour d'autres idées commerciales, telles que la création d'un site web ou d'une entreprise en ligne. Dans ce cas, vous pouvez utiliser les bénéfices de votre société pour investir dans une autre idée commerciale.

Si vous décidez d'acheter personnellement, vous devez savoir que l'IRS traite les SARL comme des sociétés de personnes et que les lois fiscales sont très différentes de celles d'une personne physique. Par exemple, les pertes subies par une SARL sont limitées à ses revenus et ne peuvent pas être réparties entre les autres membres.

Cependant, une SARL a plus de flexibilité qu'une personne physique et peut faciliter les choses sur le plan fiscal. Par exemple, si l'un des membres de la SARL a une dette importante, il peut l'utiliser pour verser de l'argent sans intérêt imposable aux autres membres sous la forme d'un investissement passif qui n'est pas imposable.

Un autre avantage est que vous pouvez répartir les biens et la propriété entre d'autres membres de la famille. Il est ainsi plus facile d'utiliser l'argent de la donation pour acheter des biens immobiliers, en particulier si certains membres de la famille ne souhaitent pas que leur nom figure dans les registres publics lors de l'achat ou de la vente de vos biens.

Cependant, le fait d'avoir plusieurs propriétaires pour un même bien immobilier compliquera les choses si vous souhaitez vendre ce bien à un moment donné. Vous devez en être conscient lorsque vous achetez un bien immobilier à des fins d'investissement par l'intermédiaire d'une SARL.

Dans la plupart des cas, les SARL sont plus complexes et nous vous conseillons de faire appel à un avocat pour vous aider à choisir l'option la plus adaptée à votre situation. Il pourra également vous guider dans la création et le fonctionnement de votre SARL.

N'oubliez pas que si vous choisissez d'exercer votre activité en tant qu'individu, vous n'avez pas de frais initiaux. Toutefois, au moment de vendre ou d'acheter des biens immobiliers, il peut être difficile de payer des impôts sur les plus-values sur l'ensemble des bénéfices annuels ou même de déterminer quels sont les bénéfices imposables et à quel taux ils le sont.

Gestion immobilière

La gestion immobilière est un terme général qui désigne généralement le processus de gestion des biens immobiliers. Elle peut être assurée par des sociétés locales de gestion immobilière ou contrôlée par le propriétaire. Dans un cas comme dans l'autre, la gestion immobilière consiste à superviser les bâtiments et leurs activités quotidiennes. Cela comprend la gestion des relations avec les locataires, la perception des loyers, les réparations et tout autre problème pouvant survenir.

Pour réussir dans la gestion immobilière, il est essentiel de connaître le marché immobilier local et d'avoir de l'expérience dans la gestion de biens immobiliers. Vous devez également entretenir de solides relations d'affaires avec les prêteurs et travailler avec un avocat sur les contrats de location. Le réseautage au sein de votre communauté est également essentiel, car vous gérerez probablement des propriétés appartenant à des personnes que vous connaissez.

Une autre raison pour laquelle les professionnels de l'immobilier, comme les administrateurs de biens, sont si efficaces est qu'ils connaissent les tendances du marché et les conditions locales de l'immobilier. Ils savent quand un marché est à la hausse ou à la baisse et peuvent négocier avec les locataires pour obtenir une meilleure offre. Cela leur permet d'obtenir plus d'argent de chaque locataire, d'augmenter leurs bénéfices et d'accroître la valeur de leurs biens.

Le moyen le plus simple de gérer votre bien immobilier est de l'externaliser. De nombreuses sociétés de gestion immobilière s'occupent des opérations quotidiennes de vos biens. Les sociétés de gestion immobilière facturent généralement des honoraires forfaitaires basés sur le revenu brut annuel de vos parcelles. Dans certains cas, elles peuvent facturer un pourcentage des loyers perçus ou un prix sur la perception des loyers.

Supposons que vous fassiez appel à une société de gestion immobilière et que vous fassiez des recherches et des comparaisons avant d'en engager une. Il est essentiel de travailler avec une société éthique et réputée qui améliorera vos profits et fournira des services de gestion honnêtes en échange de ses honoraires.

Lorsque vous examinez les sociétés de gestion immobilière, demandez-leur de vous fournir des échantillons de leur travail. Vous pourrez ainsi vous rendre compte de leur style de travail, voir si le travail est effectué correctement et connaître leurs coûts. Vous devez également savoir s'ils vous fourniront des repères sur les bénéfices que vous pouvez attendre de leurs services.

Les sociétés de gestion immobilière basées sur les relations sont une bonne option pour les investisseurs immobiliers car elles sont plus susceptibles de leur donner accès à des propriétés individuelles et de les tenir informés de tout ce qui se passe dans l'immeuble. Elles peuvent également être en mesure de vous faire économiser de l'argent, car elles ont des relations avec des fournisseurs qui peuvent aider à réduire les coûts tout au long de l'année. Cependant, elles peuvent être plus chères que d'autres entreprises.

Si vous souhaitez gérer votre propriété et économiser de l'argent, il n'y a rien de mal à le faire. Toutefois, à moins que vous ne soyez fortuné ou que vous souhaitiez passer du temps à travailler sur vos biens, il est probablement préférable de confier cette tâche à une société de gestion immobilière locale en qui vous pouvez avoir confiance.

Locataires

Un locataire est une personne ou une entreprise qui loue un bien immobilier à un propriétaire. Le locataire paie un loyer au propriétaire en échange du droit d'utiliser et d'occuper les locaux loués, généralement pour une période déterminée.

Un locataire a le contrôle physique d'un bien immobilier mais n'en est généralement pas propriétaire. Le contrat de location est l'un des nombreux contrats conclus entre le propriétaire et le locataire, qui détermine le montant de la contribution de chaque partie à des dépenses telles que les impôts ou l'assurance. Un accord contractuel est soumis aux lois régissant ce type d'accord, qui varient considérablement d'un pays à l'autre et d'une région à l'autre.

Il existe plusieurs types de locataires :

a. Locataire résidentiel, une personne qui vit dans les locaux loués et qui est responsable du paiement du loyer au propriétaire.

b. Locataire commercial, une entreprise qui paie un loyer à un immeuble ou à une section d'immeuble pour y installer son bureau ou son magasin. En raison du nombre croissant de litiges entre propriétaires et locataires concernant les ordres de possession et d'autres questions, ce type de locataire a récemment fait l'objet d'une grande attention de la part du système juridique de nombreux pays, notamment Singapour, l'Angleterre et l'Australie.

c. Locataire entrepreneurial, une personne morale qui loue des locaux pour y exercer une activité commerciale. En raison du nombre croissant de litiges entre propriétaires et locataires concernant les ordres de possession et d'autres questions, ce type de locataire a récemment fait l'objet d'une grande attention de la part du système juridique de nombreux pays, notamment Singapour, l'Angleterre et l'Australie.

d. Locataire gouvernemental, une autorité publique (telle qu'un département ou un conseil) qui occupe un bien loué par l'administration publique plutôt qu'une personne privée (telle qu'une entreprise ou une organisation).

e. Locataire retrait. Ce type de locataire est généralement défini comme celui qui reçoit un loyer d'une personne âgée pour vivre en son nom.

Le contrôle des références permet de vérifier les antécédents d'une personne en matière de location, d'emploi et de crédit. En règle générale, le locataire doit signer un document déclarant la véracité des informations fournies. Il s'agit d'un outil essentiel pour les propriétaires qui se remettent d'un mauvais locataire et qui veulent éviter que d'autres locataires aient des problèmes similaires. Le locataire donne sa parole que les informations qu'il a fournies sont exactes. Ce document est connu sous le nom d'"acte de garantie".

Bien que certains locataires puissent avoir des raisons légitimes de ne pas payer leur loyer (par exemple, la perte d'un emploi), ils peuvent être plus enclins à mentir. Si le locataire semble instable ou a l'habitude de payer en retard, les locataires peuvent être plus enclins à tricher. Ils peuvent dépenser plus qu'ils ne le devraient, fournir des services non exigés par la loi (comme l'installation de climatiseurs) ou enfreindre d'autres règles sans se soucier des conséquences.

Les propriétaires sont également responsables des dommages matériels et des blessures causées par les locataires et les invités. Par exemple, si une serrure défectueuse sur la porte blesse un locataire, le propriétaire sera très probablement tenu pour responsable. Un propriétaire peut également être tenu responsable des dommages physiques causés par la négligence de ses employés (par exemple, un agent d'entretien a laissé l'eau s'écouler du système de climatisation d'un immeuble dans un ou plusieurs appartements).

Les propriétaires et les agents immobiliers procèdent à des vérifications de solvabilité afin de déterminer la capacité d'un locataire potentiel à payer en totalité et à temps. Ces vérifications sont essentielles pour les baux à long terme ou pour les locataires qui n'ont pas d'antécédents en matière de location. Les vérifications de solvabilité peuvent également être exigées par certains organismes de logement municipaux, pour lesquels une vérification de solvabilité peut être exigée avant l'approbation.

Il existe deux types de vérification de la solvabilité : les vérifications directes (obtention d'informations auprès des prêteurs) et les vérifications non directes (obtention d'informations auprès de sources telles que l'agence d'évaluation du crédit). Les contrôles de solvabilité peuvent être considérés comme intrusifs s'ils révèlent des détails préjudiciables qui ne sont pas pertinents pour la location proposée (par exemple, une faillite survenue au cours d'un bail avec un autre propriétaire il y a plusieurs années) ou qui pourraient être utilisés à des fins de falsification (par exemple, le nom d'un locataire a été remplacé par une identité fictive).

Les enquêtes de solvabilité sont nécessaires car elles permettent aux propriétaires d'évaluer la responsabilité financière et la valeur des locataires potentiels. Ils aident à déterminer si un locataire potentiel est capable de payer la totalité du loyer, si les paiements peuvent être effectués à temps, quelles sont ses obligations financières après avoir quitté le logement et s'il est susceptible de causer des dommages au logement (par exemple, en ne payant pas les factures légitimes des services publics). Toutefois, les propriétaires doivent savoir qu'une cote de crédit élevée ne signifie pas qu'il n'y aura pas de problèmes de location en raison d'une incapacité à payer le loyer ou d'autres problèmes.

Un bon locataire peut avoir un impact positif sur un immeuble, tandis qu'un mauvais locataire peut nuire aux autres locataires. Il peut ne pas payer son loyer, causer des dommages au bien ou le négliger (en n'effectuant pas les réparations nécessaires), ou encore créer des problèmes en termes de nuisances sonores, de harcèlement ou d'autres formes de comportement antisocial. Par ailleurs, certains locataires peuvent contracter des emprunts sur leurs biens et se retrouver dans l'incapacité de les rembourser si les taux d'intérêt augmentent.

Certains candidats peuvent être mieux adaptés à un seul contrat de location en fonction de leurs revenus, de leurs obligations financières et d'autres facteurs. C'est pourquoi les propriétaires doivent faire preuve de prudence lorsqu'ils sélectionnent les candidats à la location d'un logement. Ils doivent connaître le type de contrat de location (par exemple, à durée déterminée ou périodique) afin de s'assurer qu'ils font le bon choix.

Les propriétaires doivent tenir compte de facteurs tels que l'environnement local (par exemple, la pollution), la proximité des transports publics et des installations de loisirs, la proximité du lieu de travail, etc., et se demander si ces facteurs sont suffisamment attrayants pour les locataires qui pourraient être prêts à supporter un coût de la vie beaucoup plus élevé en échange d'une meilleure qualité de vie ou d'une plus grande commodité. Les propriétaires doivent également tenir compte de la valeur de la location pour s'assurer que les deux parties sont satisfaites des conditions. Certains locataires peuvent être moins enclins à payer un loyer s'ils pensent qu'il sera moins cher ailleurs.

Processus d'achat d'un bien immobilier

L'achat d'un bien immobilier est un investissement à long terme, à la fois en temps et en argent. De nombreux éléments doivent être pris en compte, tels que l'emplacement, l'état du bien, le financement et la quantité de travaux que vous prévoyez d'effectuer sur le bien pour le rendre vendable. Si vous souhaitez investir dans l'immobilier, c'est une excellente chose, mais si votre objectif est de réaliser un profit rapide, ce qui est le cas des investisseurs qui ne se soucient pas d'investir dans l'immobilier, il existe de nombreux autres moyens d'atteindre cet objectif dans leur secteur d'activité.

Le processus d'achat d'un bien immobilier comprend les étapes suivantes :

a) Visite du bien

C'est à ce moment-là que vous confirmez l'investissement en vérifiant l'emplacement et en vous assurant qu'il convient à vos projets. Au cours de ce processus, veillez à ne pas vous attacher émotionnellement au bien et gardez l'esprit ouvert quant à l'endroit où vous trouverez un bien à acheter. J'ai vu des investisseurs s'attacher émotionnellement à une propriété juste parce qu'ils l'aimaient, c'est une erreur et vous ne devriez jamais le faire.

b) Recherche de biens immobiliers

Une fois que vous avez choisi votre propriété, vous commencez à rechercher autant d'informations que possible sur l'histoire de la maison, les personnes qui y vivaient, si des crimes violents ont été commis à l'intérieur ou autour de l'endroit, etc. Ces éléments seront importants lors des négociations ultérieures. Il serait utile que vous essayiez également de découvrir le quartier autant que possible. Les informations que vous recueillerez vous aideront à planifier votre rénovation et à garantir la réussite de votre investissement à long terme.

c) Prise de contact avec le propriétaire

Une fois que vous disposez de toutes ces informations, c'est en contactant le propriétaire que tout commence. La plupart des biens immobiliers appartiennent à une société qui agit en tant que propriétaire et non pas directement au propriétaire. Si c'est le cas, vous devez contacter cette société et lui demander l'autorisation d'acheter. S'il s'agit d'un particulier, il sera plus compliqué de lui faire une offre, mais cela reste possible. Si vous n'avez jamais acheté de bien immobilier, il est préférable de faire appel à des entreprises qui exercent cette activité depuis un ertain temps, car elles auront l'expérience nécessaire pour vous aider dans vos démarches.

c) Prise de décision sur le prix

Après avoir contacté le propriétaire et pris connaissance du prix qu'il demande pour son bien, vous devez décider si votre prix est suffisamment juste pour vos projets.

d) Financement

Le financement est l'un des éléments essentiels du processus d'investissement immobilier. Il existe de nombreux types de financement de l'immobilier, tels que les fonds privés, les fonds propres, les fonds durs, etc. Le meilleur financement pour vous dépendra de vos objectifs en tant qu'investisseur ; si votre objectif est d'acheter des maisons à bas prix et de les rénover, il est préférable d'obtenir un financement privé. En revanche, si vous achetez un bien immobilier pour le mettre en location, il est préférable d'obtenir un prêt auprès d'une banque. Il est essentiel de trouver un prêteur qui accepte de vous prêter si vous n'avez pas l'argent nécessaire pour payer votre bien.

d) Inspections

Une fois que vous avez payé votre propriété, le travail commence. Bien que vous ne puissiez pas faire grand-chose à ce stade, une inspection peut vous donner un aperçu de l'état de la maison. Il est préférable de ne pas effectuer de réparations à ce stade, car cela augmentera vos coûts et rendra plus difficile l'obtention d'une bonne valeur de revente par la suite.

e) Rénovation du bien

La rénovation d'une maison consiste à rendre l'endroit habitable, afin qu'il soit commercialisable et vendable aux acheteurs. Lorsque vous rénovez une propriété, vous devez vous assurer qu'elle est aussi sûre que possible, surtout après avoir acheté une maison qui a été victime d'un délit. Pour que la maison se vende rapidement, de nombreuses améliorations doivent être apportées. Les améliorations les plus courantes concernent la cuisine et la salle de bains, mais il existe de nombreuses options différentes, dont vous pouvez trouver quelques-unes sur mon site web.

f) Vente du bien

Après tout, les travaux sur votre bien sont terminés ; il est temps de le vendre et d'en tirer profit. À ce stade, vous devez veiller à ce que tout vous soit le plus favorable possible et à ce que vous fassiez le plus de bénéfices possible. Si vous achetez un bien pour le louer, assurez-vous qu'il est commercialisable afin que les locataires s'y intéressent ; de cette façon, vous pourrez demander un loyer plus élevé et tirer davantage d'argent de votre investissement. Si vous avez l'intention de réparer le bien mais de le garder pour vous, il est très important de vous assurer que la maison répond à vos besoins. Vous ne voulez pas acheter une maison sans espace ni rangement, par exemple, alors que tout ce que vous vouliez, c'était un endroit bien en vue avec beaucoup de rangements.

e) Location du bien

Choisissez soigneusement le bon locataire si vous envisagez de mettre un bien en location. Publier une annonce sur un site web est un excellent moyen d'attirer des personnes, mais les choisir en fonction de leur expérience et de leur vie personnelle est plus important. Quelles que soient ses références, assurez-vous de faire vos vérifications avant de signer quoi que ce soit ou de lui remettre les clés, car c'est à ce moment-là que vous devrez être le plus prudent. Vous venez peut-être de payer beaucoup d'argent pour votre bien, il est donc préférable de ne pas commettre ce genre d'erreur.

Chapitre 6 : Gestion Des Biens Immobiliers Dans Différentes Villes

De nombreuses personnes qui vivent dans de grandes villes ou qui envisagent de prendre leur retraite tentent de diversifier leurs investissements. Bien qu'il soit préférable d'investir dans des biens immobiliers plus proches de leur lieu de résidence la plupart du temps, l'investissement immobilier à longue distance est une autre option.

Vous pouvez rentabiliser votre investissement en gérant des biens immobiliers dans différentes villes. Cela s'explique par le fait que :

a. Vous ayez un plus grand choix quant à l'endroit où investir votre argent.
b. Vous puissiez investir dans des biens immobiliers dans une autre ville qui a déjà fait ses preuves au fil des ans. Certaines villes sont en plein essor, d'autres connaissent des problèmes, d'autres encore ne parviennent pas à faire face à la concurrence.
c. Vous accédiez aux marchés des différents États et pays par le biais de villes principales ou secondaires.
d. Les rendements locatifs de certains de ces biens soient plus élevés que ceux de biens similaires sur votre marché national. Par ailleurs, vous bénéficierez d'un flux de revenus international en exploitant ces biens en tant que propriétaires plutôt que gestionnaires.

Cependant, les avantages de l'investissement à distance sont réels et permanents. Ces biens peuvent être vendus au bout de dix ans, et les plus-values de l'investissement initial ne seront pas minimes. Par ailleurs, il n'est pas nécessaire d'être un expert des marchés ou de l'immobilier. Mais les choses s'améliorent lorsque vous êtes un investisseur immobilier à distance qui est également un expert des marchés et de la gestion immobilière.

Lorsque vous vous trouvez dans une autre ville, vous pouvez visiter ces biens plus souvent que vos investissements locaux. Vous pouvez ainsi détecter les problèmes avant qu'ils ne deviennent incontrôlables. Si un problème est critique, vous devez le régler immédiatement. Si ce n'est pas possible, vous devez trouver des locataires qualifiés qui paieront le loyer à temps et géreront votre bien de manière plus professionnelle.

La meilleure façon de gérer votre propriété à distance est de le faire vous-même en suivant ces principes qui ont fait leurs preuves :

a. Visitez-la régulièrement et tenez-vous au courant de ce qui se passe avec les biens, les locataires et la société de gestion. Il n'y a pas d'excuses pour ne pas s'occuper de son entreprise.
b. Si un problème survient, il faut le résoudre immédiatement ou trouver une solution pour éviter qu'il ne s'aggrave.
c. Si vous ne parvenez pas à résoudre un problème ou à trouver une solution, voyez le point de vue de la société de gestion. Il est toujours bon de savoir que votre avis n'est pas déterminant.
d. Lors de chaque visite, inspectez chaque bien et notez tous les problèmes.
e. Notez le temps que vous consacrez à la gestion de ces biens et envisagez de réduire votre charge de travail.
f. Veillez à gérer vos locataires de manière amicale. Il est conseillé de communiquer avec eux par téléphone ou par courrier électronique afin de maintenir votre relation intacte, même si vous ne vous trouvez pas dans la même ville.

La mise en place d'un système et d'un processus facilitant la gestion.

Il s'agit d'un système et d'un processus qui facilitent la gestion de votre bien immobilier, et pas nécessairement de la manière conventionnelle qui consiste à avoir des bureaux de vente autonomes et à voyager beaucoup. Un investisseur immobilier à distance peut ne conserver qu'un seul bien, mais diversifier ses investissements afin de disposer d'un capital suffisant pour gérer plusieurs biens à la fois.

Le système de l'investisseur immobilier à distance a des propriétés bien lubrifiées et faciles à gérer, vous n'avez pas autant de propriétés qu'un investisseur basé au bureau, mais vous avez le potentiel d'en avoir beaucoup plus. Vous pouvez avoir un bien pour chaque fuseau horaire, pays ou continent parce que vous n'êtes pas obligé d'avoir un bureau.

La mise en place d'un système et d'un processus facilitant la gestion de votre bien n'est pas nécessairement la méthode conventionnelle qui consiste à avoir des bureaux de vente indépendants et à voyager beaucoup. Un investisseur immobilier à distance peut ne conserver qu'un seul bien, mais diversifier ses investissements afin de disposer d'un capital suffisant pour gérer plusieurs biens à la fois.

Un système d'investisseurs immobiliers peut être composé de locataires, d'équipes autogérées, de partenaires ou d'affiliés. Un investisseur immobilier à distance peut également se trouver dans le même pays ou la même région que les biens qu'il gère.

L'investissement immobilier à distance n'est pas une question de travail acharné et de sueur dans un logement locatif toute la journée. Il s'agit d'avoir un système et un processus en place pour faciliter la gestion de votre bien, et pas nécessairement de la façon conventionnelle d'avoir des bureaux de vente autonomes et de voyager beaucoup.

L'investissement immobilier à distance est un domaine dans lequel l'idée d'autogestion s'applique parfaitement. Vous avez la liberté et la flexibilité de choisir vos horaires, ce qui vous permet de mener le style de vie que vous souhaitez. Mais cette liberté s'accompagne de responsabilités. Vous ne devriez pas faire cela si vous êtes assis seul dans une maison et que vous ne gagnez pas d'argent. C'est quelque chose que vous devriez faire si vous êtes impliqué à un certain niveau, que ce soit vous qui perceviez le loyer ou une société de gestion qui gère vos biens.

L'un des principaux avantages de l'investissement immobilier à longue distance est que vous pouvez trouver des vendeurs très motivés. Cela peut vous aider à faire une bonne affaire, ou du moins une meilleure affaire que les investisseurs locaux. Vous n'aurez pas le même contact direct avec vos locataires qu'un propriétaire occupant, mais vous n'aurez pas non plus à vous soucier de faire effectuer les réparations dans les délais et de gérer les locataires indisciplinés lorsqu'ils déménagent.

Claviers où les locataires peuvent conserver leurs clés

Un clavier peut être installé sur la porte extérieure ou sur la porte d'entrée des locataires pour leur permettre d'accéder à leur logement, mais il peut également être installé dans une cage d'escalier. Chaque locataire a un code qu'il saisit pour accéder à son logement. S'il oublie son code, il existe généralement une fonction d'annulation qui lui permet de le réinitialiser ou de le recevoir par courrier électronique ou par SMS.

Le but ultime de l'installation d'un clavier dans une cage d'escalier est que les locataires qui vivent à l'étage ne disposent pas du même code d'entrée. Cela permettra de sécuriser les deux logements et les locataires se sentiront plus à l'aise lorsqu'ils recevront des visiteurs.

Chaque locataire doit recevoir son code ou son autorisation de code pour permettre aux visiteurs d'accéder à l'appartement. Si une personne tente d'entrer dans l'appartement de son voisin ou même dans la cage d'escalier sans clé ou sans code fonctionnel, le propriétaire et l'équipe de gestion seront alertés. Ainsi, en cas de problème avec un locataire qui laisse entrer des inconnus dans son logement, une enquête peut être menée rapidement. Veillez à indiquer à chaque locataire la porte qui lui est attribuée et tout autre code qu'il pourrait être amené à donner en cas d'urgence. La plupart des immeubles exigent que tous les locataires aient une clé afin d'éviter les effractions.

Cela est également utile car si deux ou plusieurs locataires vivent au même étage, ils communiqueront souvent entre eux. Si un locataire s'absente pour une longue période, il est possible que son voisin ait été chargé de vérifier son appartement et de s'assurer qu'il est en sécurité. Comme les voisins sont souvent des amis ou des membres de la famille, le fait de leur permettre d'accéder à l'appartement par le biais d'un clavier simplifie grandement les choses pour toutes les parties concernées. Cela évite également d'avoir à changer les serrures à chaque fois qu'un locataire quitte ou entre dans l'appartement et vous permet d'économiser de l'argent à long terme.

D'autres gadgets et équipements peuvent être utilisés à bon escient par le propriétaire :

a) Détecteurs de mouvement

Ils sont extrêmement utiles dans de nombreuses situations. Ils permettent avant tout de s'assurer que personne ne s'introduira dans votre logement, mais aussi d'éloigner les visiteurs indésirables (animaux de compagnie, enfants, etc.).

b) Détecteurs de bris de glace

Ils sont utilisés dans le même but que les détecteurs de mouvement. La seule différence est qu'ils se trouvent à l'intérieur du logement. Ils déclenchent une alarme en cas de bris de verre à l'intérieur du logement ou dans un logement voisin.

c) Barres aux fenêtres et aux portes

Ces barres sont utilisées pour empêcher les personnes d'entrer dans le bâtiment sans autorisation. Ils sont installés sur les fenêtres et les portes afin de limiter l'entrée et la sortie de votre logement. Elles peuvent être facilement enlevées si le propriétaire le souhaite.

d) Couvertures de fenêtres

Les couvre-fenêtres, comme les stores et les rideaux, sont utilisés pour bloquer la vue de votre appartement, mais ils peuvent également servir de couche supplémentaire de sécurité. Par exemple, un propriétaire ou un gestionnaire d'immeuble peut enlever vos rideaux pour mieux surveiller votre logement. Il est préférable que le propriétaire ou l'équipe de gestion de l'immeuble autorise l'accès à l'appartement par les voies appropriées (telles que l'accès par sonnette). Il sera ainsi beaucoup plus difficile pour quelqu'un d'essayer d'entrer par effraction si vous ne le souhaitez pas.

e) Caméras et serrures de porte

Ces dispositifs sont installés sur les portes, les fenêtres et les autres points d'entrée de l'unité. Ils empêchent les personnes d'entrer sans autorisation ou si le logement est sécurisé. C'est un excellent moyen de sécuriser votre logement ou d'empêcher l'entrée de visiteurs ou d'invités indésirables. Ils sont également faciles à installer et peuvent être réalisés par la plupart des serruriers résidentiels.

f) Boîtes de contrôle de puissance

Ils sont utilisés dans les immeubles à logements multiples pour accorder l'accès à certains locataires et l'interdire à d'autres. Il est généralement plus facile d'accorder l'accès à un locataire avant qu'il n'emménage. Par conséquent, si vous ne souhaitez pas qu'un locataire obtienne l'accès tout de suite, cela lui rendra la tâche plus difficile.

g) Systèmes de contrôle à domicile

Ces systèmes offrent l'avantage le plus important de surveiller et de contrôler chaque unité à partir d'un point central. Ils sont souvent utilisés à des fins de sécurité et peuvent permettre aux locataires autorisés par le propriétaire ou l'équipe de gestion de l'immeuble de surveiller, modifier ou désarmer leur système.

Comment gérer les sociétés de gestion ?

La gestion des sociétés de gestion est un élément essentiel de l'investissement immobilier. Il s'agit d'une grande responsabilité ; il faut de l'engagement et des compétences pour bien faire.

Il est important de comprendre qu'il existe toutes sortes de sociétés de gestion. Les trois types les plus courants sont les suivants :

a) Gestion de service intégrale.

Il s'agit du type de gestion le plus courant pour les investisseurs immobiliers. Alors que les GSI font tout pour vous, les gestionnaires semi-autonomes (dits "Se") peuvent travailler à vos côtés pour gérer vos opérations ou être complètement indépendants et gérer leurs opérations de manière autonome.

b) Responsables semi-autonomes.

Il s'agit de la "voie médiane" entre les GSI et les gestionnaires entièrement autonomes.

- Le GSI agit en tant que directeur de contrat, tandis que le gestionnaire du Se joue le rôle d'agent de gestion.

- Le GSI agit en tant que gestionnaire de projet et développeur, tandis que le Se manager fournit des services de gestion indépendants aux investisseurs sur une partie de vos opérations.

- Le Se manager fournit des services de gestion complets pour 50 % ou plus de vos affaires. Si vous faites appel à ce type de gestionnaire, vous devrez noter avec précision le pourcentage de travail de chacun pour chaque affaire et fixer des limites claires dans les contrats en fonction de leur pourcentage préféré (50 %, 75 %, etc.).

c) Gestionnaires entièrement autonomes.

Ils sont totalement indépendants de vous, en tant qu'investisseur, et leurs opérations sont parallèles aux vôtres. Ils peuvent avoir du personnel qui travaille directement pour eux ou faire appel à des contractants (indépendants). Quelle que soit la situation, il est essentiel de s'assurer que vous êtes d'accord avant qu'ils ne commencent.

Voici quelques conseils pour vous aider à les gérer efficacement :

a) N'essayez pas de faire de la microgestion : Vous devez vous écarter de leur chemin lorsqu'ils mènent leurs affaires et cesser de vous préoccuper autant de leurs actions. De nombreux investisseurs immobiliers ont du mal à lâcher le contrôle, mais c'est essentiel s'ils veulent être des gestionnaires performants qui génèrent des profits réguliers pour leurs portefeuilles. Cependant, vous devez garder un œil sur leurs activités et les revoir au moins une fois par an pour vous assurer qu'ils font du bon travail.

b) Associez le bon gestionnaire au bon type d'opération : Cela semble évident, mais c'est essentiel. Vous ne confieriez pas un projet de rénovation à un gestionnaire de construction ou un bien existant à un gestionnaire indépendant.

En tant qu'investisseur, vous devez engager la bonne entreprise pour chaque tâche si vous voulez réussir. Vous ne voudriez pas confier à un GSI la gestion d'un hôtel, à un GSI la gestion d'un appartement ou à un GSI la gestion d'unités de vente au détail. Pour une réussite à long terme, vous devez confier à chacun d'entre eux le type d'opération qu'ils sont en mesure de gérer correctement. Certaines entreprises sont plus performantes que d'autres, il vous faudra donc évaluer toutes vos options pour trouver la bonne adéquation, puis essayer d'obtenir la meilleure offre possible.

c) Investissez dans un bon portefeuille : La sélection rigoureuse du bon gestionnaire vous permettra non seulement de gagner plus d'argent au fil du temps, mais aussi de réduire les risques et d'aider votre gestionnaire à se développer le plus rapidement possible. Il est essentiel d'examiner les antécédents d'une société et l'expérience de son personnel pour s'assurer qu'ils correspondent bien à votre portefeuille. Assurez-vous que chaque équipe dispose d'une équipe complète de collaborateurs expérimentés qui ont mené à bien des projets similaires.

d) Organisez des réunions régulières : Cela peut sembler ennuyeux, mais cela permet de gérer chacune des sociétés de gestion ainsi que vos transactions et de s'assurer que des progrès sont réalisés. Si vous ne rencontrez pas régulièrement vos sociétés de gestion, il est facile pour les choses de passer à travers les mailles du filet et de ne pas être faites à votre satisfaction. Il est essentiel d'organiser des réunions régulières, au moins une fois par mois, et de veiller à ce que la majorité de votre équipe y assiste. Les membres de l'équipe trouveront frustrant qu'ils se réunissent en tant que groupe, mais que vous ne soyez pas au courant de leur existence. Assurez-vous de participer à chacune d'entre elles et d'avoir l'occasion d'examiner leurs progrès et de leur donner des conseils pour améliorer les opérations.

Acheter les matériaux ou faire appel au constructeur ?
Pour l'achat de matériaux, trois possibilités s'offrent à vous :

a) Acheter soi-même les matériaux

Il s'agit d'acheter les matériaux, mais de confier la construction à un constructeur, puis d'acheter la maison achevée.

b) Embaucher un constructeur

Il s'agit d'engager un constructeur et d'acheter les matériaux nécessaires à l'achèvement de votre maison.

c) Choisir parmi les maisons préfabriquées

Il s'agit d'acheter des matériaux tels que les revêtements de sol, les éclairages et les appareils électroménagers auprès de fournisseurs qui les vendent à des prix de gros (en général). Vous commandez ensuite la maison à l'un de leurs entrepreneurs, qui l'assemble sur place. À l'issue de ce processus, vous disposerez d'une maison achevée, sans aucun travail à effectuer !

Il n'est pas toujours facile de savoir quelle option est la meilleure pour un individu, car cela dépend des préférences et des objectifs personnels.

Comment savoir s'il est judicieux de se procurer du matériel auprès de fournisseurs plutôt que de l'acheter soi-même ? Tout dépend de votre situation.

L'un des avantages de cette méthode est qu'elle permet d'obtenir des matériaux à des prix généralement inférieurs à ceux que vous obtiendriez en les achetant vous-même. Cela s'explique par le fait qu'il s'agit de prix de gros et qu'ils sont généralement achetés en gros. Et lorsque vous pouvez acheter des matériaux en vrac à bas prix, vous avez la possibilité d'économiser de l'argent.

En achetant vous-même les matériaux, vous économisez de l'argent car vous n'avez pas beaucoup de frais généraux. Cependant, c'est aussi un scénario idéal pour les personnes qui veulent s'initier à la construction et à l'investissement immobilier. Bien que vous dépensiez davantage en main-d'œuvre et en matériaux au départ (et pendant la construction), vous comprendrez mieux l'ensemble du processus et de l'expérience puisque vous achetez ces choses vous-même.

En faisant appel à un constructeur, vous pourrez achever votre maison plus rapidement car il fera tout le travail à votre place. Mais comme pour la plupart des choses dans la vie, cela a un prix. Dans ce cas, cela signifie que vous devrez payer le constructeur et ses frais de main-d'œuvre pendant la construction.

En ce qui concerne les matériaux provenant des fournisseurs, ils vous permettent d'achever votre maison plus rapidement. Cependant, vous risquez de rencontrer davantage de problèmes pendant la construction si vous ne connaissez pas les différents détails de la construction d'une maison de ce type.

Et lorsqu'il s'agit de construire soi-même, certaines choses ne peuvent venir que de l'expérience, comme les matériaux de qualité inférieure et la mauvaise qualité de l'artisanat. Mais à moins que vous ne soyez très compétent en matière de construction et d'investissement immobilier, vous devrez peut-être faire appel à une aide plus importante que si vous aviez choisi d'acheter les matériaux auprès d'un fournisseur.

Lorsqu'il s'agit de construire une maison ou de choisir le type d'expérience que vous souhaitez, c'est l'une des nombreuses décisions qui influenceront la valeur future de votre maison. C'est pourquoi l'idéal est d'en apprendre le plus possible sur ces questions dès le début du processus.

L'une des façons d'expérimenter différentes options consiste à déterminer le montant que vous devez consacrer aux matériaux et à la main-d'œuvre. Vous aurez ainsi une meilleure idée de vos coûts initiaux.

Et comme vous avez une bonne idée du coût du projet, vous pouvez décider si vous avez besoin d'une aide.

Bien sûr, l'une des meilleures façons de commencer est de découvrir ce que font les autres pour se lancer dans leur propre projet. Vous pouvez vous rendre à des réunions locales, trouver des personnes en ligne qui construisent des maisons dans votre région, ou même trouver des messages sur des sites de réseaux sociaux tels que Facebook et Instagram sur des personnes travaillant sur des projets. L'occasion est probablement là si vous êtes suffisamment concentré et prêt à consacrer le temps et les efforts nécessaires pour la trouver !

Ce qu'il faut demander à un constructeur à la fin d'un chantier
Lorsqu'un constructeur achève un travail, vous devez lui demander les éléments suivants :

a. Une copie du plan de construction achevé au cas où vous devriez demander un permis ou une inspection du bâtiment.
b. Un certificat de la municipalité locale délivré conformément à la réglementation sur la construction de 2013, indiquant qui a construit et inspecté l'ouvrage.
c. Un certificat d'achèvement des travaux d'électricité ou de plomberie et un reçu pour toute indemnité versée.
d. Une déclaration de la compagnie d'assurance de votre constructeur (ou de votre agent immobilier) si elle fournit une couverture d'indemnisation.
e. Une copie de la vérification de l'application du code de la construction délivrée par la municipalité locale, si cela est nécessaire. Communément appelée vérification de la conformité au code du bâtiment
f. Un reçu pour tout dommage subi.
g. Un certificat de la compagnie d'assurance de votre propriétaire (ou de l'organisme de crédit hypothécaire) si elle fournit une couverture d'indemnisation ; et
h. Un certificat d'achèvement de votre courtier immobilier local s'il reçoit des commissions sur les revenus de la revente ou de la location. À l'achèvement de la maison, il est important de demander un reçu pour toutes les sommes versées.
i. Une copie du contrat de location, le cas échéant.

i. Un avis de remplacement en vertu de l'article 1 du conseil local si votre maison existante est démolie et remplacée par une nouvelle maison. Vous ne recevrez pas de nouvel avis en vertu de l'article 1 si la structure de votre nouvelle maison est identique à celle de votre bâtiment existant.

Supposons qu'un constructeur ait achevé les travaux et que vous ne demandiez pas les éléments susmentionnés. Cela s'avère utile si vous devez demander des permis de construire et des inspections. Dans ce cas, cela signifie que si votre maison est démolie ou détruite en grande partie par un incendie (auquel cas il faudra construire une nouvelle maison), vous ne pourrez pas demander d'indemnisation au titre de la police d'assurance standard du constructeur/de l'agent immobilier (parce que votre demande d'indemnisation aura été refusée).

Se tenir au courant des réglementations locales, par exemple en s'inscrivant à des bulletins d'information.

En tant qu'investisseur à distance, vous devez vous tenir au courant des réglementations locales. En effet, vous ne vivez peut-être pas dans la région et vous risquez d'être perdant si le marché chute et que vous possédez un bien immobilier dans cette région.

Inscrivez-vous à des bulletins d'information pour vous tenir au courant des lois locales qui affectent votre investissement. Si quelque chose change, vous en serez informé avant que cela n'affecte vos investissements immobiliers à distance. En tant qu'investisseur à distance, cela vous aide à prendre des décisions éclairées sur le moment et les biens à acheter.

Si vous ne vivez pas dans la région où vous investissez, il est bon de vous tenir au courant de l'évolution de la situation locale. Par exemple, si vous investissez dans une ville où le taux de criminalité est en hausse, vous devez le savoir avant d'y investir.

Ainsi, vous ne risquez pas de voir votre investissement bloqué. En effet, votre bien sera plus attrayant pour les acheteurs potentiels si la zone locale est sûre.

En vous tenant au courant des lois et des conditions locales, vous pouvez effectivement éviter de rater un investissement immobilier parce que le marché a changé. Ainsi, si votre investissement immobilier est affecté par une baisse de sa valeur, vous le saurez avant d'investir. C'est ainsi que vous pouvez réussir un investissement immobilier à distance. Et vous enrichir durablement.

Il existe différents types de réglementations locales susceptibles d'affecter votre investissement. Il s'agit notamment de

a) Taux de criminalité

En tant qu'investisseur à distance, vous devez vous tenir au courant des taux de criminalité. En effet, lorsque vous achetez un bien immobilier, vous y confiez vos revenus futurs et votre sécurité. Il peut être très pénible de se voir privé de cette confiance.

Par conséquent, si vous investissez dans un bien immobilier situé dans une zone où le taux de criminalité est élevé, vous devriez peut-être reconsidérer votre décision. En effet, votre bien sera moins attrayant pour les acheteurs potentiels. Vous risquez donc de vendre à perte.

Par exemple, si votre bien se trouve dans une ville où les car-jackings sont fréquents, vous devriez reconsidérer votre investissement. En effet, les acheteurs potentiels détesteraient l'idée de vivre dans un tel environnement et n'achèteraient donc pas le bien.

b) Impôts fonciers

L'impôt foncier est une taxe payée par le propriétaire de la propriété. Elle est généralement payée mensuellement et couvre le coût des services publics, des rues, de l'éclairage, des écoles, etc. En bref, il couvre les services essentiels de base de la communauté locale.

Par exemple, si vous investissez dans un bien immobilier situé dans une région où les impôts sont élevés, cela peut avoir un effet négatif sur votre investissement car vous devrez peut-être payer plus chaque mois pour couvrir ces coûts et vos paiements d'intérêts.

Ainsi, si vos revenus ne sont pas très élevés, vous devrez peut-être sacrifier votre capacité à vivre dans une région particulière pour investir.

c) Réputation et attitude des habitants

Une région est entourée d'un grand nombre de connaissances locales. Cette connaissance peut être utilisée à votre avantage lorsque vous réalisez des investissements immobiliers à distance. Par exemple, si vous investissez dans un bien situé dans une ville où les habitants sont très accueillants, cela incitera les acheteurs potentiels à acheter votre bien.

En revanche, si les habitants sont hostiles, les acheteurs potentiels risquent de ne pas vouloir acheter votre bien. En tant qu'investisseur à distance, vous devez donc garder un œil sur la façon dont les habitants se sentent dans une région. Et utilisez ces connaissances pour vous assurer que vous avez réalisé un investissement réussi dans un endroit sûr.

d) Propriétés touchées par des catastrophes naturelles

Certaines régions sont plus exposées aux catastrophes naturelles. En effet, les inondations et les sécheresses sont plus fréquentes dans certaines régions. Par conséquent, si vous investissez dans une zone à haut risque, vous devez en être conscient avant de faire votre achat.

Par exemple, si vous achetez un bien immobilier dans une région où le risque d'inondation est élevé, vous devez veiller à ce que le bien soit assuré. De cette manière, votre investissement sera protégé contre les inondations.

En tant qu'investisseur à distance, vous devez donc être conscient des catastrophes naturelles et des risques qui peuvent affecter votre investissement. Sinon, vous risquez de perdre des milliers de dollars parce qu'une inondation a emporté votre maison ou qu'une sécheresse a desséché vos cultures.

En tenant compte des réglementations locales, il est beaucoup plus facile d'éviter de rater un investissement immobilier en raison des conditions locales. En effet, vous disposez des connaissances nécessaires pour réussir un investissement immobilier à distance et vous enrichir durablement.

Chapitre 7 : Types De Stratégies D'Investissement À Longue Distance

Les stratégies d'investissement pour les investisseurs à distance sont différentes parce qu'elles exigent des investisseurs qu'ils en sachent plus sur les marchés et les connexions avant de faire des achats.

Les types de stratégies d'investissement sont les suivants :

a) Investir *off-plan* :

Les investissements *off-plan* constituent une stratégie d'investissement risquée qui ne doit être mise en œuvre que par un investisseur expérimenté connaissant le marché de l'immobilier.

Le principal avantage de l'investissement *off-plan* est qu'il permet aux investisseurs de s'exposer à des marchés spécifiques sans les coûts et les risques associés à l'achat d'un bien immobilier. En ce qui concerne les investissements à longue distance, les investissements *off-plan* s'adressent surtout aux investisseurs européens qui vivent en Amérique du Nord et souhaitent investir dans des villes telles que Vancouver, Toronto, Calgary ou Montréal.

En général, investir *off-plan* est un bon moyen pour les investisseurs de pénétrer un marché avant qu'il ne devienne populaire. Par exemple, Vancouver a connu une forte croissance au cours de la dernière décennie et les investisseurs qui ont investi dans la ville pendant cette période ont réalisé des bénéfices importants.

Le principal inconvénient de l'investissement dans le plan est qu'il peut s'agir d'une stratégie coûteuse et risquée. La plupart des plans d'investissement proposent la formule "pas d'inspection, pas d'annulation" ; si les investisseurs ne sont pas satisfaits du développement, ils ne peuvent pas annuler leur investissement. Il existe également un risque de surpayer le bien immobilier si le prix de celui-ci est fixé à un niveau élevé. Il est également important de se rappeler que tous les investissements sur plan ne sont pas rentables, car de nombreux promoteurs ne parviennent pas à achever leurs projets, ce qui signifie que les investisseurs se retrouvent sans rien.

b) Investir dans des biens immobiliers en difficulté : Dans la plupart des pays, il est facile de trouver un investisseur en biens immobiliers en difficulté qui achètera votre maison à un prix réduit en achetant votre hypothèque ou la valeur nette de votre propriété. Les cédules hypothécaires sont des actifs achetés après qu'un propriétaire n'a pas remboursé son prêt. Cela vous permet de vendre votre bien à un investisseur en difficulté sans que votre maison soit mise en vente.

En règle générale, il ne s'agit pas de l'investissement le plus important, car il comporte de nombreux risques. Parmi ces risques, citons la saisie, le remboursement des saisies, l'échec de l'investisseur et la fraude. La saisie signifie que le propriétaire a trois mois de retard dans ses paiements hypothécaires. En cas de saisie, la banque devient propriétaire de la maison. Il est important de noter que, dans de nombreux cas, les investisseurs peuvent acheter des maisons à un prix réduit s'ils achètent une hypothèque, mais ils perdront toujours de l'argent s'ils achètent la maison lorsqu'elle est saisie. Cela peut coûter à l'investisseur des milliers de dollars en fonds propres perdus et en liquidités pour l'achat de la propriété. Les investisseurs doivent s'attendre à ce que "l'herbe soit toujours plus verte" et que leur investissement dans le bien immobilier ne leur procure pas un rendement exceptionnel.

c) Acheter un bien immobilier avant qu'il ne soit construit : C'est une stratégie que la plupart des investisseurs à distance adoptent car elle leur permet d'acheter ou de vendre le bien immobilier à un moment où ils en ont le "contrôle ultime". L'inconvénient de cette stratégie est qu'elle peut être plus coûteuse que l'achat de biens immobiliers en cours de construction, mais l'avantage est que vous pouvez réaliser un profit sur votre investissement.

Lorsqu'un investisseur achète un bien immobilier avant qu'il ne soit construit, il achète le terrain et ce qu'il vaudra potentiellement une fois que le bien sera construit. L'investisseur à distance peut construire la propriété qu'il souhaite et les variables sont illimitées. Il peut décider de la taille du bien, du type de maison qu'il souhaite habiter ou du nombre de pièces qu'il veut allouer aux logements locatifs. Les investisseurs peuvent décider s'ils veulent construire un hôtel, une copropriété ou un immeuble d'appartements. Ces variables peuvent avoir un impact significatif sur l'investissement de l'investisseur et sur la valeur du bien.

Les investisseurs qui achètent un terrain avant qu'il ne soit construit peuvent en faire ce qu'ils veulent. Certains investisseurs peuvent décider de construire une maison sur un grand terrain et de le vendre à sa valeur marchande.

Rechercher des biens immobiliers délabrés et les remettre en état

Rechercher un bien dégradé et le remettre en état signifie que vous devez passer du temps à rechercher des biens en mauvais état. Si vous trouvez un bien et que vous estimez que le prix est intéressant, vous devez prendre rendez-vous pour voir ce qu'il faut faire et combien cela coûtera. Bien entendu, de nombreux facteurs entrent en jeu et il ne vous sera pas toujours possible d'acheter le bien au moment où vous le trouverez.

Cela peut vous obliger à envisager un bien d'occasion pour commencer. Dans ce cas, attendez-vous à payer plus cher que pour un bien neuf, et il est également possible qu'il ne réponde pas à vos besoins à long terme.

Cependant, l'achat d'un bien immobilier d'occasion et le temps, l'argent et l'énergie consacrés à sa remise à niveau augmenteront probablement vos chances d'obtenir un meilleur rendement que l'investissement dans des biens immobiliers neufs.

Gérer un bien immobilier à distance peut s'avérer difficile, c'est pourquoi nous avons créé le guide suivant pour vous aider à démarrer. Ce guide s'adresse à ceux qui envisagent de prendre un bien qui a besoin d'être remis en état ou nettoyé et de travailler à partir de là.

Vous achèterez peut-être un peu plus loin de la ville que vous ne le souhaiteriez, mais ce sera beaucoup moins cher. Pour ce faire, vous devez être organisé et vous habituer à travailler avec des entrepreneurs d'autres régions.

Vous devez également évaluer le temps que vous consacrerez à la recherche de biens immobiliers et vous demander si cela convient à votre situation. Plus vous y consacrerez de temps, plus vous aurez de chances de gagner de l'argent, mais cela risque de prendre trop de temps si vous avez d'autres engagements.

Il s'agit d'un engagement, donc si vous investissez dans

l'immobilier à distance, assurez-vous d'être prêt pour la tâche.

Lorsqu'il s'agit d'investir à distance, les gens ont souvent besoin d'argent plus rapidement qu'ils ne peuvent trouver un bien immobilier. En effet, travailler à distance ou à partir d'un autre continent peut souvent s'avérer coûteux. Bien sûr, si vous disposez d'un budget limité, il peut être possible d'acheter à l'étranger, mais avec un peu d'organisation et de planification, vous découvrirez peut-être qu'il est possible de contourner ce problème.

Les biens immobiliers dégradés peuvent être moins chers que vous ne le pensez. Un bien immobilier dégradé peut avoir désespérément besoin de travaux, mais il est possible qu'il soit moins cher à l'achat qu'un bien déjà rénové.

Vous risquez ainsi de dépenser trop d'argent pour un bien immobilier, car vous voudrez vous assurer que les fonds sont disponibles avant d'acheter. Si vous achetez à l'étranger, le transfert des fonds sur votre compte peut prendre plus de temps. Cela signifie qu'il est risqué de dépenser de grosses sommes d'argent avant d'avoir les fonds en main.

L'achat de biens immobiliers délabrés exige beaucoup de patience et de solides compétences en matière de recherche. Remettre un bien en état peut prendre du temps, ce dont vous devez tenir compte lorsque vous envisagez des investissements à distance. Il se peut qu'il y ait des situations moins idéales où vous disposez des fonds nécessaires, mais où le bien n'est pas encore prêt à être vendu.

Cela signifie qu'il se peut que vous fassiez un investissement mais que le bien ne soit pas disponible à la vente pendant 30 ou 40 jours, ce que vos investisseurs n'apprécieront pas. Si cela se produit régulièrement, il est probable que cela devienne un peu lassant, car les gens commencent à poser des questions sur ce qu'il advient de leur argent.

Comment systématiser la location de courte durée pour les propriétaires éloignés ?

L'investissement immobilier à distance devient rapidement un moyen populaire de gagner de l'argent. Contrairement à d'autres types d'investissements, l'investissement à distance présente un avantage important : il peut être réalisé à court terme. Nombreux sont ceux qui ne prévoient pas d'acheter un bien immobilier pour eux-mêmes et qui essaient plutôt de trouver de bonnes affaires pour des locations rapides. Si vous voulez entrer dans le jeu et le faire correctement, suivez ces étapes simples comme ligne directrice lors de la recherche de biens immobiliers et laissez-les se charger de trouver des locataires à partir de là !

L'idée derrière l'investissement immobilier à distance est que les propriétaires passent des années à négocier une bonne affaire avec les investisseurs avant de finalement vendre leur propriété à un prix acceptable. Certains d'entre eux vivent un véritable cauchemar lorsqu'ils signent des documents administratifs, ce qui les empêche de gérer efficacement leurs biens.

Ils peuvent être en mesure de systématiser les locations à court terme :
a. Trouvez des sociétés de gestion immobilière qui peuvent vous aider à gérer votre bien. Vous souhaitez obtenir les meilleurs tarifs possibles à ce stade.
b. Pensez aux personnes qui emménagent dans votre propriété et déterminez si elles resteront longtemps ou seulement quelques mois.

c. Lorsque vous cherchez un bien immobilier, recherchez ceux qui sont suffisamment bon marché pour vous assurer de récupérer plus que ce que vous payez pour le loyer au cours des premiers mois et des premières années de l'investissement.

d. Il serait utile de rechercher également des quartiers spécifiques jouissant d'une bonne réputation et comptant un grand nombre de personnes désireuses de s'y installer et d'y rester pendant de longues périodes.

e. Vous pouvez également trouver des opportunités en cherchant sur des sites web immobiliers où vous pouvez publier vos coordonnées si quelqu'un cherche à louer ses biens.

Vous pouvez également louer des chambres dans votre maison si vous y vivez toujours et que vous disposez d'une ou deux chambres supplémentaires que vous n'utilisez pas. C'est un excellent moyen de gagner de l'argent lorsque vous visitez votre ville natale et de compléter l'argent que vous gagnez en tant que propriétaire à distance.

Comment systématiser les maisons à occupation multiple

La maison à occupation multiple est une stratégie de constitution de patrimoine à long terme, en particulier pour les investisseurs immobiliers. Il s'agit d'un modèle d'entreprise qui fournit des revenus sans investissement initial substantiel. C'est un système dans lequel on ne peut que s'améliorer.

Ce n'est pas un marché "à la mode" ou "en demande", mais il continuera à fonctionner parce que les gens ont besoin de vivre, quoi qu'il arrive. Et le monde sera toujours plein d'étudiants (inscrits ou non), de jeunes professionnels et de personnes de la classe ouvrière qui veulent vivre dans le centre ville mais ne peuvent pas se le permettre par leurs propres moyens.

Vous pouvez systématiser la maison à occupation multiple :

a. Sélectionnez le bon projet au bon endroit. Vous serez en concurrence avec d'autres investisseurs pour ce type de biens et vous devez savoir précisément ce que vous recherchez. Ne vous laissez pas distraire par le battage médiatique : tenez-vous en à votre plan, élaborez un modèle d'entreprise et respectez-le.

b. Trouvez des locataires appropriés pour louer des chambres dans votre immeuble à logements multiples. Et pas n'importe quels locataires, mais les bons. Les locataires qui sont fiables et qui peuvent payer leur loyer à temps (et éventuellement vous aider à générer plus de revenus) sont la clé.

c. Obtenez un bail et le faire signer par les locataires. Vous avez besoin de locataires qui paieront leur loyer à temps, sans avoir de problèmes avec le propriétaire ou le personnel de gestion. Il serait utile que vous trouviez des locataires qui resteront avec vous pendant longtemps (bail à long terme).

d. Trouvez un bon gestionnaire ou une bonne société de gestion immobilière qui vous aidera à gérer l'endroit (et qui vous aidera également à en tirer profit lorsque vous serez prêt à vendre vos unités locatives).

e. Assurez le suivi de vos revenus locatifs. Au fur et à mesure que vous vous développerez, vous commencerez à petite échelle, tout comme votre société de gestion immobilière. Lorsque le moment sera venu de vendre, exigez une prime parce que vous disposez de modèles d'entreprise solides et éprouvés.

Entreprises communes

Les coentreprises sont considérées comme les investissements immobiliers les plus rentables. En effet, les partenaires partagent équitablement les responsabilités, les risques et les bénéfices. Pour que les coentreprises soient couronnées de succès, assurez-vous d'avoir un excellent partenariat avec votre partenaire. Assurez-vous que vous avez les mêmes objectifs et les mêmes contraintes de temps en ce qui concerne les investissements immobiliers. Cela signifie que vous devez avoir le même délai pour vendre votre investissement afin que les bénéfices soient partagés équitablement.

Un autre élément important est l'utilisation d'un accord de coentreprise. Cet accord permettra de garder une trace de tout ce qui s'est passé entre les deux parties, de sorte qu'il n'y ait pas de problèmes concernant la répartition des bénéfices. Surtout, assurez-vous que vous et votre partenaire vous entendez bien et que vous êtes sur la même longueur d'onde en ce qui concerne les objectifs.

Si vous les abordez correctement, les partenariats d'entreprises conjointes peuvent être bénéfiques pour les deux parties.

L'un des grands avantages d'un partenariat en coentreprise est que l'argent ne sort pas entièrement de votre poche. En plus d'utiliser le capital d'une autre personne, en partageant les bénéfices, vous pouvez utiliser son argent pour des réparations ou des investissements nécessaires. De cette manière, le risque est moins élevé pour les deux parties impliquées.

Les inconvénients des coentreprises sont que l'immobilier est en constante évolution et qu'il n'y a aucune garantie de retour sur investissement avec un partenaire. Un autre problème est que l'accord peut devenir difficile à maintenir. Parfois, une coentreprise peut être créée de telle sorte qu'il y a beaucoup de stress et de frictions entre les partenaires.

La meilleure façon d'aborder une coentreprise est de s'assurer que vous et votre partenaire avez des objectifs similaires. Il vous sera ainsi plus facile de prendre des décisions concernant l'achat d'investissements immobiliers pour le compte de votre partenaire.

Les coentreprises ne sont pas toujours nécessaires, mais elles sont essentielles à l'investissement immobilier. Si vous envisagez de joindre vos forces à celles d'un autre investisseur ou si vous connaissez quelqu'un qui se lance dans l'investissement immobilier, il peut être judicieux d'essayer cet investissement avec lui.

Chapitre 8 : Conseils Pour Réussir En Tant Que Propriétaire À Distance

Pour que vous puissiez devenir un propriétaire à distance performant, voici quelques conseils à prendre en compte :

a) Ayez des locataires fiables

Votre bien immobilier deviendra automatiquement un bon investissement si vous avez des locataires fiables. Vous devez leur offrir une grande pièce (environ 200m^2), un prix raisonnable et un bon entretien de la propriété.

b) Disposez d'un agent de confiance

Parce que vous êtes propriétaire à distance, vous ne pouvez pas voir votre maison de temps en temps. Il serait donc utile d'avoir un agent fiable qui puisse tout gérer. Si l'agent est malhonnête, les autorités pourraient l'incriminer. (vous risquez de perdre votre caution)

c) Restez en contact avec vos locataires et être un propriétaire compréhensif

Lorsque votre locataire déménage, ne fumez pas devant lui et ne vous comportez pas de manière grossière parce qu'il n'aime pas cela. N'emportez pas non plus tous vos meubles, appareils électroménagers ou autres objets de valeur (si ce sont les vôtres), car il pourrait vouloir rester dans les lieux pendant une longue période.

d) ne pas surpayer

Ne surpayez pas votre bien, mais juste ce qu'il faut pour avoir de bons locataires. Mieux vaut investir peu et attendre trois ans que d'investir trop et de laisser un mauvais goût dans la bouche en une seule année. Il est préférable de procéder ainsi, car l'attente vous permettra d'économiser votre dépôt de garantie si le locataire part sans vous payer le moindre mois de loyer.

e) Assurez-vous que la maison est belle et que vous avez dépensé de l'argent à l'intérieur.

f) Ne soyez pas gourmand

Vous avez peut-être un bon locataire, mais vous voulez augmenter le loyer. Vous pourriez dire qu'il est trop bon marché et que vous ne pouvez pas vivre avec le montant du loyer qu'il paie. Il serait bon que vous y réfléchissiez à deux fois avant de le faire, car cela ne vous sera d'aucune utilité à l'avenir. Vous risquez de perdre votre maison, avec tous vos meubles et tout le reste. Il vaut mieux prendre ce que l'on peut obtenir, car c'est une question d'argent et non de fierté.

g) Ne vivez pas au-delà de vos limites financières

Vous devez dépenser votre argent judicieusement. Si vous n'êtes pas en mesure de rembourser l'hypothèque, vous pouvez trouver des locataires à long terme qui resteront dans leur maison pendant une période prolongée et en tireront de bons bénéfices. Vous devez faire preuve de sagesse et adapter vos revenus en conséquence, car un jour, vous risquez de tout perdre à cause d'un mauvais choix.

Devriez-vous vous associer à un investisseur local ?

S'associer à un investisseur local peut être le meilleur moyen d'acquérir les connaissances, le réseau et les relations nécessaires à la création d'une entreprise d'investissement immobilier prospère. Les investisseurs locaux ont des connaissances que vous ne trouverez pas sur Internet et ils vous donneront des conseils précieux tout au long de votre parcours.

Certains investisseurs ont conclu un accord d'exclusivité avec un acheteur local lorsqu'ils vendent leur bien. S'ils n'ont pas encore trouvé d'acheteur, ils peuvent connaître quelqu'un qui s'intéresse à votre bien parce qu'il se trouve dans une zone où la demande est forte. Un partenariat avec un investisseur local vous permet également d'éviter les remords de l'acheteur lorsque vous découvrez des éléments tels que les restrictions de zonage ou les conventions après avoir signé la ligne pointillée.

Parce qu'il est local, il a plus de contrôle sur la situation que vous. Le principal problème d'un partenariat avec un investisseur local est que vous risquez de ne pas pouvoir réaliser l'opération sans lui. Et si l'opération échoue, vous risquez de vous retrouver avec un bien immobilier que vous ne souhaitiez pas acquérir au départ.

Si vous décidez de vous associer à un investisseur local, assurez-vous de bien connaître sa philosophie en matière d'investissement immobilier. S'il recherche un investissement à long terme, il peut s'attacher à réparer la maison ou à en faire un bien productif de revenus. Un investisseur local qui cherche à rentabiliser un investissement peut être disposé à vendre rapidement, même si l'opération n'est pas exactement ce que vous aviez en tête.

Population croissante

L'augmentation de la population se traduit par une hausse de la demande de logements. Avec plus de personnes à loger, il y a fort à parier que la valeur des biens immobiliers augmentera également. C'est une bonne nouvelle pour un investisseur immobilier, car cela signifie des valeurs locatives plus élevées et des marges bénéficiaires potentielles. Une population plus nombreuse signifie une demande accrue de biens immobiliers, ce qui se traduit par un potentiel accru de croissance du capital.

L'augmentation de la population est l'une des raisons pour lesquelles les maisons deviennent plus chères. L'autre raison est l'inflation. Lorsque le coût de la vie augmente, les personnes qui doivent mettre de la nourriture sur leur table doivent trouver un emploi mieux rémunéré pour suivre la hausse des prix.

Étant donné que de plus en plus de personnes touchent un salaire, il est difficile pour le citoyen moyen d'économiser de l'argent de nos jours. Un prêt hypothécaire est coûteux et difficile à assumer si l'on ne dispose pas d'un diplôme de quatre ans et d'une assurance maladie complète. En d'autres termes, le jeu n'en vaut pas la chandelle pour de nombreuses personnes de la classe ouvrière. Au lieu de cela, ils se lancent dans l'achat d'une maison en dépensant le plus d'argent possible.

L'investissement immobilier a toujours été un loisir coûteux, mais il le devient de plus en plus en raison de la demande croissante de logements. La maison du futur sera construite pour être plus petite et plus compacte, mais elle coûtera une fortune. C'est pourquoi nous serons tous en mesure d'acheter moins de maisons pour notre argent au fil du temps.

L'augmentation de la demande de logements signifie que davantage de personnes peuvent se permettre d'acheter différents types d'habitations. Cela signifie qu'il y aura une plus grande demande pour les nouvelles constructions ainsi que pour les rénovations et les remodelages. C'est peut-être une bonne chose, ou peut-être pas ; l'avenir nous le dira. Quoi qu'il en soit, il y aura plus d'emplois pour les architectes, les constructeurs, les électriciens et les plombiers.

Répartition par âge

La répartition par âge a un impact significatif sur le marché du logement. Les personnes âgées ont tendance à vivre plus près de leurs enfants et petits-enfants. Par conséquent, elles achètent des maisons moins exotiques dans des zones plus abordables que les groupes plus jeunes parce qu'elles ont besoin de plus d'espace. La génération X et les baby-boomers cherchent maintenant à louer un bien immobilier en vieillissant, tandis que les milléniaux décident de ne pas acheter de bien immobilier parce qu'ils préfèrent travailler plutôt que de vivre dans une ville donnée. Cette situation fait peser la charge sur les locataires du millénaire lorsque vient le moment pour eux d'emménager dans leur propre logement. Les investisseurs immobiliers devraient se rendre compte que certains marchés immobiliers sont plus attrayants pour les générations plus âgées et cibler des logements plus abordables dans ces zones.

Contrairement à ce qui précède, si davantage de familles restent ensemble à long terme, il y aura une augmentation de la demande de logements plus grands en raison de l'arrivée d'enfants, de petits-enfants ou de parents plus âgés. La possibilité de déménager et d'acheter une propriété séparée deviendra moins pratique, car il est plus important que tous les membres de la famille restent ensemble. Cette tendance, examinée précédemment dans le contexte des changements démographiques et du "nid vide", entraînera une augmentation de la demande de logements plus grands et une diminution de la demande de logements plus petits en raison du désir de vivre ensemble.

Emploi stable

Lorsqu'une personne a un emploi stable, elle a plus de chances de s'enrichir à long terme. Cela est dû à deux facteurs :

a. Un emploi stable augmente le montant des revenus d'une personne,
b. Il procure un sentiment de sécurité et de stabilité. Malheureusement, de nombreuses personnes n'ont pas d'emploi stable, ce qui les empêche de savoir comment investir leur argent de manière à accroître leur patrimoine.

Voici quelques points essentiels à noter concernant l'emploi stable :

a. Si une personne n'a pas d'emploi stable, il lui sera difficile d'épargner de l'argent pour ses besoins futurs et d'investir. Cela peut conduire à une situation où il n'y a pas d'argent à investir parce qu'il est dépensé pour les besoins courants, qui comprennent les nécessités et les obligations financières telles que les hypothèques, les prêts automobiles, etc.
b. La stabilité de l'emploi signifie également que les individus investissent leur argent dans des actifs sûrs tels que l'épargne et les plans de retraite. Cela est dû en partie à la stabilité de l'emploi, mais cela dépend de la connaissance qu'a l'individu des marchés financiers et de la manière dont il peut se permettre d'investir son argent.
c. Si les personnes ayant un emploi stable sont informées des alternatives à l'épargne et à la retraite, elles ont tendance à accroître leur patrimoine grâce à l'éducation et à l'accessibilité.
d. Si un emploi stable conduit une personne à investir dans des plans d'épargne et de retraite, elle passe à côté des possibilités de constitution d'un patrimoine qu'offre l'investissement

immobilier direct. En effet, ces plans n'offrent pas un rendement suffisant.

Si un individu a un emploi stable, il peut épargner de l'argent pour des besoins futurs tels que la retraite. Cependant, il sera moins probable qu'il l'investisse dans d'autres formes d'investissement, comme l'immobilier, qui pourrait conduire à un retour sur investissement plus élevé et, par conséquent, à une richesse plus incroyable au fil du temps.

Écoles

Les écoles contribuent également à l'investissement immobilier, notamment par le biais de programmes qui enseignent aux étudiants l'activité d'investissement immobilier. Certains programmes ont même créé des spécialisations en investissement immobilier afin que les étudiants puissent acquérir une compréhension encore plus approfondie de ce domaine. Lorsque les étudiants obtiennent leur diplôme, ils ont acquis les compétences nécessaires pour devenir des investisseurs immobiliers prospères.

Les étudiants peuvent apprendre dans leurs écoles l'histoire de l'investissement immobilier et le processus de recherche et de négociation avec les propriétaires pour l'achat de leurs maisons. Une fois qu'un étudiant a trouvé un bien qu'il souhaite acheter, il doit trouver un moyen d'obtenir un financement pour cet achat. Les prêts bancaires sans garantie sont généralement le moyen le plus facile pour les étudiants d'obtenir un financement pour leurs investissements immobiliers. Ces types de prêts sont courants car les banques savent qu'il est peu probable que les étudiants manquent à leurs obligations. Les étudiants doivent créer leur capital-risque pour effectuer un achat encore plus important. C'est ce que l'on appelle l'achat d'un immeuble de placement (communément appelé immeuble de rapport) avec le capital d'un particulier.

Les étudiants désireux de se lancer dans les affaires peuvent même participer à la création d'une nouvelle société d'investissement immobilier par l'intermédiaire de leur école. C'est ce qu'on appelle l'incubation d'une entreprise. Cela peut se faire sur le campus de l'école ou dans un autre endroit que l'étudiant a pu trouver. Une autre mesure prise par certaines écoles pour promouvoir l'investissement immobilier consiste à établir des partenariats avec des entreprises du secteur afin que les étudiants puissent acquérir une connaissance pratique du fonctionnement de ce domaine tout en suivant des cours sur le campus.

Crimes et délits

Investir dans des zones où le taux de criminalité est plus élevé peut être une bonne idée, même si vous ne vous attendez pas à gagner de l'argent.

L'investissement immobilier est une activité volatile, et quiconque a investi dans le passé vous dira qu'il est essentiel d'investir en gardant les yeux ouverts : comprendre sa tolérance au risque et savoir à quoi s'attendre. Il est également important de se rappeler que les taux de criminalité à côté de vos investissements peuvent finir par causer des pertes en raison de l'effet qu'ils peuvent avoir sur vos investissements.

Lorsque vous commencez, vous ne devez pas vous attendre à devenir riche du jour au lendemain. Il est bon de savoir que, du point de vue du taux de criminalité, la région où vous investirez ne sera pas l'une des pires. Vous pouvez choisir d'investir même dans des zones à haut risque et à faible rendement, à condition de connaître le type de risque et le type de rendement que vous pouvez attendre. Si un bien immobilier bon marché situé dans une zone à fort taux de criminalité vous offre un faible rendement garanti, c'est à vous de choisir : vous devez investir dans une zone où les rendements sont plus élevés et le taux de criminalité plus important si vous êtes prêt à prendre ce risque.

Les taux de criminalité peuvent également être influencés par votre bien immobilier, et certaines stratégies d'investissement peuvent avoir une incidence significative sur les taux de criminalité. Par exemple, si vous obtenez un rendement élevé de votre bien locatif, vous risquez d'attirer davantage de criminels dans la région, car ils cherchent des endroits où commettre des délits. Il se peut donc que votre bien subisse davantage d'effractions, mais cela signifierait tout de même un rendement plus élevé de votre investissement.

Il est toujours important de connaître le taux de criminalité de la région, mais si vous envisagez d'investir dans une région où le taux de criminalité est élevé, il est également utile de savoir quel type de criminalité vous affecterait.

Taux de vacance

L'un des meilleurs moyens de trouver un excellent investissement à long terme est d'examiner de près le taux de vacance de la zone qui vous intéresse. Un faible taux d'inoccupation signifie que vous pourrez probablement louer le bien et le revendre plus tard à un prix plus élevé. Un taux d'inoccupation élevé, en revanche, peut avoir plusieurs significations. Aucun bien n'est disponible à la vente dans cette zone, ou celle-ci est tout simplement sous-évaluée en raison de la demande (ou de l'absence de demande), de sorte que vous pouvez l'acheter pour presque rien et passer à votre prochaine cible avec une perte d'investissement minime. L'essentiel est de savoir dans quel type de marché vous investissez. Vous voudrez acheter sur le bon marché si vous envisagez de tirer un revenu durable de vos investissements.

Un taux d'inoccupation élevé, en particulier dans une région où la population de retraités ou de petites familles est importante, n'est pas nécessairement alarmant. Étant donné que de nombreuses maisons sont disponibles à la vente, des personnes se rendront fréquemment dans votre bureau pour louer vos espaces commerciaux. Cela peut signifier que la demande de logements est beaucoup plus faible dans la région, mais que la demande d'espaces commerciaux, que vous possédez et gérez, est beaucoup plus élevée. Il est important de noter que les propriétés commerciales peuvent également connaître des taux d'inoccupation. Vous devez donc garder un œil sur la valeur totale de votre propriété et comparer le revenu réel qu'elle génère au prix auquel vous l'avez achetée. Cela vous aidera à déterminer si vous gagnez réellement de l'argent ou si vous passez beaucoup de temps à gérer un espace qui ne vaut pas grand-chose.

Ce qu'il faut déléguer

Savoir ce qu'il faut déléguer est un facteur de réussite essentiel pour tout investisseur à distance. Certaines tâches, si elles sont déléguées correctement, permettront à l'investisseur de gagner du temps et de l'énergie et se traduiront par un coût d'acquisition moins élevé. Ces tâches peuvent être déléguées à un employé ou confiées à un fournisseur tiers.

Voici quelques éléments qu'il est extrêmement utile de déléguer :

a) Génération de pistes - Vous pouvez engager des employés ou des vendeurs qui savent comment prospecter des pistes et assurer le suivi avec des investisseurs potentiels. La plupart des gens n'aiment pas vendre de toute façon. Déléguer cette tâche vous fera gagner du temps et vous permettra de vous concentrer sur les aspects essentiels de votre entreprise, tels que la recherche de contrats, la négociation des conditions et la gestion des investisseurs après la clôture du dépôt fiduciaire.

b) Gestion immobilière - Bien que vous ne souhaitiez pas déléguer la gestion complète du bien, la plupart des investisseurs paient des gestionnaires immobiliers entre 500 et 2500 dollars par mois pour gérer leurs biens locatifs. C'est beaucoup d'argent pour quelque chose que vous pouvez probablement faire vous-même. Si vous optez pour cette solution, concentrez-vous sur l'aspect comptable de la gestion plutôt que sur la gestion physique du bien.

c) Tenue des comptes et comptabilité - La plupart des investisseurs ont des difficultés dans ces domaines. L'externalisation de ces tâches vous permettra d'économiser beaucoup de temps et d'argent si votre point faible est la comptabilité.

d) Aspect juridique - Vous pouvez demander à des avocats de rédiger vos lettres, accords et autres documents pour une fraction de ce que les cabinets d'avocats facturent à leurs clients.

Que faut-il automatiser ?

L'automatisation de vos investissements immobiliers peut vous aider à gagner du temps, à minimiser les risques et à vous constituer un revenu passif. L'automatisation de l'investissement peut sembler effrayante pour certaines personnes, mais ce n'est pas une fatalité. Il existe de nombreux moyens d'automatiser l'investissement immobilier tout en gardant le contrôle de votre portefeuille. Ces méthodes sont les suivantes :

a) Investir dans plusieurs biens immobiliers.

Cela signifie que vous devez trouver un moyen de faire de bonnes affaires, de faire des recherches et de faire des offres avant vos concurrents. Vous serez également en mesure de trouver des biens dans plusieurs endroits. Cela éliminera la concurrence et vous permettra d'acheter en espèces dans un délai plus court et de faire fructifier votre argent plus longtemps si vous investissez dans un immeuble de placement.

b) Investir dans un plus grand nombre de biens immobiliers.

C'est plus facile à dire qu'à faire, mais cela peut être automatisé facilement avec des systèmes, des procédures et un état d'esprit appropriés. Il vous faudra gérer plusieurs affaires simultanément, ce qui peut sembler insurmontable, mais ne l'est pas si vous utilisez les bons processus.

c) Maximiser les transactions.

Vous pouvez utiliser les mêmes stratégies pour trouver des affaires, faire des offres et établir des relations avec les agents immobiliers. La rationalisation de ces processus vous permettra de consacrer plus de temps à la diligence raisonnable et à l'analyse du marché. Il en résultera un plus grand nombre d'investissements avec des rendements plus élevés sur une période prolongée. Vous pourrez ainsi prendre de meilleures décisions en matière d'investissement, ce qui se traduira par un succès retentissant.

d) Commercialiser vos services.

L'un des aspects les plus importants de cette activité est la commercialisation de vos services. Vous devez atteindre un large public et attirer son attention. Plus vous attirerez de personnes, plus vous obtiendrez de contrats.

e) Acheter pour le plaisir et le profit.

Vous devez vous amuser lorsque vous investissez dans l'immobilier. Si la liberté financière est votre objectif, vous pouvez l'atteindre en suivant ces cinq stratégies d'automatisation de vos investissements immobiliers.

f) Gestion immobilière/gestionnaire immobilier

L'automatisation de ce processus peut également vous faire gagner beaucoup de temps que vous pourriez consacrer à des investissements, à la mise en place de réseaux ou à d'autres tâches essentielles.

g) Temps d'épargne.

L'automatisation de vos investissements immobiliers peut vous faire gagner beaucoup de temps. Vous pourrez ainsi vous concentrer sur la recherche d'affaires, la gestion de votre portefeuille et la croissance de votre entreprise. Tout cela peut se faire sans vous soucier des tâches banales liées à la gestion des biens immobiliers.

h) Créer un flux de revenus passifs.

Les revenus passifs sont comme une machine à gagner de l'argent qui continue à travailler pour vous même lorsque vous dormez ou êtes en vacances. Ce type de revenu est nécessaire parce qu'il vous donne des choix dans la vie et plus d'options financières lorsqu'il s'agit d'acheter des biens immobiliers, d'épargner pour la retraite et d'utiliser l'argent comme un véhicule d'investissement plutôt que comme une marchandise pour survivre.

Ce qu'il faut éliminer et prévenir

Il y a plusieurs choses à oublier et prévenir pour devenir un investisseur à distance prospère :

a) l'idée de gagner rapidement de l'argent en achetant et en revendant des biens immobiliers.

Cela signifie que vous ne pouvez pas vous permettre de ne pas gagner d'argent, car si ce n'est pas le cas, votre temps n'en vaut pas la peine.

b) l'idée qu'il faut quitter son emploi pour réussir en tant qu'investisseur.

Cela signifie que vous vous engagez sur le long terme, car quitter votre emploi ne fera qu'engendrer du stress et vous deviendrez impulsif lorsque vous prendrez des décisions.

c) l'idée de s'enrichir rapidement.

Il n'y a aucune raison de se précipiter ou de prendre des risques inutiles - il y a toujours une meilleure affaire au coin de la rue.

d) s'impliquer émotionnellement dans l'immobilier. Il est utile de rester objectif et professionnel. Sinon, les choses peuvent très mal tourner au bout du compte.

e) avoir peur de se faire arnaquer.

Cela signifie que vous êtes novice en matière d'investissement immobilier ou que vous ne disposez pas des outils ou des connaissances nécessaires pour réaliser des investissements appropriés.

f) ne pas comprendre les risques et les avantages de l'investissement immobilier.

Vous devez savoir ce qui est en jeu avant de vous lancer. Sinon, vous risquez de perdre votre argent et votre crédibilité.

g) penser que "l'immobilier, c'est pour les riches".

Cela se passe d'explications. Les possibilités sont infinies et vous pouvez atteindre le sommet même si vous êtes né pauvre. Il n'y a donc aucune raison pour que vous ne puissiez pas en faire partie si vous le souhaitez.

h) penser que l'on est trop jeune ou trop vieux pour être un investisseur prospère.

Ce n'est pas vrai, car de nombreux investisseurs ont commencé jeunes et, dans certains cas, il est préférable de commencer plus tard dans la vie, car cela permet d'acquérir plus d'expérience et de sens des affaires.

Conclusion

L'investissement immobilier à longue distance est une option viable pour les retraités et les personnes disposant de revenus stables. L'évaluation des biens peut s'avérer plus difficile et plus coûteuse si l'on tient compte des déplacements, mais le jeu en vaut la chandelle. Il vaut la peine de comparer votre situation financière avec les dépenses liées aux investissements locaux et ce qu'il vous en coûterait de déménager. En fin de compte, l'investissement à distance ne convient pas à tout le monde. Il n'existe pas de solution universelle en matière de gestion de patrimoine.

Il est préférable de commencer par examiner votre situation avant de vous lancer dans un projet d'investissement immobilier à longue distance. Tenez compte de vos objectifs, du temps dont vous disposez et de la fréquence de vos déplacements. Parlez à votre conjoint ou à votre famille de leurs projets et de leurs préoccupations. Le fait est que l'investissement à distance peut être une entreprise complexe et qu'il nécessite plus que des frais de déplacement, mais il offre des avantages significatifs à ceux qui s'y investissent.

Les investisseurs désireux de voyager pour leurs investissements peuvent tirer un grand profit de l'investissement immobilier à longue distance. Toutefois, vous devez vous assurer d'avoir un revenu stable et les moyens financiers d'investir dans plusieurs biens immobiliers.

L'investissement immobilier à distance est un domaine dans lequel de nombreux investisseurs souhaitent s'aventurer, mais il est essentiel que vous sachiez dans quoi vous vous engagez et si cela convient à votre situation. Si vous envisagez de vous lancer dans l'investissement à distance, assurez-vous que votre domaine d'expertise est un domaine où les travailleurs sont très demandés. Si ce n'est pas le cas, trouvez un investisseur spécialisé dans ces domaines afin qu'il puisse vous aider pour le reste du processus et engagez quelqu'un de la région pour effectuer les inspections si nécessaire. Vous ne voulez jamais vous retrouver dans une situation où vous perdez de l'argent, et c'est pourquoi le fait d'avoir un partenaire peut rendre votre retour sur investissement beaucoup plus substantiel.

Supposons également que vous finissiez par investir dans des biens situés dans un autre État ou un autre pays. Dans ce cas, vous pouvez toujours vous adresser à votre courtier en hypothèques ou à une personne travaillant dans le domaine des investissements internationaux. Ces investisseurs peuvent vous aider à accéder à différents types de financement pour ces types de biens. La plupart des investisseurs s'accordent à dire que l'investissement immobilier à distance en vaut la peine si les chiffres s'additionnent.

L'investissement à distance est peut-être ce qu'il vous faut si vous avez du mal à gérer vos finances ou si vous êtes très stressé. L'investissement à distance comporte certains risques, mais les récompenses sont au rendez-vous pour ceux qui sont suffisamment patients pour attendre la bonne affaire. Vous pouvez également apprendre des autres investisseurs dans ces régions éloignées pour obtenir un financement ou trouver un investisseur. Veillez à prendre soin de vous et à ne pas vous lancer aveuglément dans cet investissement simplement parce qu'un autre vous promet plus d'argent plus rapidement.

De nombreux investisseurs comparent l'investissement immobilier à distance à l'investissement local, car tous deux impliquent la préparation de biens susceptibles d'être vendus avec profit. En termes d'accessibilité, ils sont presque identiques, mais certains aspects les différencient également. Par exemple, l'investissement immobilier à distance nécessite d'étudier le marché, de trouver un bien susceptible de rapporter de l'argent et d'engager quelqu'un de la région pour effectuer les inspections nécessaires.

Le décalage horaire joue également un rôle dans l'investissement à distance. Le travail que vous effectuez pendant les heures de bureau sera du "temps perdu" pour les investisseurs locaux ; chaque heure et chaque jour qui s'écoulent sans action sont autant d'heures perdues.

En définitive, l'investissement à distance est à la portée de ceux qui ont une bonne expérience de l'investissement immobilier et qui sont capables de gérer un bien à distance. Les personnes intéressées par ce type d'investissement doivent garder plusieurs éléments à l'esprit avant de commencer à chercher des biens immobiliers.

Ils doivent avoir une solide connaissance du marché qu'ils visent. L'emplacement, les perspectives et la demande dans ce domaine particulier sont autant de facteurs essentiels pour réaliser un investissement rentable.

Ils doivent également être en mesure de trouver des biens qui leur rapporteront suffisamment d'argent pour qu'ils puissent se permettre d'effectuer des réparations et de dégager un bénéfice. Dans le même temps, ils doivent tenir compte du coût du temps de déplacement et de la perte de revenus qu'implique le fait d'être éloigné de son marché. Les stratégies d'investissement varient en fonction du marché immobilier. Par exemple, s'il s'agit d'un investissement à long terme, le mieux est de rechercher des biens qui génèrent un flux de trésorerie régulier au fil du temps et qui peuvent être réparés.

Si vous hésitez à parcourir de longues distances, vous pouvez toujours envisager d'acheter des biens immobiliers sur Internet ou par téléphone, car ils peuvent être vendus et expédiés à votre porte. Il serait utile que vous essayiez également de vous renseigner sur l'investissement immobilier local dans votre région pour compléter ce que vous faites de l'autre côté du pays ou du monde.

Les personnes intéressées par l'investissement à distance doivent commencer par définir leurs objectifs et budgétiser leurs dépenses éventuelles. Ensuite, elles doivent déterminer le type de fonds d'investissement immobilier dont elles auront besoin. S'agira-t-il d'un fonds obligataire ou d'un pool immobilier ? En comprenant les stratégies proposées par ces organismes, l'investisseur peut réaliser des investissements appropriés pour son avenir. Toutefois, l'achat de ces types de fonds peut nécessiter beaucoup de recherches et de temps, de sorte que les investisseurs doivent être en mesure de consacrer ce temps avant de se lancer dans leur nouvelle aventure.

L'investissement à distance est une activité que de nombreuses personnes souhaitent poursuivre, mais vous devez tenir compte de votre situation lorsque vous prenez cette décision d'investissement. Si vous êtes intéressé par l'investissement à distance, assurez-vous que votre domaine d'expertise est un domaine où les travailleurs sont en forte demande. Si ce n'est pas le cas, trouvez un investisseur spécialisé dans ces domaines afin qu'il puisse vous aider pour le reste du processus et engagez quelqu'un de la région pour effectuer les inspections lorsque cela s'avère nécessaire.